用赢利证明的经典投资专著

股是股非 之三
暴涨之星

一路奔行 / 著

四川人民出版社

图书在版编目（CIP）数据

股是股非.3，暴涨之星/一路奔行著.—成都：
四川人民出版社，2016.11（2025.4 重印）
ISBN 978-7-220-09933-5

Ⅰ.①股… Ⅱ.①一… Ⅲ.①股票交易-基本知识
Ⅳ.①F830.91

中国版本图书馆 CIP 数据核字（2016）第 220179 号

GUSHI GUFEI (ZHI SAN)：BAOZHANG ZHIXING
股是股非（之三）：暴涨之星
一路奔行 著

责任编辑	薛玉茹
装帧设计	江 风 李其飞
责任校对	蓝 海
责任印制	祝 健

出版发行	四川人民出版社 （成都市锦江区三色路238号新华之星A座33、35层）
网 址	http://www.scpph.com
E-mail	scrmcbs@sina.com
新浪微博	@四川人民出版社
微信公众号	四川人民出版社
发行部业务电话	（028）86361653　86361656
防盗版举报电话	（028）86361653
照 排	成都木之雨文化传播有限公司
印 刷	四川机投印务有限公司
成品尺寸	185mm×260mm
印 张	15
字 数	240 千
版 次	2016 年 11 月第 1 版
印 次	2025 年 4 月第 7 次印刷
印 数	26001—36000
书 号	ISBN 978-7-220-09933-5
定 价	46.00 元

■版权所有·侵权必究

本书若出现印装质量问题，请与我社发行部联系调换
电话：（028）86361656

编者的话
细观毫厘得天契　使之真放在精微

本书是一本经典的股票交易专著，系蒋文辉先生所著《股是股非》系列图书的第三部，同时也是四川人民出版社出版《股是股非（之一）：猎取暴涨股》《股是股非（之二）：暴涨大形态》以后，倾情推出的暴涨系列图书之三。

《股是股非（之一）：猎取暴涨股》系统阐述作者所创立的三度理论、三度交易系统的强势赢利模式，比如：主力拉升股价的核心理由、必备条件和均线使用的五定律，以及如何通过量形态、量行为、题材的有效性跟踪、选择强势股，同时又多视角认识各类图表风险等等的"是与非"。《股是股非（之二）：暴涨大形态》则是通过大视野、大格局审视股价走势，以更高的高度对传统大形态赋予更多内涵，并论证大形态、大行情成立、成功等等关键因素的"是与非"。而本书，《股是股非（之三）：暴涨之星》，旨在从细小形态着手，对股票价格的未来走向进行考究，是细观毫厘、明辨精微的"是与非"，尤其值得强调的是，这本书还是目前首本纵横描述星线的证券书籍。

星线通常被认为是多空双方暂时平衡的一种状态，也是股价走势中极为常见的形态，虽然这种形态在盘面并不显得张扬，却极富内涵——暂时的平衡总会被打破，不是在平衡中蕴聚爆发，就是在平衡中等待消亡，行情的爆发或消亡只在转身之间。正因为如此，对星线这个有着太多不确定性的"点"下功夫，其本身就是一种挑战，敢就此着笔，非具洞悉毫厘、明辨精微的深厚功底不可成也。

　　本书从承上启下的星线入手，列举实盘案例，细致入微地将星形态收敛、含蓄的内涵作出明辨精微的表述，继而对强势资金建仓与强势行情变盘进行演绎，原理铺陈不可谓不吐纳有序，推断阐发不可谓不张弛有度，细微对比不可谓不精心雕琢。作者如此殚精竭虑，似乎有两个意思，其一，告诉有缘翻开此书的读者："行情从星开始"，所以要洞悉毫厘。其二，"希望读者诸君不要被星线的单纯外表诱导，而是经过多方面审视，能够对星线之后的行情拿捏得准确些。"我想，这就是蒋先生的"洪荒"之意。而吾之"洪荒"，是希望读者诸君从这本经典书中汲取精华，认识、领悟星线承上启下，行情从星开始的意义，学习作者精微雕琢之精神，愉快收获，让投资之路鲜花盛开。正所谓：细观毫厘得天契，使之真放在精微。

责任编辑　江风

序 言
一路奔行阳光灿烂

蒋先生是个喜欢折腾自己的人,而且要折腾到自己满意为止。20世纪90年代初,蒋先生踏足社会,刚开始时倒腾过小买卖,做过养殖大户,也在建筑工地上做过苦工。让家庭脱贫后,不满于发展现状的他,去了广东的沿海城市。凭着善于思考、勤奋努力、敢于钻研的闯劲,他在很短的时间里连连晋升。从一开始的工人,到生产线组长,再到工厂厂长,甚至成为一个行业的"高端"人士。当大家都认为他"很不错"时,他却选择了离开,离开熟悉的行业,一切又从零开始,开始新一轮的摸爬滚打,究竟什么原因,当时我是不懂的。

蒋先生潜心股票是在2008年。那时,他放下已有起色的生意,去了浙江一个离海不远的小县城。他在亲戚家的一个小厂子工作,生产、业务都管得井井有条,有时还充当一下送货司机。他解释说,是想有更多的业余时间投入股票研究。当时我不明白他为什么会做出这种选择,只觉得很屈才。

2010年,蒋先生回到四川老家,开始全职炒股。这期间,他经历了什么样的股市,具体做了什么事情,发现了什么规律,我都不了解。只知道书桌的台灯经常在凌晨才熄灭;案首的笔记本,由开始的几本,变成了几摞;熬红的双眼,越发平静,而平静的眼波里,似乎有股能量正在酝酿着。命运不会辜负努力而真诚的人。蒋先生的操盘笔记里,记录成果的红勾标记越来越多,同时出现的还有一些戒骄戒躁的提示语。

有次聊天,他说自己最近喜欢上了一个词语——蛰伏,因为和他之前几年的状态很像,蛰伏于严冬,藏华于当春。他给我描绘出一幅图画:一只昆虫,在寒冷的冬季,选择蛰伏厚厚的泥土下面,专心地积攒能量,只等大地解冻,春泥含化时破土而出。喜欢折腾自己的蒋先生，这一次，终于平静告诉我，他确定自己以后的人生要做什么了。话语很平静，表情很淡定，不过，我却感到山雨欲来风满楼的气韵。

后来，我也能感受到蒋先生在股市中一路前行的喜悦。再一次成功，并没有让蒋先生停止前进的步伐，我发现他开始整理自己大量的笔记，也看见他有的时候手里握住笔，像泥塑一样许久也一动不动。在整理的过程中，也还是间或有趣的时候，他会打开K线图，拿着笔，抓我过去听他说着我听不明白的门门道道，嘴里不时蹦出一些词语，什么异动归位、什么天使之吻，什么AB区，什么龙引凤，等等，有点指点江山的味道。

小隐隐陵薮，大隐隐朝市。在喧嚣的红尘中，找到自我生命价值和精神价值，是件难得的事情。所以到后来，见他把自己平日整理出来的心得编辑成书，分享给更多的人时，也就不那么出乎意料了。《股是股非（之三）：暴涨之星》即将面世，相信这对他本人、对读者来说，都是很有意义的。有时蒋先生也会开玩笑，说："没想到我这般水准的人，也可以写几本书出来帮到一些人。看来，只要想去做，认真去做，坚持做，愿望都是有可能实现的嘛。"其实，哪有什么意想不到。善于提炼生活的人，对生活始终保持热忱的人，总会有自己的独特之处。一个喜欢大海的宽广、包容，明白放低、放下、不放弃的人，一个无论是在生活还是股市里始终正视自己的人，身正势低的人，就是学习海的品格：放低自己，纳下百川。

作为一个长久的观众和听众，我很佩服蒋先生这么多次选择从零开始，只为找到一个令自己安心徜徉的世界。如鱼饮水，冷暖自知，这期间他尝过的酸甜苦辣，味道如何，他人是无法感同身受的。"90%的幸福来自笑着放下，99%的成功来自舍弃中的专注"，这是他用来告诫学生的劝导，也是他自己的人生感悟，而我能体会到的则是面对大风大浪时的泰然自若，在浮躁、功利面前的简单舍取。

不管是人生的长辈，还是工作上的导师，亦或生活中的朋友，蒋先生一直是我的榜样，鼓励我勇敢地去寻找自身存在的意义。他的经历告诉我，喜欢的事决定要去做，过程虽艰辛、缓慢，也无妨，命运总会在某个时刻，以某种方式，还你一个因果。在此，我代表所有关心您的人，和您所关心的人，为您祝福：祝蒋先生快乐安康，前行的路上阳光灿烂！

明明　于成都

自 序
认知股市与认知自己同步

股市是什么？一百个人可能有两百种回答。

到股市干什么？千万个人可能只有两三种回答。

刚进入股市没有想过自己会亏钱，这是所有人本意。

持续亏钱后仍然相信自己可以重新赚回来，这是许多人执着的愿望。

在任何一个行业，希望得到发展，有所收获，有所成绩，必须努力去认知这个行业的方方面面，唯有如此，前行的阻碍才会少很多，股票交易也是如此。这个简单的道理一定要明白，认知与学习一定要去做，否则，在股市就步步艰辛事事难。这个世界，最好的投资、风险最低的投资就是投资学习。学习最大的好处是可以让人心中有谱，胸中有未来，眼光里有趋势。一个人拒绝学习就是在拒绝成长，股市之路会有很多变数，要继续走下去就必须努力学习，停滞成长会遭遇很多坎坷。因此，坚持不懈地学习，这是首先要具备的理念，也是认知自己的开端。

学习就是去认知这个市场，去理解这个市场的知识点。学习的途径很多，最简单的方式是花一点钱买书籍来阅读，通过阅读，慢慢就可以获得众多经验、增进学识，甚至是受用某位前辈一生的心血成果，况且，"书读百遍，其义自见"。条件允许也可以参加一些口碑较好的理论结合实战的学习班（单一的理论灌输笔者不太推崇），这样，成长的速度可能会快一点。刚开始学习，可能会漫无边际，清晰的目标点不太明确，经过时间的推移才会让自己有所选择，有侧重点、有针对性。这是一个过程，甚或是一个较漫长的成长过程。在这段时间，资金的使用额度一定要有所考虑，要意识到自己还仅仅是"生手"。股市里很多悲剧的发生就是因为"生手"以为自己是"老手"而放手去搏所致。知识、技术、交易方法，只要坚持学习，这些相关联的学识会集腋成裘，一天天丰厚起来，对市场、对股票的认知也就相应增强，这些并不难做到。

股市，很多时候是让人很困惑的地方，一方面，缺失技能、缺失学识者于此很是艰难，而另一方面，"有才华的穷人"在这里更是显得突出。前者可以理解，后者问题在哪里？是在认知股市的时候没有反观自己。反观自己、认识自己与认识股市同等重要，甚至更重要，这是很深刻的问题。

认识自己、认清自己是很重要的事，而有意识地去认识自己是最关键的事。这个意识的诞生也就为自己开创了最光明的一扇思维之门。柏拉图说"思维是灵魂的自我谈话"。一个敞开思维要与自己灵魂进行诚实谈话的人，就是勇敢伸手摘下自己面具的人，这是一场大胜利！

学识增多之后要认知自己什么？认知到自己认知有限、认知到自己能力有限、认知到自己精力有限、个体力量有限。

股市浩瀚宽广，涉及的点线面太多，一个人的认知是有限的，把有限的认知研究透彻就是大精进，越是透彻越能认知自己的局限性。"尺有所短，寸有所长"，股市里的所有机会都能识穿、说明白、能做到，只有一种可能：自欺欺人。

认知以后就是发挥能力，能力能否正常发挥，需要自己在实战中检验，不经检验的"认知"是停留在纸上谈兵。在"检验"能力这个过程时，要意识到自己"能力有限"，"自满、自高自大和轻信，是人生的三大暗礁"。不要高估自己可以超能力发挥，否则，"生活之船"就会触礁，整个"家底"就会漏失。有了这一认知，前期的投资之路可以相对走得平安。

人的精力是有限的，认知到自己精力有限就会意识到专一的重要，意识到专注才能创造卓越，进而领悟"舍得"的真正要义。一个人，精力一松散，能量就会向四面八方流散，得不到汇聚。交易的最终成功，一定是专注后的突破所促成。广撒网，四下环顾，在股市可能就是"东游西荡"，最后两手空空。

不管是凭借什么能力让自己赢利都可视为取得初步胜利，此时更要充分认知自己，提醒自己戒骄、戒躁、戒自满。巨匠告诉我们："在获得胜利之后而能克制自己的人，获得了双重的胜利。"稳，是赢利后最需要的态度。无论什么时候，无论凭借什么手段赢利，只要在这个市场求生存、求发展都要明白：自己是趋势的跟随者，不是趋势创造者，自身的个体力量很渺小，个人如滴水，非藏身大海，何以能随波远流？入得汪洋图报海恩！扬扬自得，目中无人，无视规矩，即在悬崖。

人在股市间，九曲十八弯。绕来绕去，股市人生终究是同市场、同庄家大和解的过程。和解，要实力也要真心，所以佛说：脚还在地面上，就不要把自己看得太轻，还生活在地球上，就别把自己看得太大。该看重自己时，不要泄气，不要自弃；该看轻自己时，要谦逊，要谨慎。

股市，阡陌交错，是非横生，股市也是乾坤。乾坤八卦，卦卦相生相克，八八六十四卦，卦卦有凶险，唯有一卦是吉祥，这一卦就是谦卑！明白了这个道理，股市一半的凶险已经摆脱。"永远不要把自己凌驾在规则之上，永远不要把自己凌驾在规矩之上，永远不要把自己凌驾在股市之上"，这是笔者对三度朋友及读者的终极忠告。

当初，股市里的是是非非诱导我们自投罗网，作茧自缚。后来，看清是是非非，看清自己，我们可以宽怀大度，破茧成蝶。在此，祝愿所有投资者从容交易、快乐投资，收获幸福！

一路奔行　于遂宁

股是股非（之三）：暴涨之星

目 录
CONTENTS

引　言 ……………………………………………………………… 001

第一章　蓄势之星 …………………………………………………… 004
　　第一节　诱空蓄势星线 …………………………………………… 004
　　第二节　逼空蓄势星线 …………………………………………… 012

第二章　调整之星 …………………………………………………… 020
　　第一节　缓冲调整星线 …………………………………………… 020
　　第二节　震荡调整星线 …………………………………………… 034

第三章　止跌之星 …………………………………………………… 041
　　第一节　同步止跌星线 …………………………………………… 041
　　第二节　背离止跌星线 …………………………………………… 048

第四章　补仓之星 …………………………………………………… 056
　　第一节　借势补仓星线 …………………………………………… 056
　　第二节　借风补仓星线 …………………………………………… 070

第五章　攻击之星	076
第一节　突破攻击星线	076
第二节　反转攻击星线	081
第六章　经典之星	090
第一节　见底经典星线	090
第二节　现顶经典星线	109
第七章　望星空	122
回读者的一封信	220
附件	222
后记：剑胆琴心	223

引 言
从心开始

　　拙著是继《股是股非（之一）：猎取暴涨股》《股是股非（之二）：暴涨大形态》之后，暴涨系列的第三部，从拟稿到交稿共计用时八月有余，撰写的进度较慢。从知识面来说，本书没有前两本广，从力度看，本书也没有前两本重，而仅仅是从细小形态着手，对股票价格的未来走向进行考究。由于星线在股价走势中既不张扬，又是极为常见的形态，笔者希望能够对星线的内涵尽力表达得细致入微，所以心里想着慢慢编整。值得欣慰的是，慢工出细活，里面也有些珍珠。

　　《股是股非》之一之二重在展开，体现张扬，意在主动出击并出击主动，在《股是股非（之一）：猎取暴涨股》中，笔者重点论述了主力拉升股价的核心理由、必备条件和均线使用的五定律，讲述了如何通过量形态、量行为选择强势股票并对其后续跟踪，以及如何用经典实战模式、如何衡量题材的有效性、强势性，最终通过对"股事"的"是与非"作出有依据、有底气的判断，进行精准操作，从而取得较好赢利。《股是股非（之二）：暴涨大形态》则是通过更大格局，更高高度、更大视野审视股价走势，同时对传统大形态赋予更多内涵并阐述了大形态、大行情成立与否，成功与否的关键因素。而本书则是从承上启下的调整星线着笔，对强势资金建仓与强势行情启动之间这颗纽扣的精心雕琢。《股是股非（之三）：暴涨之星》意则在收卷，内敛，含蓄，意在表达行情"从星开始"，也在表达凡事一定要张弛有度，吐纳有序，放出去还能收回来。

　　平心而论，本书的编写难度要超过前两本，甚至在编写过程中还有些"无味"的感受掺杂其间。难是难在要对描一个"点"下功夫，而无味的感受是因为"星线"本身存在太多的不确定性。无数的股价走势已经告诉我们，股价横了可以涨，涨了可以再涨；股价横了也可以跌，跌了可以再跌，那么，单纯的星线只是一种"术"、一把"剑"。在此我要先告诫读者，要把术用好，还需要把它放在一条"道"上，要把剑舞出光影，还需借助日月的光辉。敬请读者诸君不要被星线的单纯外表诱导，利用星线，需要审视星线"上下左右"的环境因素，如此，才会对星线之后的行情拿捏得准确些。

笔者之所以钟情于暴涨行情，首先是因为一进入股市，就被一波又一波大涨的行情所吸引。后来，尽管相当长一段时间处于严重亏损状态也艰难留下来而不愿离开股市，仍然是因为一段段强势主升浪在眼前一次次呈现。再后来，自己降低了在股市的欲望，但交易情况似有愈发糟糕之势，与之形成对比的是，大涨、暴涨的行情仍在不断上演。看来，强势的行情不会因为任何人的任何看法或任何状况的改变而消失。还好，经过跌跌撞撞，兜兜转转，寻求到了自己在股市中可以小有赢利的小小方法，更重要的是明白了"强者恒强"这个道理，明白了"经典才是最好"这样的法则，明白了"最好的一定是简单的"这一本质。强势、经典、简单也就成为三度交易系统的主调。

所谓的"暴涨"，其实就是强势行情，是龙头行情的另一种稍显煽情的叫法而已。很多人会认为，追逐"暴涨"是急功近利，是不务实的投资表现，这种看法是对的。如果只把眼球放在"暴涨"上，的确是不踏实、不务实的投资态度。如果看清是非后再加上"心眼"，这种看法又是片面的。能获取到暴涨行情，一定是由经百般锤炼、千般修行、万般等待中一次大勇大智的大出击。若干年的股市经历给笔者以启示：

如果方向是对的，方法也是对的，股市也是对的；

如果自己是正确的，对方也是正确的，整个世界也是正确的。

心念强势，心系经典，冷眼看是非，静心察秋毫，暴涨与否，留给主力与市场裁定。

书中偶尔会提到"三度"以及"三度交易系统"，其实，三度在千万年前已经存在，现在依然在我们身边。对事情的经历、体会，对人生的一些认识，经过磨难，经过成长，经过得与失的感受，包括爱恋与离别，明白冥冥之中那个"定数"的含义，体会到"信则有，不信则无"的天经纬义，脑海中也就呈现出"三度"这个词。不经意间，把对人生、对生活的认识移植到了对股票的认识以及操作上来，为了完善，也为了记得个模式，就选取了"三度交易系统"这个名字，仅此而已。

三度是一个道理，一种逻辑。

三度理论是在讲一种朴素的道理，是在演绎一种存在的逻辑。

三度交易系统是在引导与呈现如何发现强势、跟踪强势、获取强势、持有强势的方法与步骤；三度交易系统提示如何警觉、鉴定、规避各类风险，主要意义在于把握、平衡"强势与安全共生"的一种投资操盘策略。

三度揭示：人生、事业、机会；

　　　　　自然、生命、始末；

　　　　　忍辱、浴火、重生；

　　　　　为人处事、缘起缘灭、因果轮回。

三度最高境界是度人，然后是明事与明物（他度—自度—度他—在轮回中度己）。万物相通，法法道同，做股票与做人，亦或股市与其他领域，成败得失、喜怒哀乐，皆是相通的。

在此，借助小书页面，感谢所有股市前辈们的无私宣教，感谢所有朋友的积极影响！祝愿所有投资者行三度而自在大道。

一路奔行　于遂宁

第一章 蓄势之星

股价出现一定力度的走势后突然停止前行,连续数天以小星K线横向排列。这一组价格波动较小的星线组合就是股价即将再次变向的征兆,是较为经典的蓄势形态,是较为经典的另类"量价异动"行为。本章讲述的蓄势星线重点在于诱空后的蓄势、逼空后的蓄势。

第一节 诱空蓄势星线

所谓诱空,就是股价意外向下,气势汹汹的调整,逼出筹码是最终目的。而诱空蓄势星线就是股价经过诱空后止跌,出现两根以上的星K线蓄势,等待拉升时机。见诱空蓄势星线示例图。

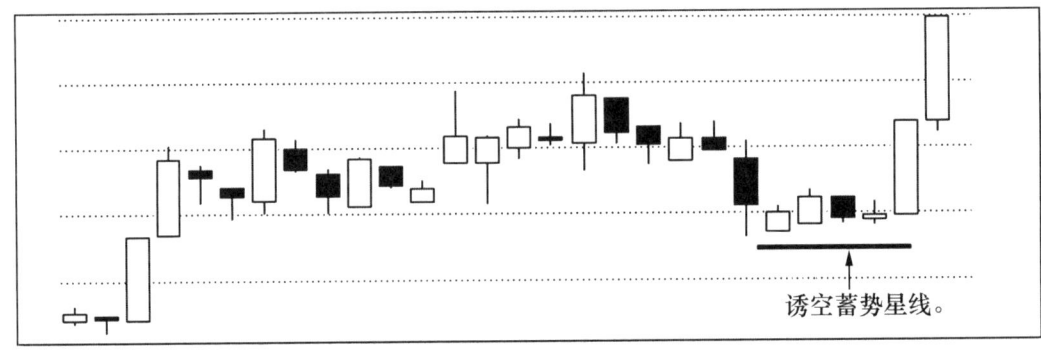

诱空蓄势星线示例图 A

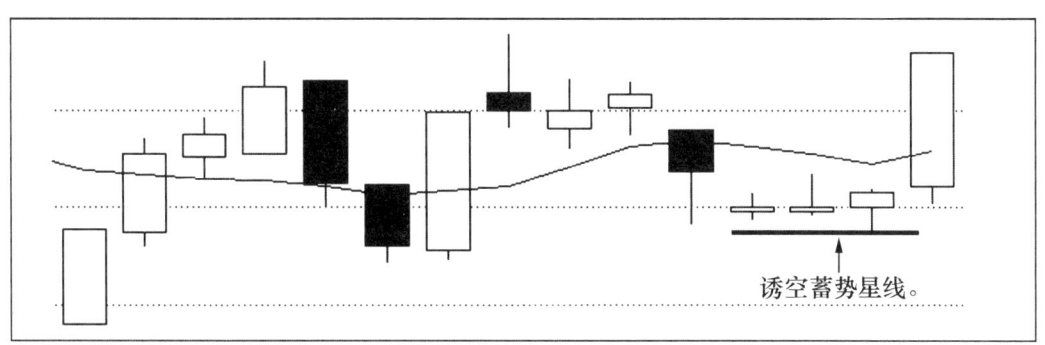

诱空蓄势星线示例图 B

这里有两个问题，是否股价气势汹汹向下就定位为诱空？当然不是。是否股价向下以后出现星线排列就是诱空蓄势？当然也不是。那么，如何定论？我们用案例说明。

众和股份（002070）的股价于 2015 年 7 月 6 日以 8.70 元的跌停板收盘，完成一轮下跌以后，又在底部以三个涨停板完成停牌后的初期补涨并强势做底仓收集，其后向下快速以两个跌停至前启动区止跌，于 2015 年 7 月 28 日至 31 日横向蓄势。前期有强势异动发生的股价向下才有可能是逼空，股价在关键位置止跌并蓄势才可能是诱空蓄势，之所以此时是"可能"，是因为要客观地面对股价走势，此仅为经验上的预判。而 8 月 3 日这一天，股价向上跳空、反转、封堵缺口、再度站上均线，诱空蓄势的走势确定，最佳介入时机顺势而发。随后，股价在短短几天完成 65% 的涨幅后开始横盘、继而停牌，复牌再大涨。见图 1-1-1。

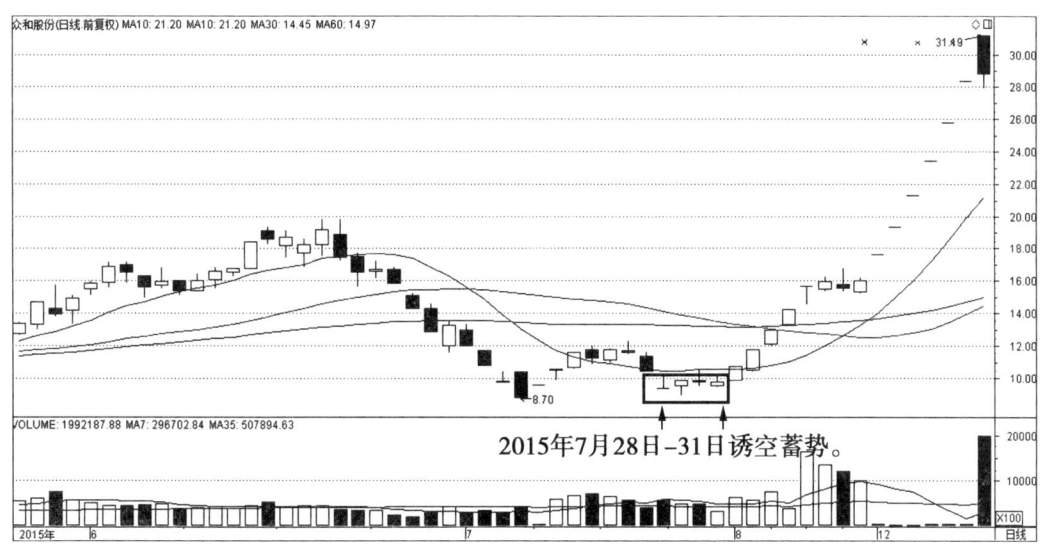

图 1-1-1

股是股非（之三）暴涨之星

诱空蓄势星线是主力主动把自己放低的实际行为。因位置不当、时机不当、操盘不妥当时，主力就会"示弱"、会适度"放下"，必要的放低是一种城府，是不动声色内敛蓄势。无数的历史被改写都在说明：低比高还可怕，低比高更高。

伟明环保（603568）的股价经过一大波暴跌后，止跌的走势中陆续有资金积极介入，三阳控三阴特质明显，均线也呈现积极向上的格局，股价也基本上触碰了前期下跳大缺口上的套牢盘，趋势一片大好。尽管如此，有经验的投机者也不会在此时介入，熟知三度交易系统者更不会介入。股价再出现较大幅向下、止跌，然后在大盘再次向下期间，于2015年8月19日至24日不声不响低开高走，小幅收阳星线，这几根并排的星K线就是诱空蓄势行为，精准介入时机就是随后的平台突破，当然，股价向下，诱空蓄势则不成立。股价的取向到底怎样，拭目以待，毕竟，大盘在连续暴跌，能连续收阳线的股票已经很稀有了。见图1-1-2。

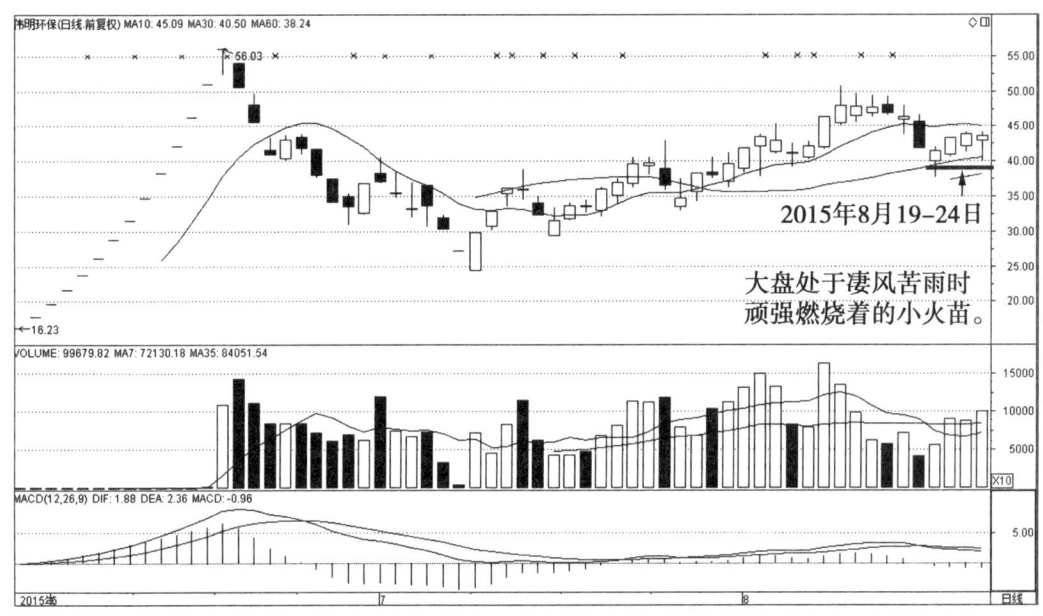

图1-1-2

编著《股是股非（之三）：暴涨之星》的时候，正是股市暴跌再暴跌的时段，免不了心生"不适应"，很多时候我自己会盯住"股是股非"几个字发呆，进而进入另一种思绪：暴涨从何而来？暴涨可不可靠？市场需不需要暴涨？可不可以追求暴涨？股市中时不时的赚钱效应如同海市蜃楼的光环，急于致富的人料想那里肯定有许许多多的金矿，但设身处地，却发现一无所有。导致一无所有的结局不是股市的错，也不是资本家的错，错在自己！没认识，不学习，不深究，不管控，人云亦云加上妄想与鲁莽，这应是很草率的行径。因被股市蛊惑草率地参与其中，是一种悲哀，一种前赴后继的悲哀！笔者对读者的极大愿望是：不要忽略股事"是非"之要素，不要草率地追逐行情"暴涨"，避免悲叹发生。

2015年8月25日，大盘再次大幅跳空低开，伟明环保的股价在盘中也险象环生，不过，尾盘强势拉升与早盘异动形成并角上攻之势，实现了强势蓄势后的强势逆转，短期强势无悬念。随后，股价连续涨停板再加大阳线，暴涨四天创出新高后开始横盘。见图1-1-3。

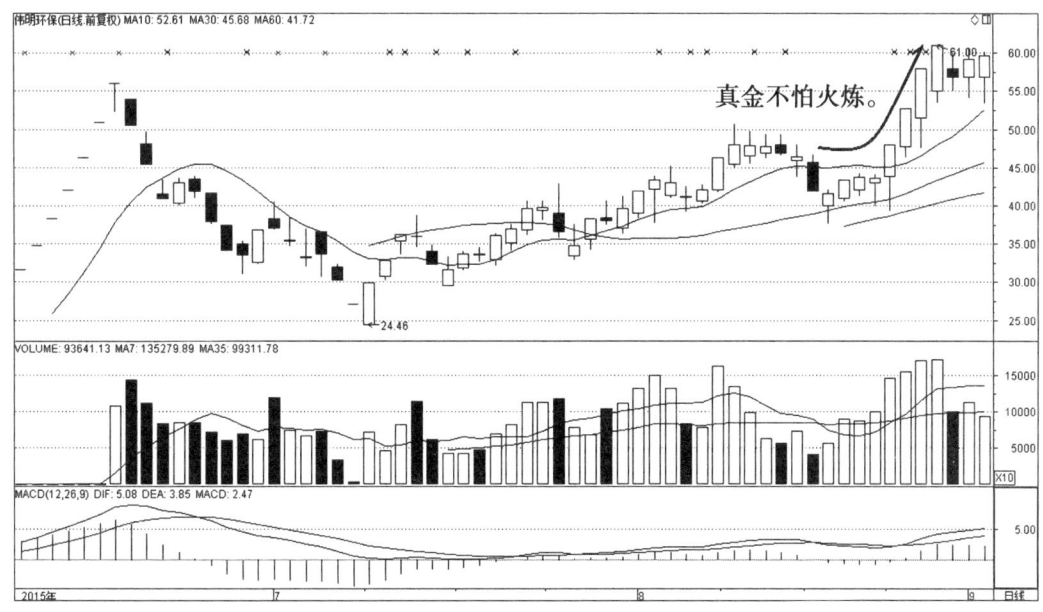

图1-1-3

骆驼股份（601311）的股价在2015年3月16日出现快速拉升，拉升是否有效，当天介入是否得当，后期的行情能否持续，判断的依据是什么，该如何决策？这幅图，我们仅取了10日均线作为跟踪和操作依据。股价异动放量站上均线，同时均线向上，然后股价缩量回调至均线以下，出现数天星线排列的蓄势状态，当蓄势之后的股价再次进攻冲上均线之时就是最佳买入时机。这一组蓄势星线就是承上启下的经典星线组合，其实战意义熠熠生辉。股价当天封住涨停，其后向上跳空，又进入蓄势，8天之后的3月27日，股价再次突破。再度无价，当再次介入资金。见图1-1-4。

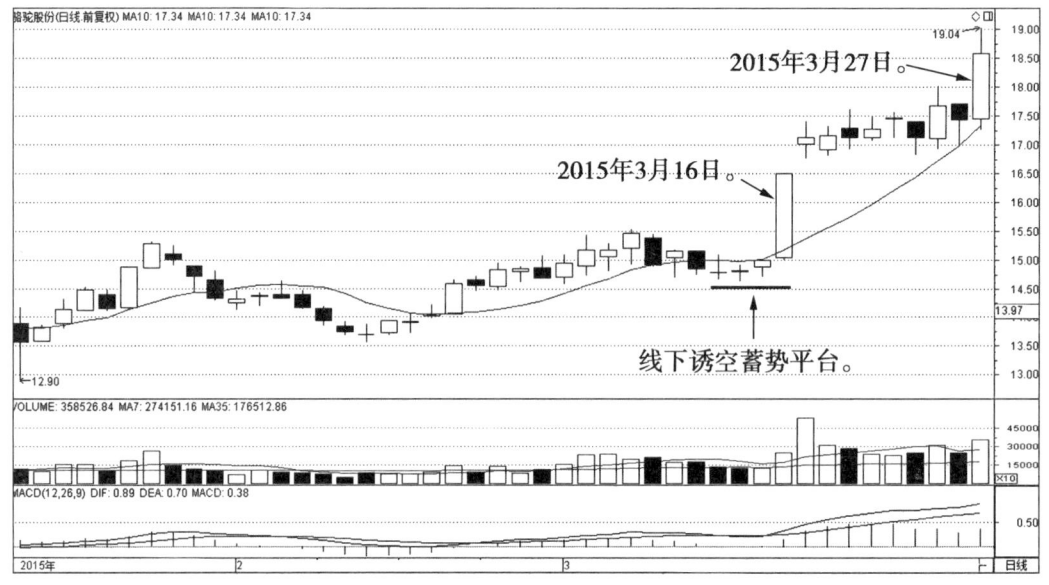

图 1-1-4

事物有明就有灭，有起就有落，一切明灭皆为自然，不灭何以重生？星移斗转，潮起潮落，行情不会一直朝着一个方向延伸，过于想象容易造成马虎与贪婪的品性，这对投资与投机均十分不利。期望行情永远朝向自己持仓方向移动，违背自然之道，也不符合生存的逻辑，而行情的停滞，总会有可以会意的表征。骆驼股份的股价随后出现短暂而激烈的拉升，在相对高位，在远离均线的情况下出现一组带长影线的星线组合，这是风险在加剧的表现。如果结合当时的盘面，便可以判断是股价再次调整的信号，应慎重对待持仓，锁定利润或准备锁定利润是较好的决策。见图 1-1-5。

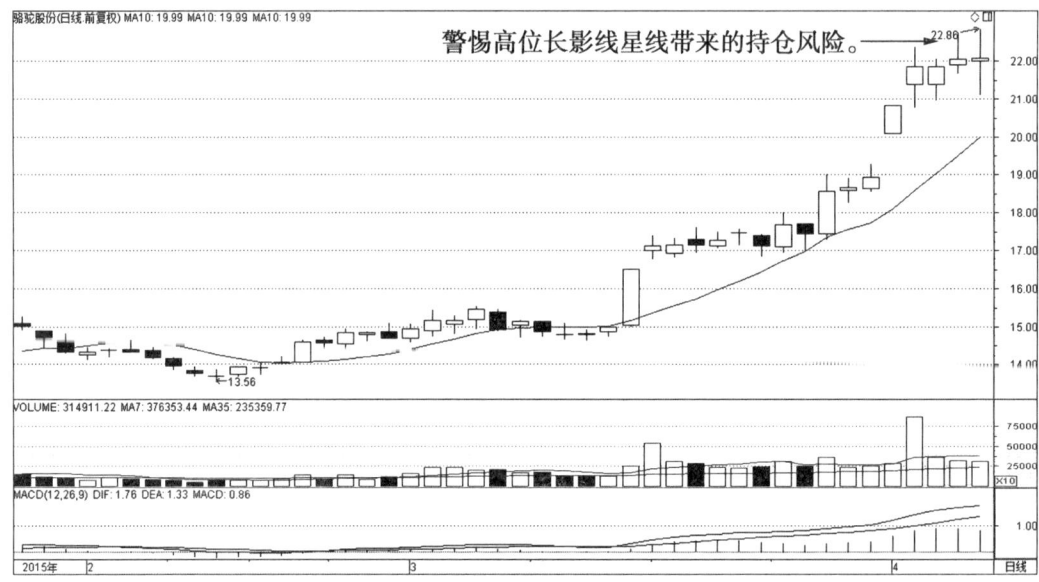

图 1-1-5

下面来分析一下上证指数这幅图中的几天走势，时间是2014年6月20日-25日这几天。

图上有四天星线排列组合，这样的星线排列有何意义？首先，股价经过上下震荡，均线处于密集黏合区间，表明趋势即将打破。更重要的是，这一组星线正好在前异动的底部区域，下跌的路径基本被堵死。因此，结合周线走势呈现出的市场积极资金，上证指数见底可以确定。经典位置形态，强势意志量能体叠加，诱空蓄势星线揭示大盘目前处于一个较大级别的底部，并且拉升就在眼前。技术形态是一种载体，这个载体必须符合国家（资本市场）的意志，然后是主力的意志，最后才是我们的意志，三度体系的意志就是紧随强势意志。当时期段，股市上行符合"国家意志"，也体现了市场主力的意志。见图1-1-6。

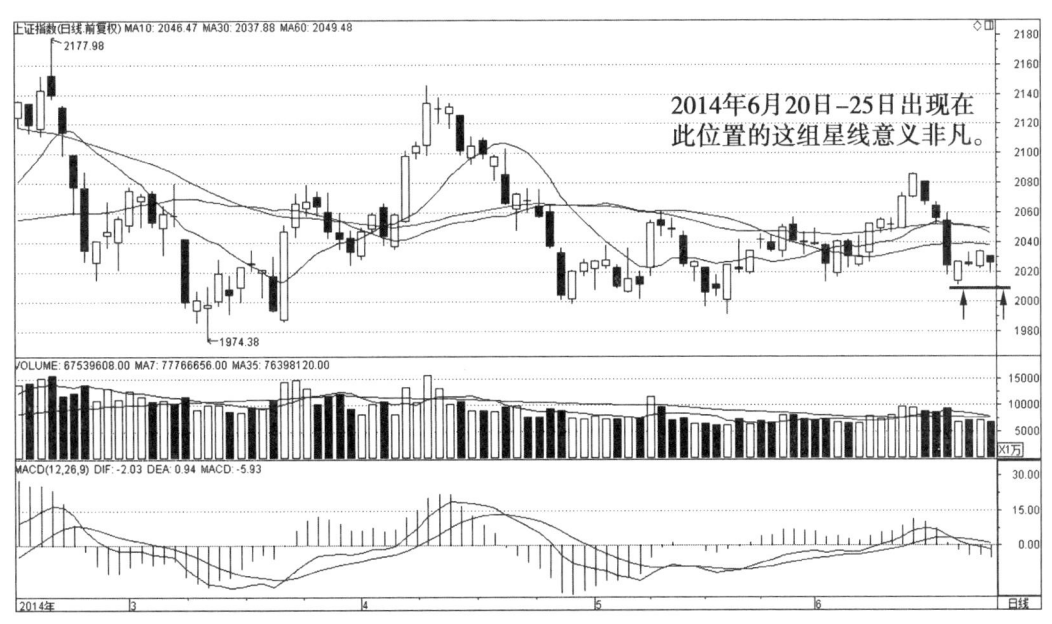

图1-1-6

个股与大盘是什么关系？大盘到底与个股是什么关系？这两个问题似乎一样，也不一样。这两个问题似乎不是问题，也是问题。

"看大盘做个股"，很多人都会念叨，很多人也会说道，但很少人明确大盘在向上、向下、横盘、大跌、大涨、止跌时，该如何选择操作哪些股票更实在？在千百种形态中，该首选何种形态落实到具体操作？这些问题不搞清楚，看大盘做个股恐怕仅是一句顺口溜。大盘在构筑坚实资金底之后，最后完成诱空蓄势，用三上二下清晰的标准5浪走出了翻倍行情。见大盘周线图1-1-7。

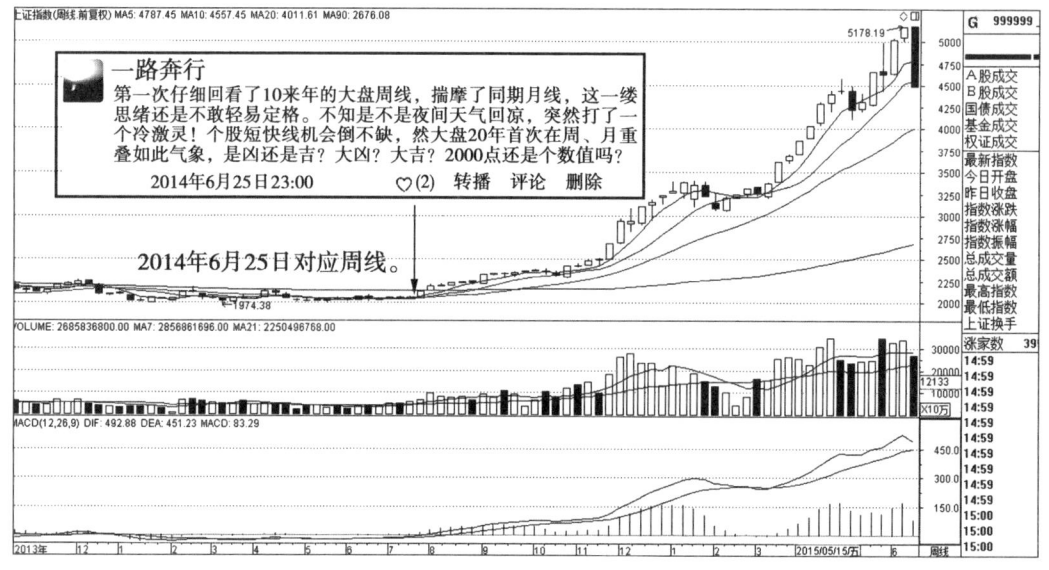

图 1-1-7

国投新集（601918）是现在的*ST新集。图中股价走势从均线系统上回落到均线系统下，于2016年4月26日这四天进行星线蓄势，这样的星线平台是诱空蓄势吗？目前看不是！首先，强势资金进场的状况在图表上没有得到体现，诱空的目的性不强；其次，股价破位时有众多阴量释放出来，这是市场主要筹码持有者在抛售的图表依据。那么随后的蓄势应是"做空蓄势"，蓄势完毕向下应是极有可能，这里说"极有可能"是不排除如果近期有新的强势资金再次进场，股价重回升势也是行得通的。见图1-1-8。

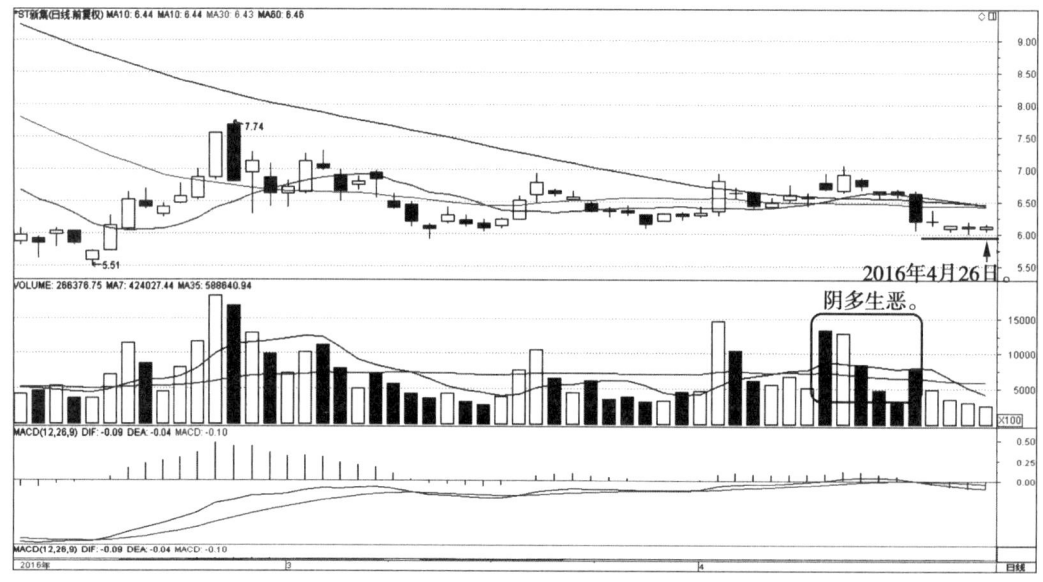

图 1-1-8

2016年4月28日，横完平台后的股价跳空低开往下，新一轮跌势意图真实显现。当新一轮跌势已经形成，若持仓者还有挂念，后面的暴跌带来的所有结局也只有承受了。国投新集的股价连续暴跌，暴跌的理由是亏损戴帽，戴帽后的股价继续暴跌、跌，事后的一切理由似乎都在情理之中。不过，市场也有不在"此等情理"中的事情持续上演：很多股价大跌，暴跌的公司赢利良好，大盘也未出现不正常走势；有些公司股票戴帽后，股价扶摇直上；有的公司赢利几倍、十几倍，股价只涨一点点；有的公司赢利百分之几十、一倍，股价却可以涨翻天。无数的真实结局都在告诫我们：不要接近阴气森森的股票，不要挑战阴气森森的庄家，揭开事实真相的是"阴多生恶"！三阳控三阴是在引导"避恶趋善"，引导走阳关大道，走中正道！见图1-1-9。

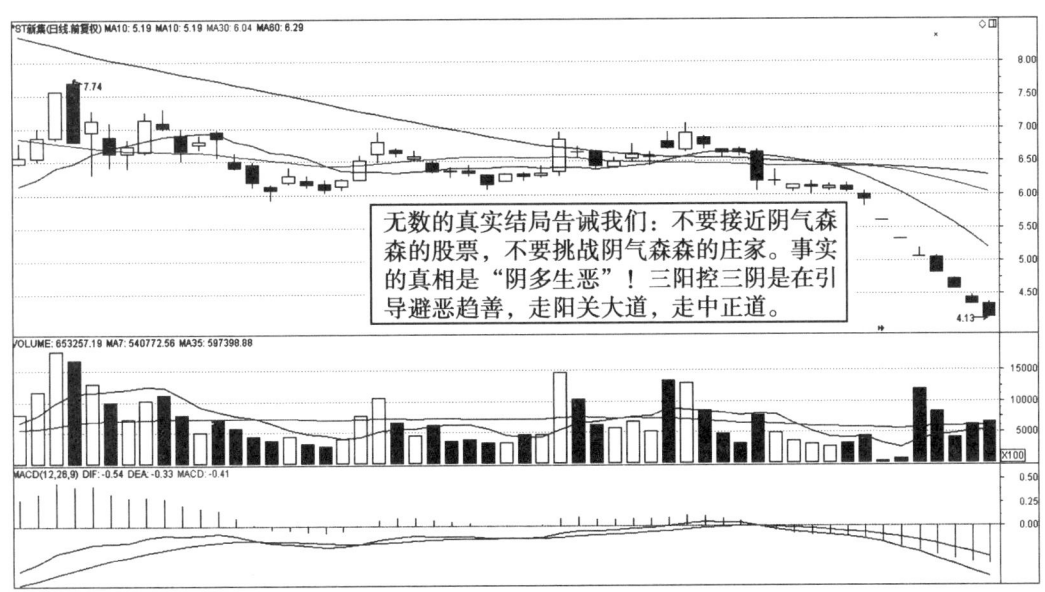

图1-1-9

既然有慧者告诉我们"换个角度，可以看透上下五千年"，那么首先是在说，看问题、看事物、看世界的角度不同，影像的结论也会有些不同，这一点无论是谁，都要谦虚面对，再应需要而调整。其次，当经过长时间努力而无法跨越，就要考虑尝试换一个角度，或转一转身，风景不是一定在前方，"蓦然回首，那人却在灯火阑珊处"就是这层意思。诱空星线的下跌行为会给持股者造成不适，不适感多是进去太早所致。这个市场不确定的事情较多，这是它的本质。就我们自己而言，与其抱怨世界、抱怨庄家，不如改变自己去顺应市场，贴近盘面。

第二节　逼空蓄势星线

逼空的本意是期货的多头持仓者集中优势，猛烈上拉价格迫使空头平仓，是一种短期快速上涨的盘面体现。这里的逼空蓄势也是股价短期上涨后在相对高位控制住股价，构筑一个平台连续收星K线。市场意义重在磨，也是对跟仓者耐心的考验，行情没有透支是逼空蓄势星线成立的一大前提。见逼空蓄势星线示例图。

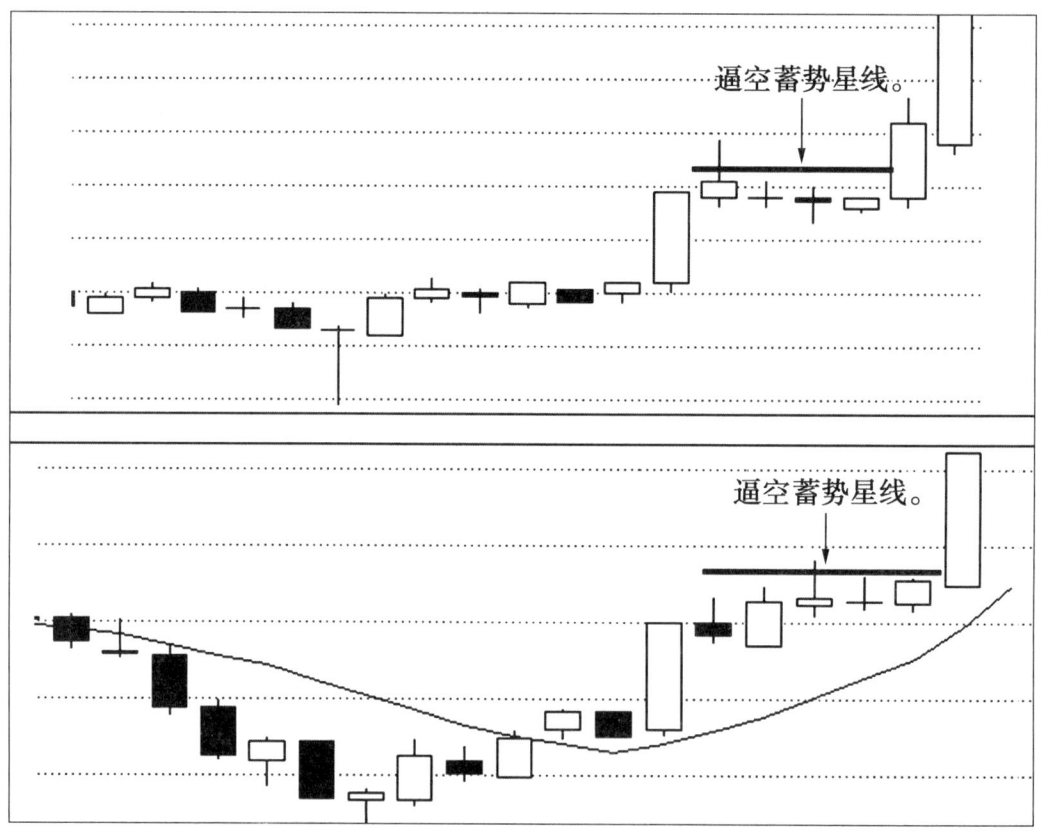

逼空蓄势星线示例图

这里依然还有两个问题：是否异动后的横盘星线都认定是逼空之后的强势蓄势？当然不是。是否横平台后股价往上拉就是买入机会？肯定不是。具体情况应该具体分析。

天齐锂业（002466）股价在底部反复震荡过程中，以一个收敛三角形步步趋前，于 A 区出现了两天明显的量价异动并逼近前小高，接近小高时，股价戛然而止不急于上行，无精打采磨叽了三天后，于 2014 年 2 月 7 日奋起上攻，走出 40% 幅度的上涨行情，然后在高位又出现一组星线，注意：此间的星线与前期的星线意义截然不同，前期低位 A 区的量价异动后是机会，其后高位的见顶 C 区是风险。见图 1-2-1。

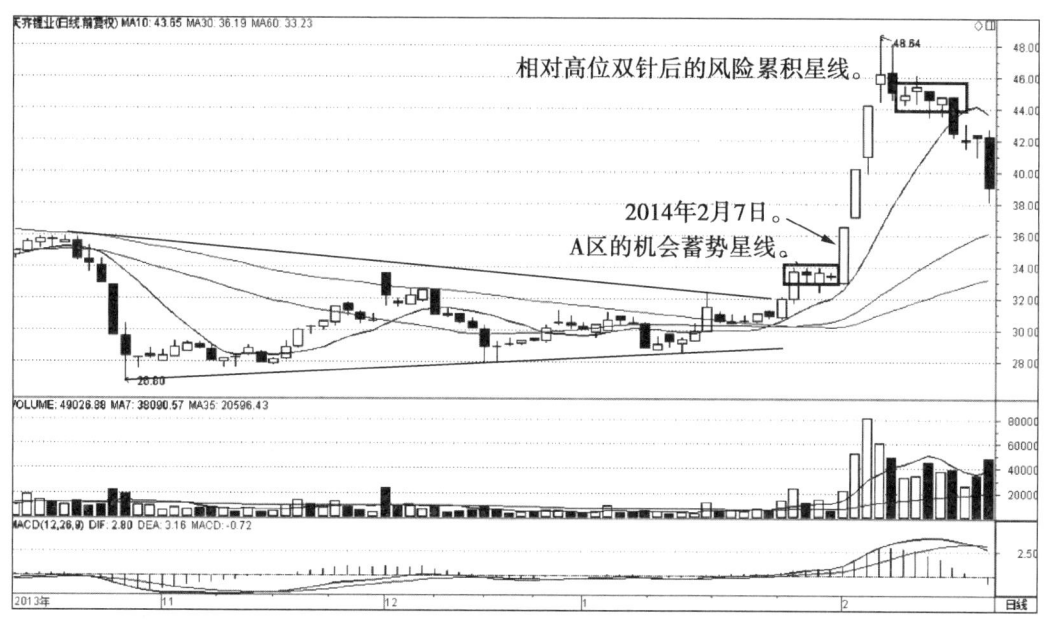

图 1-2-1

蓝盾股份（300297）股价在前期空板上运行之后，再次向上跳空形成较为经典的再度缺口攻击组合。再度缺口是三度交易系统中的经典赢利模式之一，多数情况下，再度缺口出现后，股价会进入快速冲关。但此案例蓝盾股份的股价不但没快速上行，当天反倒收一根长上影线，是上攻受阻，还是能而示之不能？要不要继续跟踪？是继续持仓还是另寻新欢？分析一只股票的价值，除了公司本身涉及的一些关联，更要分析这只股票在图表中的价值，图表中的价值涉及的关键要素就是这只股票处在哪个位置，有没有强大的资金关注。有强大资金关注就会出现强势异动，关键位置的长上影也是强势异动。长上影之后的几根星线是强势蓄势，异动之后的强势蓄势多会催生强势行情。2015 年 3 月 2 日，一根大阳线横空出世，跟踪者，盘中发现者均要大胆介入或再次加仓。见图 1-2-2。

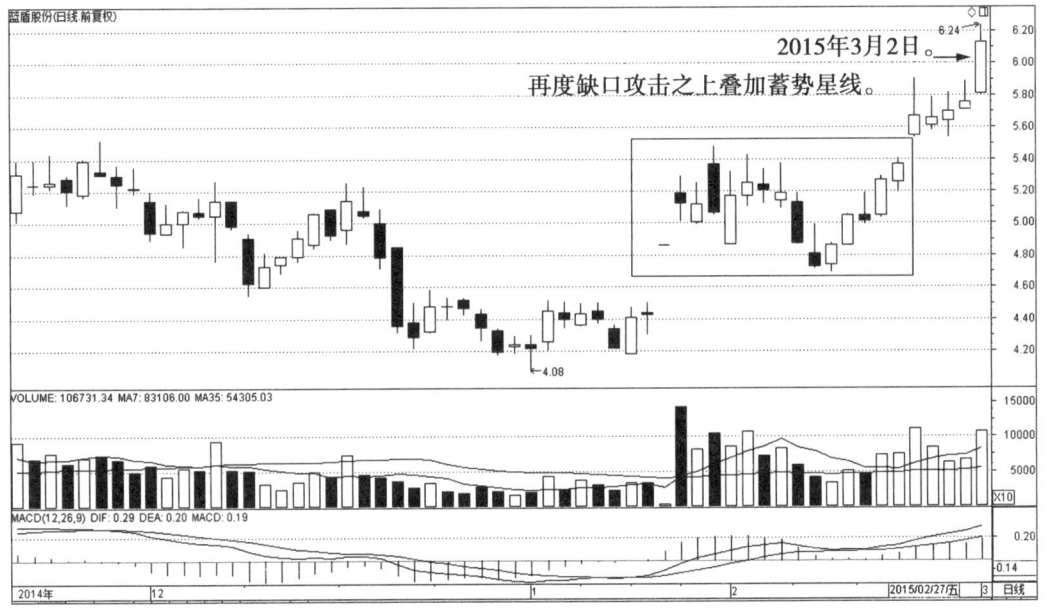

图 1-2-2

在股市里，有一样东西很稀有，是耐心！

很多很多人一踏进股市门槛就急着想赚大钱，如在进入股市之前干老本行那样顺风顺水，或是希望在股市里捞回以前在其他行业的亏损。扑腾了相当长时间后，才发现股市进入的门槛低，但里面的坎太高，沟太深，壁太硬，不学习几乎没有出路。如果没耐性学习，就只有硬着脖子去接罚单，这种巨额罚单，笔者也签收过。学习完之后，很多人还是没耐性，不愿意等。还要等什么？等经典，等时机，等确认！"我认为股价见底了，我觉得跌不动了，我认为要突破了"，话音没落，股价再下一层；我判断股价还要上去，要涨到多少多少才合理，更厉害者还可以算到几毛几分！

股价见底有见底的样子，要突破有突破的盘面、突破的形态，股价见顶不是哪个数字让它见顶，股价见顶会通过图表形态传达见顶的意图，我们心领神会，实事求是做出处理就是了。

蓝盾股份在当时段强势主流题材与强势资金相互印证下，叠加经典大形态，通过扎实的蓄势及强势收集之后，实施大突破并强悍拉升，完成暴涨主冲浪，于高位巨量天锤见顶。见图 1-2-3。

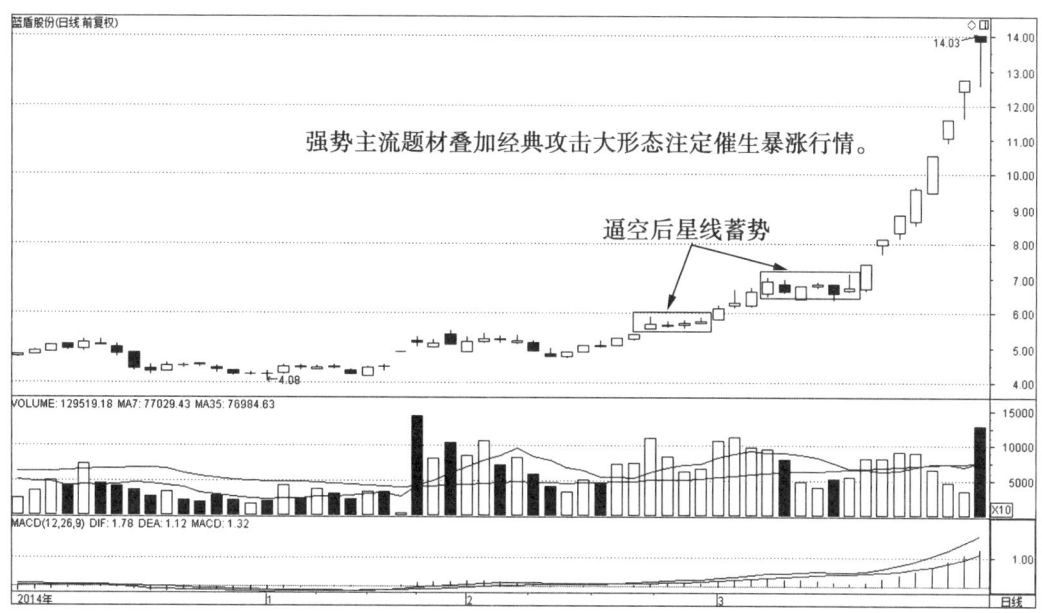

图 1-2-3

蓝盾股份行情的优美曲线图，如同一只蝶，踏着花香翩翩起飞。然而，能面对阳光起舞的蝶，之前仅是一只蛰伏在茧里的蛹。这只蛹知道，忍耐与等待是必经的生命历程，苦难与苦痛也会在前面等候，而且绕不过去！因此，这只蛹就一直坚忍而乐观地等待、不动声色地储备，以豁达迎接生命一切之礼物，时间一到，拼尽所有力气，破茧而出！

下面是陕西黑猫（601015）的案例。见图 1-2-4。

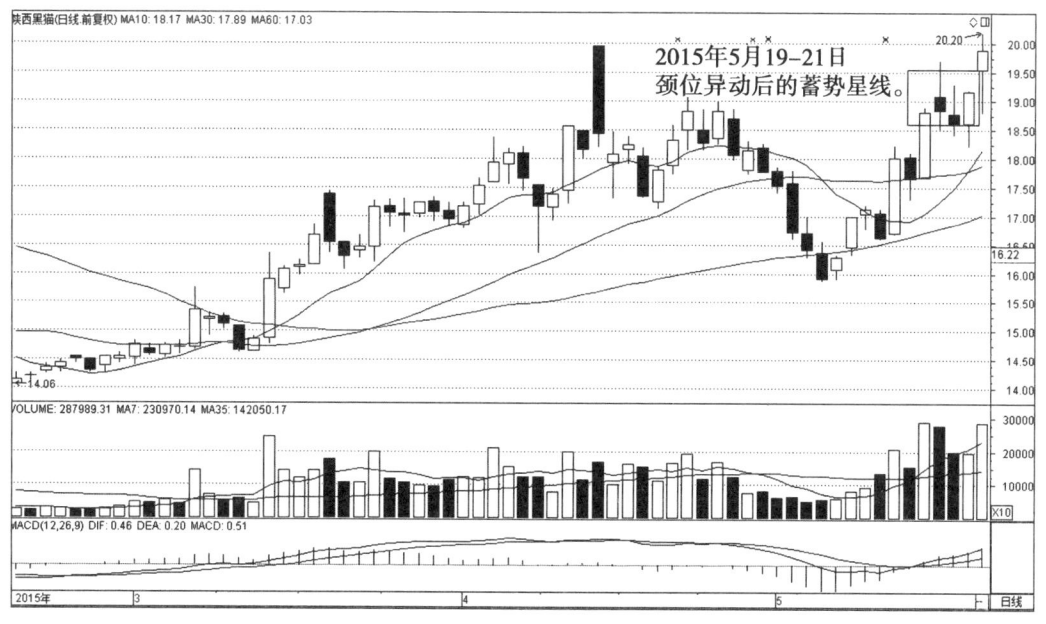

图 1-2-4

陕西黑猫（601015）股价在前大阴高点处，于2015年5月19日至21日进行星线蓄势，尽管当时盘面比较健康向上，但股价压力风险依然存在，不过，在未透支行情的前高再次异动也可关注，向下，弃之，蓄势后向上，跟之。蓄势后的股价再次向上跳空，盘中大幅震荡，正极阳量得到释放，股价守稳前高，可以介入，静候或加仓异动之后的行情。

次日，陕西黑猫的股价小幅高开，跳空的位置不偏不倚，刚好越过前期高点，此行为表明，昨天的异动是有备而来，今天的上攻志在必得。盘中，股价强势上冲收大阳，随后马不停蹄连拉大阳线，然后高位大量、高位长上影，缩量伴攻，其后阴星出现，这是风险加剧的"阳奉阴违"的星线组合（阳奉阴违星线组合的专业解读请参见《股是股非（之一）：猎取暴涨股》）。锁定利润，跳出是非，是上上策略。见图1-2-5。

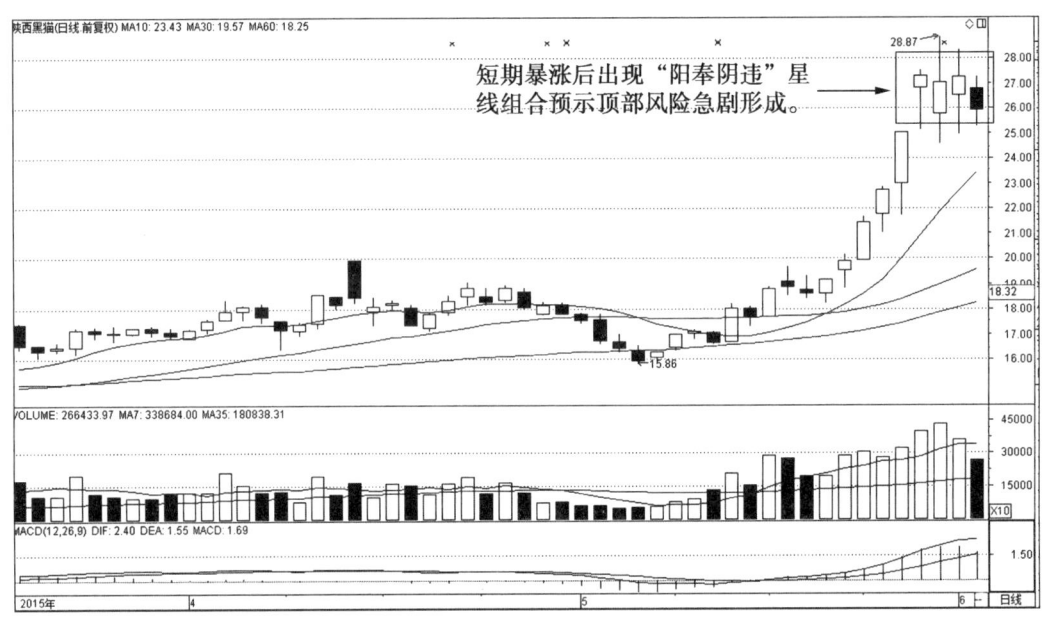

图1-2-5

股市里有一样东西非常稀有，是诚实。

股市里操作层面的诚实是实事求是、眼见为实，然后多点印证。一切的知识、预想、经验仅能当作储备，而不要视之为"绝活"，一旦视为绝活，就生成了简单的固执，进而自信心爆棚，自以为是地清高，过头了就清高成殇。诚实的要义更在于放低后的务实精神，人一旦务实，心就自然明净几分，心明净时就是通透之时，一通百通，一透就能看见万水千山。因此在股市里，有必要促成自己拥有诚实。人在诚实里奔跑，就会看见朝霞如何涌起，在诚实里栽培，也一定看得到盛开的满塘荷莲。

陕西黑猫在高位星线横盘后下栽，再下栽、持续下栽。股价这一波暴跌惨不忍睹。从2015年6月中旬开始，整个股市都如此场景，是什么力量让整个股市倾盆而下？以这样的方式调整是出乎意料的，但有两点是可以在暴跌前引起重视的，第一点，一半以上的股票处于C区摇摇欲坠。第二点，高位放出巨大阴量或再次放出大阴量，尤其集中在6月16日与18日两天，而一部分股票提前一周已经出现大溃败。

请记住"C区叠加放出大阴量"，无论任何时候，无论有没有消息都要警惕风险，无论风险以什么方式，以什么速度来袭，都要能做到早已置身事外。见图1-2-6。

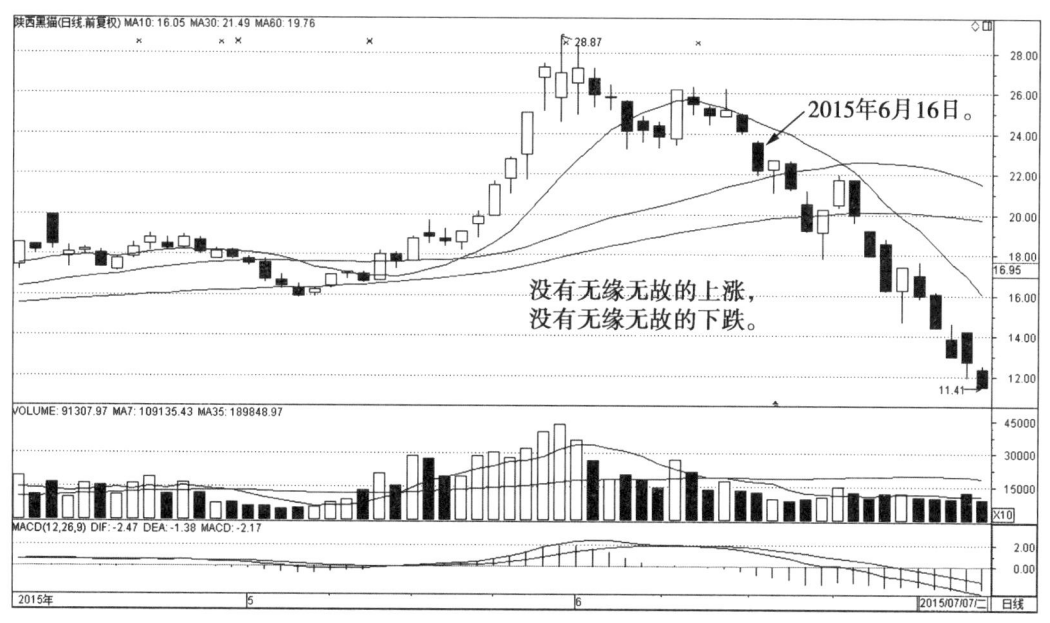

图 1-2-6

浪潮软件（600756）股价见底后，有两三天的大阳上涨，股价至前颈高时主动停步开始调整，其意图在于"稀释"，稀释前期的被套筹码，稀释后期的赢利筹码。稀释的方法有多种，此主力采用的是维护股价不跌，进行星线蓄势式稀释。2014年5月26和27日这两天的价格星线所对应成交量的大幅收缩，暗示股价还有更大空间。次日股价小幅高开，于早盘用两个时段完成涨停。面对这样的走势，异动初期的上涨开始关注，健康、积极调整高度关注，有速度的反拉或高开则跟着行动。见图1-2-7。

图1-2-7

大的行情启动无外乎就是强势反转与强势突破，而又以强势突破占据主要。

颈位作为一个参照物，给我们提供了跟踪、评判、交易的突破依据。

"颈位，即颈部，下接躯干，上承头部，是咽喉所居之地。五谷之精，天地之气必经咽喉导入体内，五脏之血气必经咽喉，上养头脑滋润五官。连接宽阔的狭窄地带命为咽喉要道，是兵家必争之地。颈位——庄家资金布局、发动行情的最重要关隘，成败在此一举。"（更多有关颈位的详解请参阅《股是股非（之二）：暴涨大形态》）

浪潮软件前期有资金布阵，行至颈位时再次经典行动，在逼空蓄势星线后开始攻击，一口气连拉三个涨停板，再蓄势后再拉出新高度，完成暴涨主升浪。见图1-2-8。

图 1-2-8

《韩非子》中记载有一则寓言故事，说的是龙是世间的灵物，性情很温顺，很多时候，很多人都可以骑上它腾云驾雾且相安无事。有一个人，在某一天骑龙时发现龙的咽喉处有一块"逆鳞"，这块逆鳞尽管一直存在，却是龙的秘密，也是它的禁忌，更不准谁去触碰。可是，发现龙咽喉处长有逆鳞的这个人对逆鳞产生了浓厚的兴趣，忍不住拿手去触碰，结果，龙毫不犹豫把他吃掉了。故事里龙的"禁忌"也是龙的底线，我们生存的世界也有底线，没有底线，世界就乱套了。股市，发动一波又一波行情的主力也有底线，主力在陈兵布阵，费心周旋时，管住手、少打主意，不要干"见利忘义"的事情，就可以避免被一口吞下的惨剧。

小结：

本章呈现了主力资金建仓后采取星线蓄势的两种表现形式：一种是往下诱空后的蓄势，一种是在上位横盘蓄势。两种模式没有谁优谁劣，方式是由主力决定的，是由盘面主导的。认识蓄势星线，不是提倡在星线中"大肆"埋伏，而是作为紧密跟踪的依据，毕竟，没谁可以保证横盘后的股价一定会向某一个方向前进。

第二章 调整之星

调整即是调节、整顿、消化的意思。事物、事情在发展过程中，总是有违背意愿的情况发生，调节、整顿就是纠偏要做的迫切工作。股价的运势也一样，到了一定的时间或位置就需要调整，调整的需求因素很多，最主要是为减轻股价上升时遇到筹码大幅抛压的阻力，其次是再接收一点廉价筹码。调整的方式很多，手段也各异，但目的相同。本章阐述的调整主要围绕温柔型缓冲星线以及凶悍型震荡星线两种模式举证。（严格意义上，第一章的蓄势星线也属于调整星线之列）

第一节　缓冲调整星线

缓冲，意为方式轻柔，徐徐降落，如雪花轻轻落在掌心。缓冲调整星线就是股价小幅有节制回调，下跌价格愈发收窄，同步成交量的愈发收敛，这是股价健康回调的重要表现之一。见缓冲调整星线示例图。

制约股价上涨的因素很多，钳制形态的有效性也不少，因此不是所有这般股价回落都是健康回调，既然是回调，那么回调前就必须要"有"，前面什么都没有，那么后面什么也不是，最后还需要眼见为实，看到其要上去或正在上去，并且是恰到好处地上去。

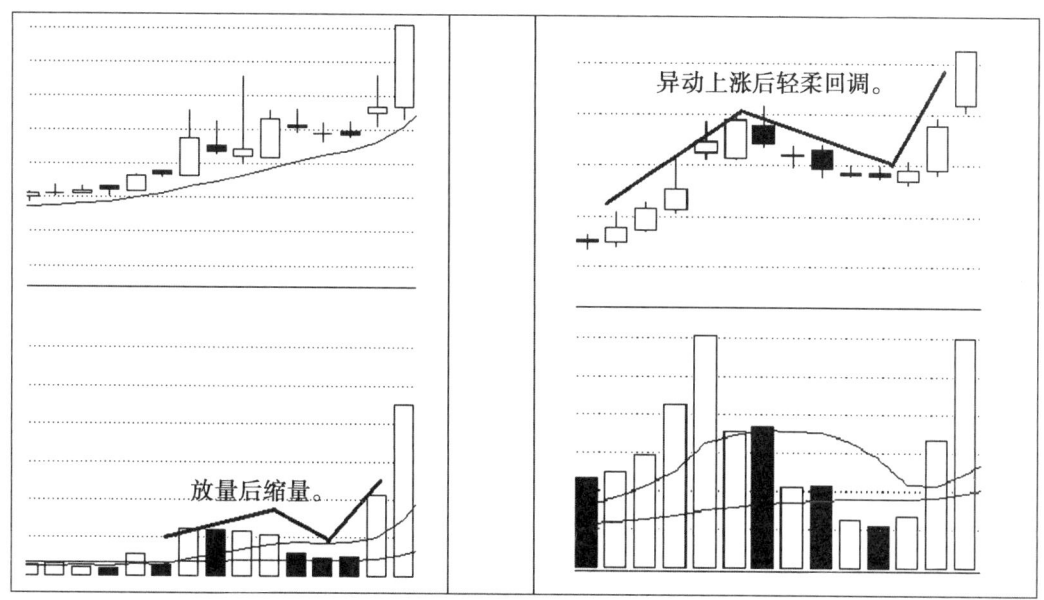

缓冲调整星线示例图

青山纸业（600103）的股价止跌后有一小波量价异动，然后开始回调，通过包括 2012 年 2 月 21 日的三天回调可以看见，价格下跌收窄，成交量愈发缩小，这三两天的回调就是对前期场外资金的跟进筹码的温柔稀释。缓冲末端就是重点关注点或小仓位进场点。见图 2-1-1。

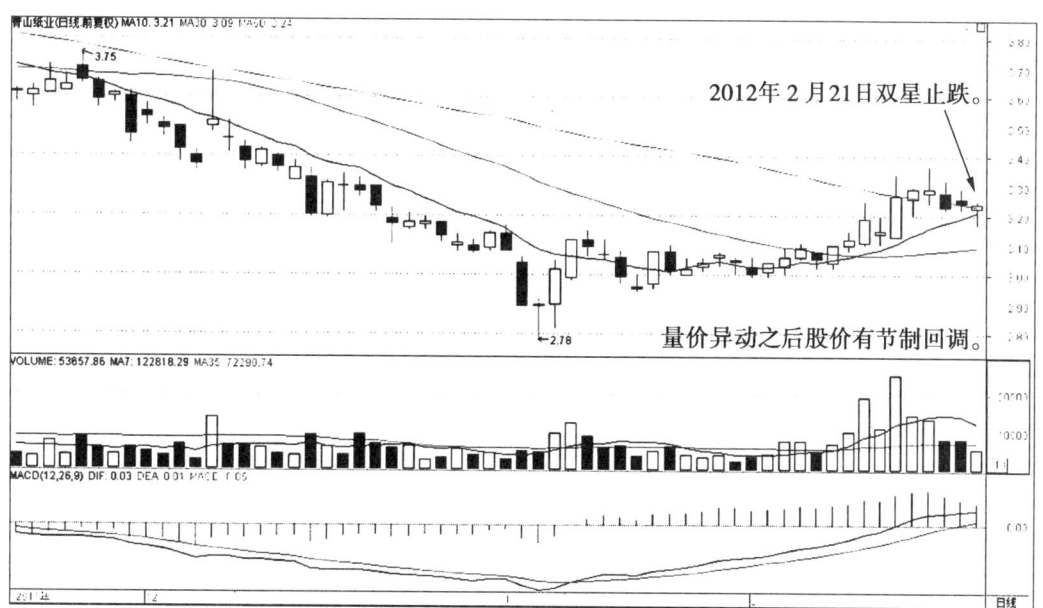

图 2-1-1

这里就引出了一个问题，何以见得是"缓冲末端"？这个问题很重要，如果大致能确定是缓冲末端，交易就相对简单了，因此，多看，多想或者多读几遍，问题也就不是问题了。认识这个问题建议从"健康回调"以及"均线归位"两方面着手。

"糊涂主义，唯无是非观等等——本来是中国的高尚道德。你说他是解脱、达观罢，也未必。他其实在固执着什么，坚持着什么……"这是鲁迅先生对"难得糊涂"意义的揭示。小事多点糊涂，大事绝不含糊，这该是大智若愚的一种表现吧。

对于股票投资的诸多事项，什么时候，哪些方面小事糊涂，大事不含糊？就青山纸业而言，回调多少天、回调多少点、每根小星线的形状、颜色是哪样？这些是小事，糊涂一点，不用紧张，也不必"神算、精算"，这样，本身不复杂的事情就不会被越搞越复杂。明显量价异动促使均线归位，再缩量回调至已经归位的均线上，这是大事，不可含糊，当盯紧；回调到位，强势反转，此时是攸关资金强势赢利的机会，绝不含糊，当猛虎出击，这样，不太简单的事情就变得简单！看得清楚，想得明白，固执又何妨！看透了，糊涂就是在坚持！青山纸业的股价出现止跌小锤头后，再轻轻侦查了一下情况，随即迅猛拉升，完成了重要底仓的赢利空间。见图2-1-2。

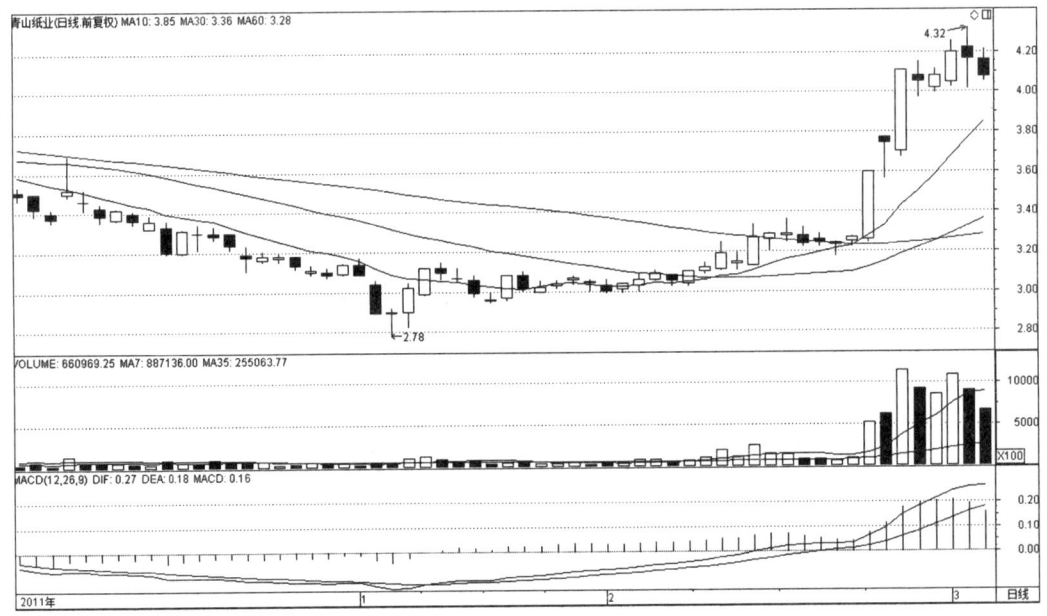

图2-1-2

中航地产（000043）的股价走出了强势顺上的大形态格局，然而就在均线顺上走势首次出现涨停板后，股价却开始回调了，这样的回调发生在持仓者热血沸腾之时好像"不地道"，但股市中的不地道哪一次不是在激情澎湃之时呢？应付这样的不地道，我想，除了诚实以外，可能没有什么更好的办法，而诚实的核心除了"半步之间"交易策略又能有什么更精妙的呢？股价大阴回调立即止跌，出现一组缓冲星线，结合当时大盘走势，这样的经典调整无异于告诉知己："盯紧我的再次启动，主冲浪就要来了！"2014年9月23日，股价高开，拔地而起，此时不追涨买进更待何时啊！见图2-1-3。

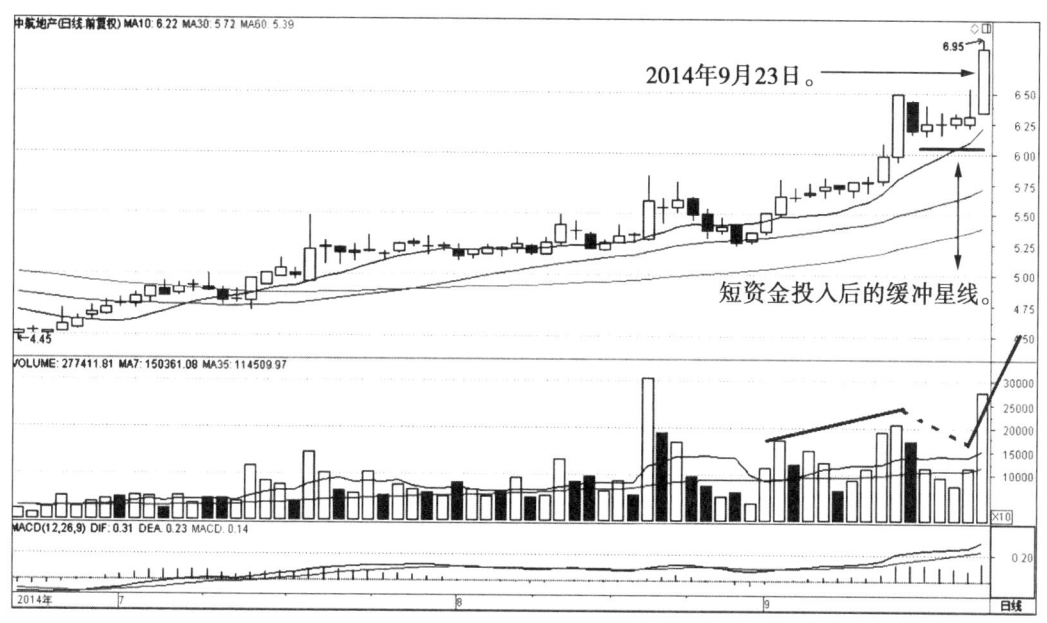

图2-1-3

在一间无人居住房子的窗户边，一只叫不上名字的鸟儿每天都会前来光顾。远远望去，只见鸟儿在窗台上不停地用头撞击玻璃，却总是被玻璃挡在窗台上，但鸟儿依然不懈，每天总会来碰撞十几分钟。一些人好奇心大发，纷纷猜测鸟儿是想进到那间屋子里，而鸟儿所站窗台旁边的另外一扇窗是大开着的，于是，不少人得出结论：这是一只笨鸟。直到某一天，有好事者用望远镜观望才发现了真相：窗户玻璃上沾满了小飞萤的尸体，鸟儿每天吃得不亦乐乎。不知这是谁编出来的故事，应该是在说：人们总喜欢将自己的思维方式强加于人，并自以为是。在同一个市场，同样的交易规则，同样的买卖动作，有的人被视为投资，有的人被视为投机。投资与投机区别在哪里，笔者认为没啥大区别。投资就是投入资本，以期赢利；投机就是抓住机会投入资本，快速赢利。投机或许是投资的最高境界，在这个世界上，没有不擅长投机的投资家。在股票的二级市场，投机或许有更大出路。"机"在哪里？在强势资金之后，在均线归位之时，在经典之"再度无价"里，在于强势印证，在于意随盘面舞！异动之后，经过星线缓冲调整的中航地产股价强势引爆，主力引导趋势在9个交易日把股价推高到接近60%的高度。这是强势能量叠加经典调整、经典攻击创造的辉煌，交易者在高位巨量天针出现时兑现利润，何尝不是一笔华丽的投资！见图2-1-4。

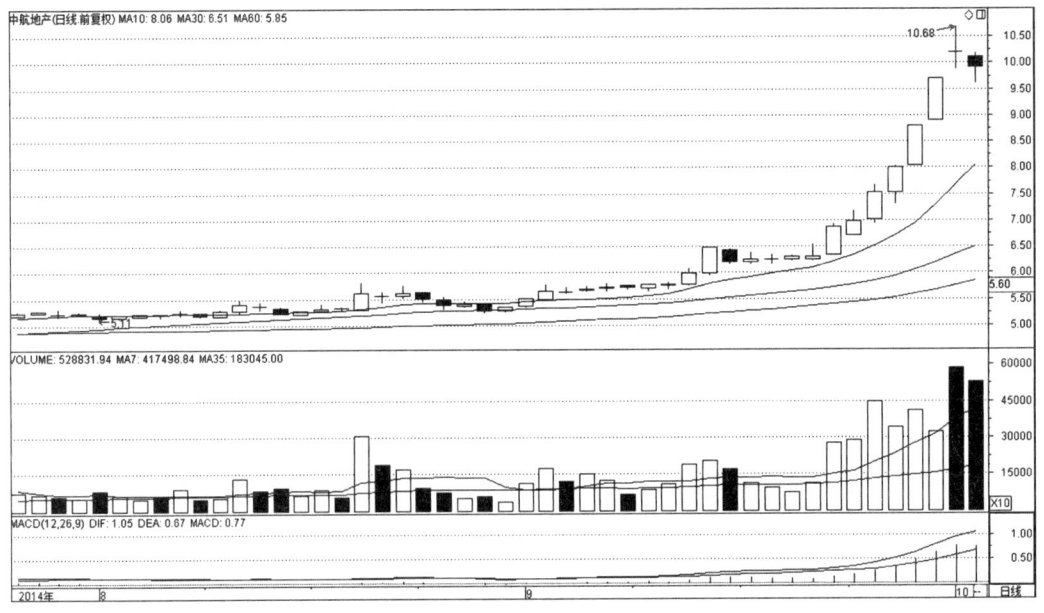

图2-1-4

长荣股份（300195）从2015年3月2日开始，连续6天的阳量使股价至颈位，行情未透支，整个股价轮廓完成了一个较大的、充满正能量的双肩大形态，结合位置可以初步判断，这是超常规短资金投入。至前高的股价主动回撤，回撤的股价准确回踩在进攻线上，跌幅收窄，成交量愈发收敛，缓冲星线调整末端的双星止跌已经八九不离十。2015年3月13日，股价小幅跳空高开，露出主力要发动行情翻转意图。当盘中拉升意图得到体现，股价强势上攻、强势涨停过颈高，一幅绝美的颈位大形态突破画面呈于眼前。见图2-1-5。

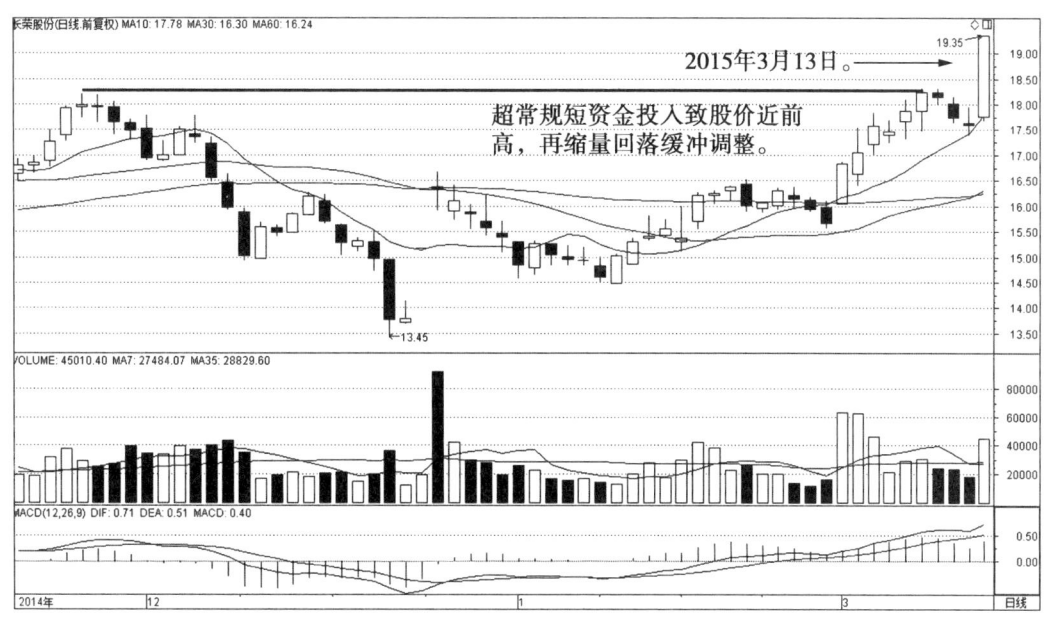

图 2-1-5

在实际操盘过程中，很多时候会出现选中的好股票跟丢的情况，不是没看见的跟丢，是天天、时时在看却跟丢了。知道怎么跟丢的吗？因为不相信！不相信它会在此时涨。为什么涨的时候还不相信？其实还是不知道它要涨，认识不够透、没知悟股市的根在哪里，股票的脉在怎样跳动。股市里的人，不服气者多，被"必涨"K线弄得晕头转向，被"神秘"均线缠绕到窒息，被"高深"的指标带动得神魂颠倒依然不信邪。K线支持买进，指标又不到位；指标到位，均线又不合格；均线、指标都对了，大盘又下跌了；大盘不下跌了，船儿已经过三秋了。事物的存在一定有存在的缘由。事情的发展一定有发展的因素，凡事凡物都需要抓本质，解决问题，认识问题也是一样。"股价为什么涨"的问题，就是关于股市的根的问题，"主力为什么拉股价"就是股票脉动的问题。长荣股份后期能大涨，在这个位置开始暴涨，就是源于三阳控三阴之能量浇铸、超常规资金最后重磅投入，缓冲星线经典调整、再强势跳空、强势突破，处处经典处处强势，结合市场有效题材，精准踏住盘面，这样的形态不巅峰超越，谁又能超越！这样的机会不把握，选了股票跟踪又能如何？见图 2-1-6。

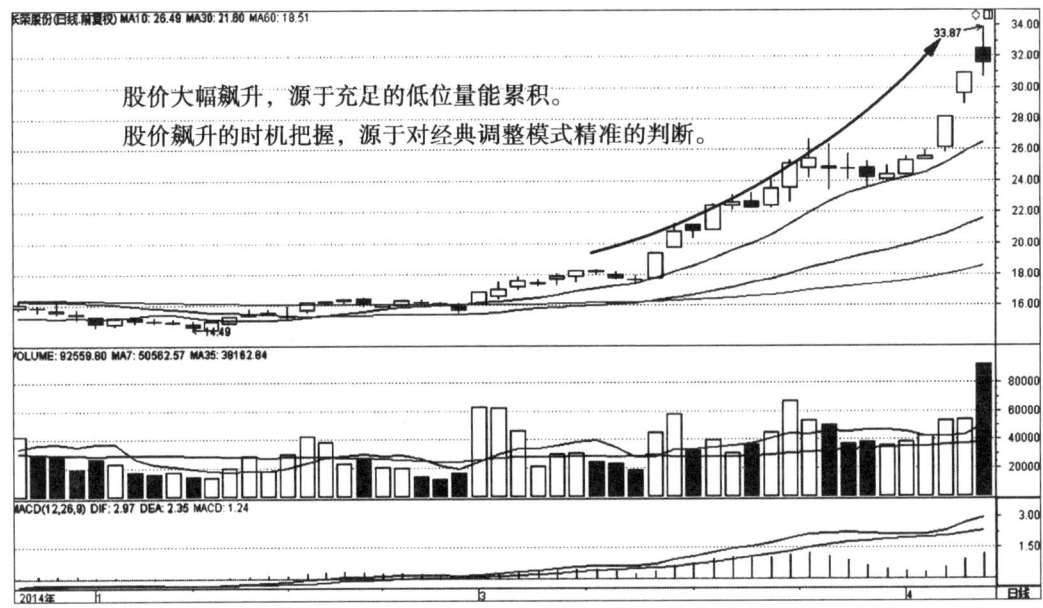

图 2-1-6

大钢琴家霍洛维茨说过一句：我用了一生的努力，才明白朴素原来最有力量。霍洛维茨是 20 世纪最令人瞩目的大钢琴家，"他的技巧高超，举世无双，钢琴演奏对他来说似乎不存在技术上的难度。"有谁比他更懂演奏技巧？这位钢琴家越是后来的演奏越没有任何花哨与噱头，返璞归真成就了他走向古典浪漫派巨人的巅峰。举重才可若轻，则秉承处变不惊；性真就能归空，则可观珠落玉盘之美妙。

下面我们来看另一个案例，六国化工（600470），见图 2-1-7。

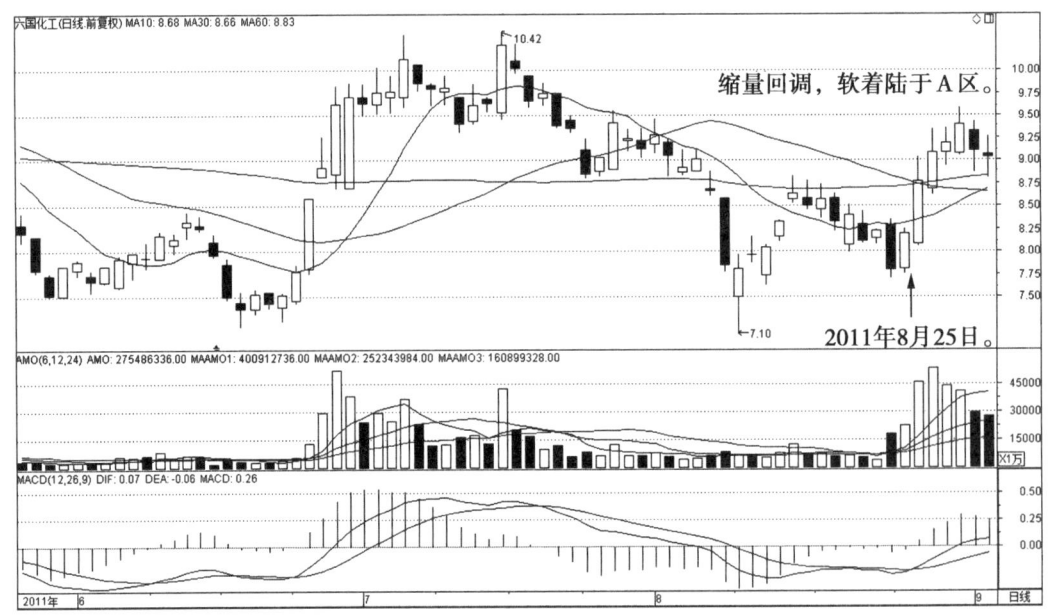

图 2-1-7

六国化工（600470）的股价于2011年8月25日再次止跌回升，开始强势再收集，还原了主力再次进场的身影，随后两天，股价明显缩量回调，尤其是第二天，价量继续收敛形成的星K线正好落在A区之上，回调完成迹象异常清楚。轮廓上，一个大双底套一个小双底，量形态从上到下红彤彤的一大片，一个健康的大形态的架构已经完全完成，次日股价若高开或盘中泛红即可伺机介入。

有这么一个故事：有人想得到地主的一块土地，地主对他说："清晨你从这里开始跑，然后跑出一段就插上旗杆，只要你在太阳落山之前赶回来，插有旗杆的土地都归你。"那人扛上旗杆不要命地跑，由于旗杆数量有限，那人就尽量跑得远一些插旗杆，太阳偏西仍不知足狂奔。太阳落山前是跑回来了，但已经精疲力竭，一个跟头跌下地再也没起来。地主叫人就地挖坑埋了他。牧师在为这人做祈祷时说："一个人要多少地呢？就这么大。"数千只股票，永远是一部分在涨，一部分在跌，跌之前会涨，涨之前会跌，到底是跌还是涨？每天盘中涨速榜里猛冲的个股看得人眼花缭乱，似乎机会多多，可几个回合下来，资金却不断缩水，原本鲜活的资金一步步濒临衰竭。正确的做法是：恒定等候强势能量进场，专注辨别强势机会，耐心静候经典出现，虔诚看见强势盘面出现，最后放手去搏。全力以赴的机会真的不多，资金的衰竭其实多半是被累死的。

我们继续以六国化工（600470）作为案例。见图2-1-8。

图2-1-8

六国化工（600470）强势资金再次进场，然后以缓冲星线调整，股价次日如期在盘中收红则介入资金，次日再涨再介入，如次日跳空则继续抢进不要迟疑，机会稍纵即逝，如果越高越不敢动，等到实在忍不住再买进就变成追高了。随后股价连续涨停，盘整后再创新高。

缓冲星线蓄势在周线里也会有发生，其意义是等同的。宝安地产（000040）连续5周显示有强势资金集中投放，然后有节制回调，尤其是回调途中的阴线再次缩量到极致并收出带下影线止跌星线，股价随即反转，用四周时间走出了涨幅超一倍的行情。见图2-1-9。

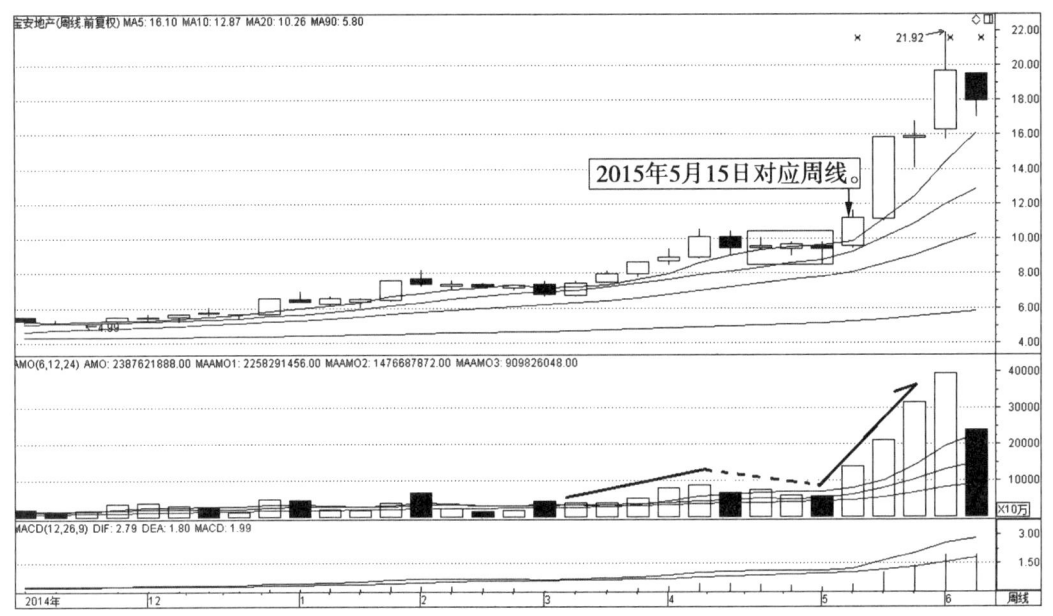

图2-1-9

延长化建（600248）的图表上可以见到资金明显再次进场，股价轻碰前高后开始缩量回调，2015年12月30日股价继续缩量回调时正好落在往上行进的10日进攻线上止跌，缓冲星线的架子基本成型。

凭经验，此时可以关注或适当低吸。

若关注，股价随后往上转身即可跟进；若低吸，股价次日往上则可加仓，但如果继续往下呢？可有计划？见图2-1-10。

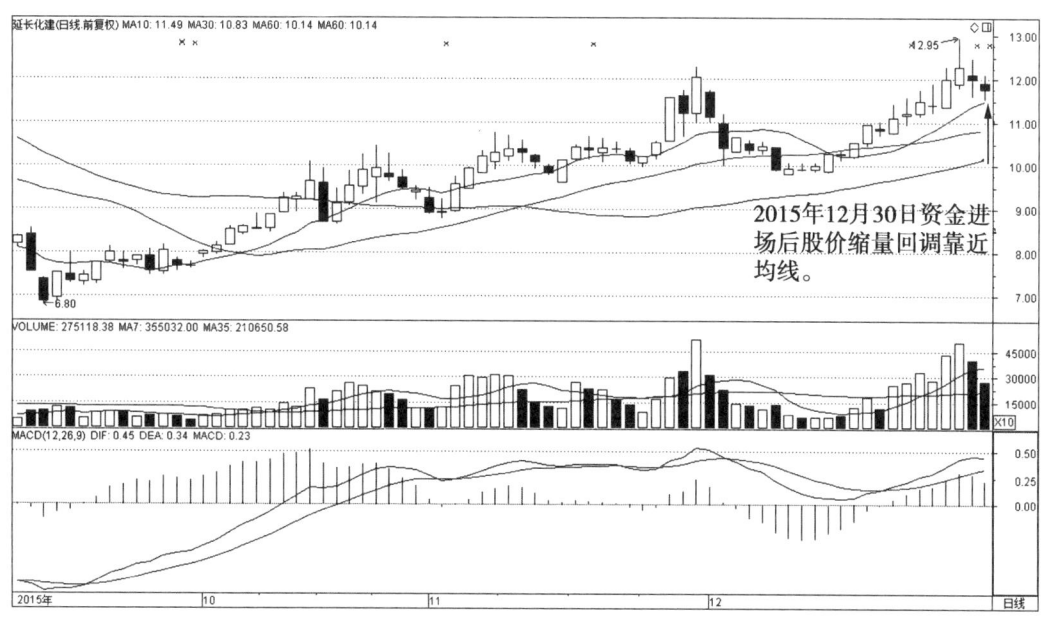

图 2-1-10

次日，股价走势未按预期，而是低开低走缩量运行到进攻线之下，股价在应该受到支撑的位置上没受到支撑，在应该反转的时机没有反转，并且，这一天，盘面上已经出现跌停板增多的苗头，不少的股票出现跳水，这样盘面表现，需要对看好的股票提防一点，补跌或跟跌或砸跌都会气势汹汹。见图 2-1-11。

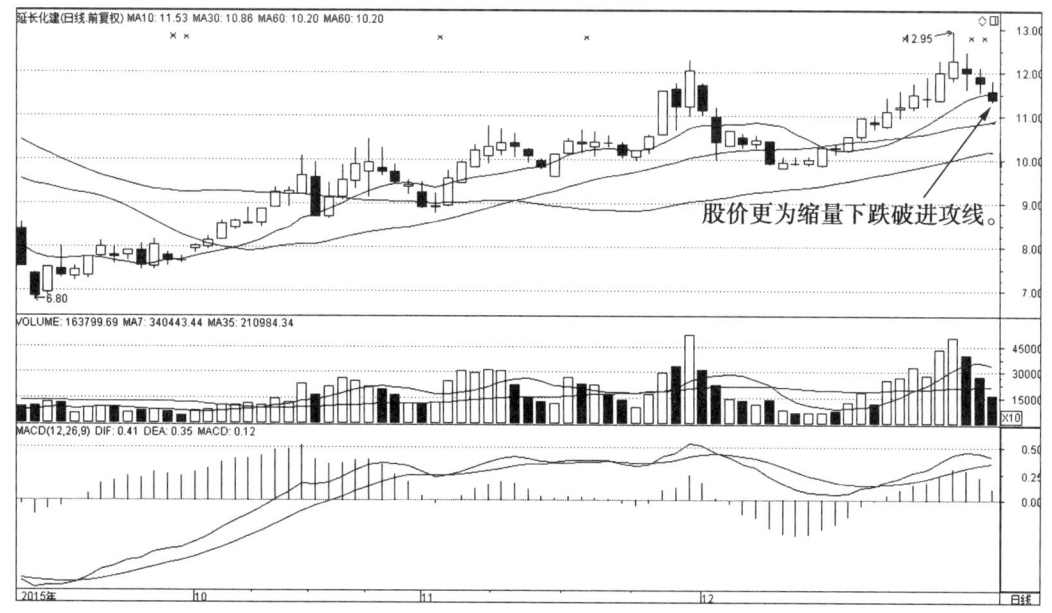

图 2-1-11

股市这个虚拟经济体，总在释放一种魅力，尽管从少年出发，哪怕走过一个世纪，依然风姿绰约，婀娜多姿，引无数眼光并趋之若鹜，恋恋不舍。可是，她的冷酷，许多人却视而不见。极大一部分人一而再、再而三地被市场肆虐依然不遵章守纪，践踏规则随心所欲，埋怨怒骂精准无误，就这般年复一年游荡着。"稳步赢利"也就如同发了霉的一个词语，怎么冲洗也洗不出形同他人的铿亮。

随后，延长化建的股价随同大盘出现暴跌，途中出现短暂的止跌，也不知这两天阳线是谁买成的，或许这两天买进的人一是前两天大亏仍在里面的人，理由仅仅是低位买一点摊低成本，二是玩技术，玩惊险者"捡便宜"的行径，然而便宜没被捡起来，股价随即就进入波段暴跌。

对于这种看上去在健康回调的走势，一旦露出"狰狞"，破线、破平台、破位，投资者一定要即刻跳出迷局，后面就不会陷入困局。对于看好的个股，一旦与预期反向，就要做到不纠缠，不死扛，不钻牛角尖，这也是保全资金平安的规则，一定要遵守。见图2-1-12。

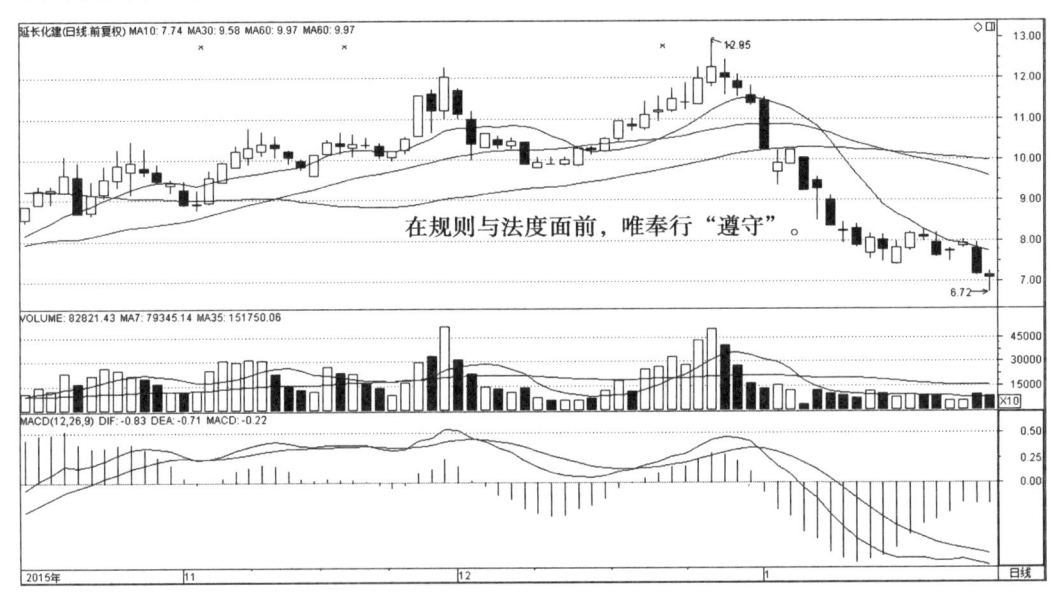

图2-1-12

可立克（002782）的走势堪称经典，以"三度系统"的视角可以清晰辨识其时空风险的稀释、资金入注，大形态的构建，洗盘，主升浪的发动时机等主力操盘模式，均步步经典，步步强势，步步有章可循。在强势顺上的走势格局中，股价带量突破历史高点与近期高点的双重叠加高点后，有节制地回调，回调手法就是缓冲星线。2016年5月30日，股价回踩到前高点时出现双星止跌信号，这也是变盘已经临近的信号，实战中一定要极其高度地关注。见图2-1-13。

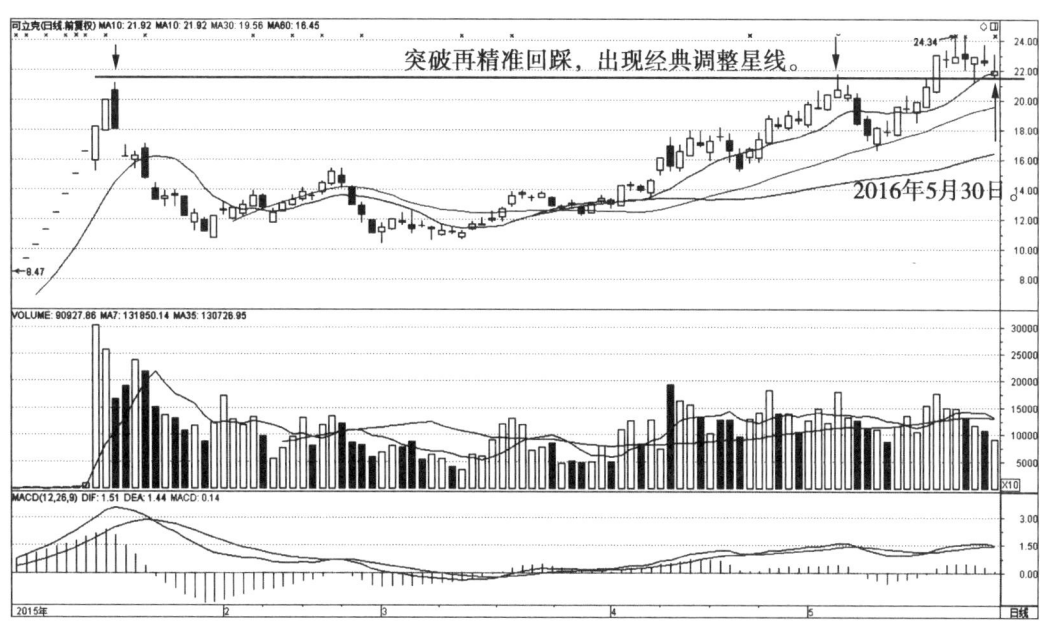

图 2-1-13

双星止跌后的第一日,股价强势涨停,再次强势大突破,这一次的突破比上次的突破更有价值,更有价值的理由就是三度理论之一的"强势再度无价"。第二日,股价大幅跳空高开收带量的长上影K线,这个长上影不是放量滞涨,是大格局上升途中的盘中震仓行为,随后,继续上攻要继续买进。见图2-1-14。

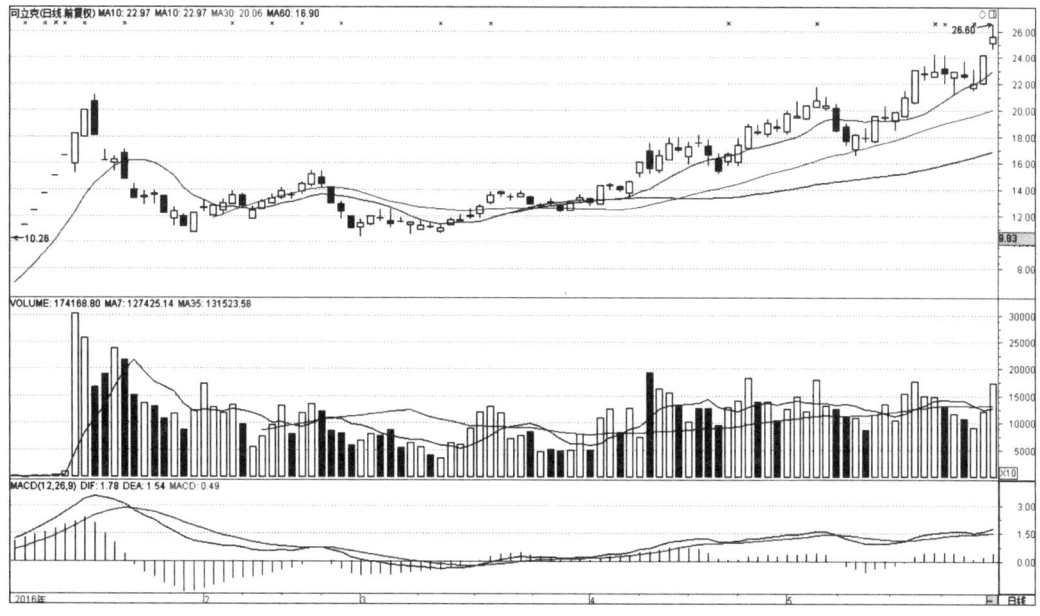

图 2-1-14

天下武功，唯快不破。快是速度，是力量，是意志，是功夫，速度产生距离，距离产生美，创造奇迹。

第三日，股价继续跳空高开，主力积极做多意志很坚定，"速度"得以体现，再次买进即可立即执行，当天股价强势涨停，强势大波段露出端倪。

第四日，股价继续往上跳空，再收带量上影K线，这仍然不是放量滞涨见顶，因为：同期由可立克带动的电气设备板块已经整体走强，同时预高送转概念也在蠢蠢欲动。

能带动板块启动的强势股，一旦拥有就不要轻易放弃。见图2－1－15。

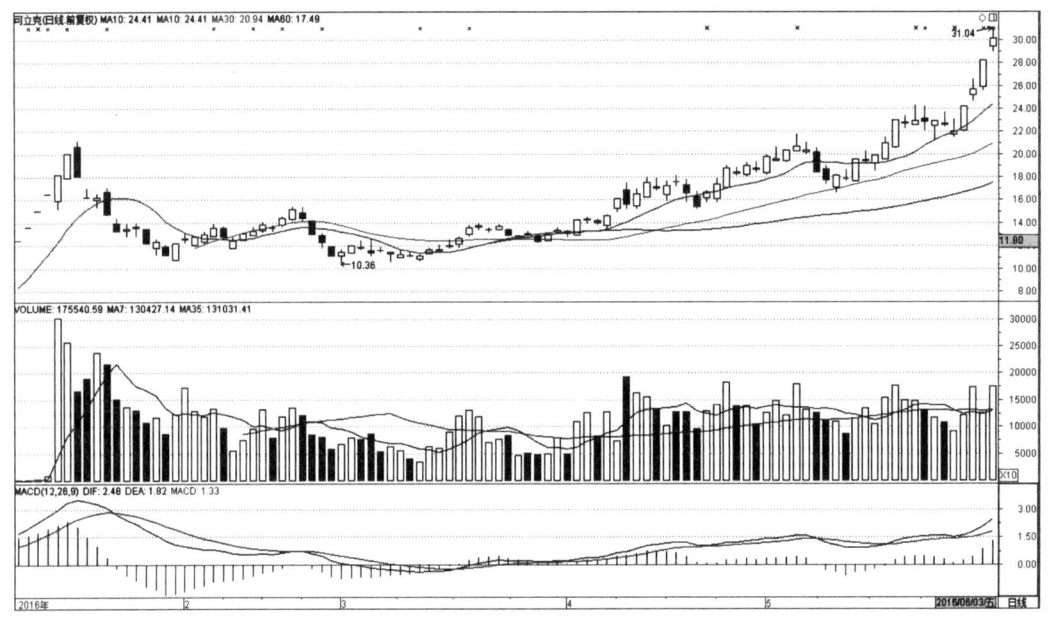

图2－1－15

第五日，股价再次强势涨停，成交量健康。

第六日，股价涨停，成交量表现健康。

第七日，公司股票高送转除权除息，股价冲击涨停未果，收盘为巨量长上影，成交量不健康，在短期大幅上涨的高位，巨量是见顶调整信号，当天可以出局了。见图2－1－16。

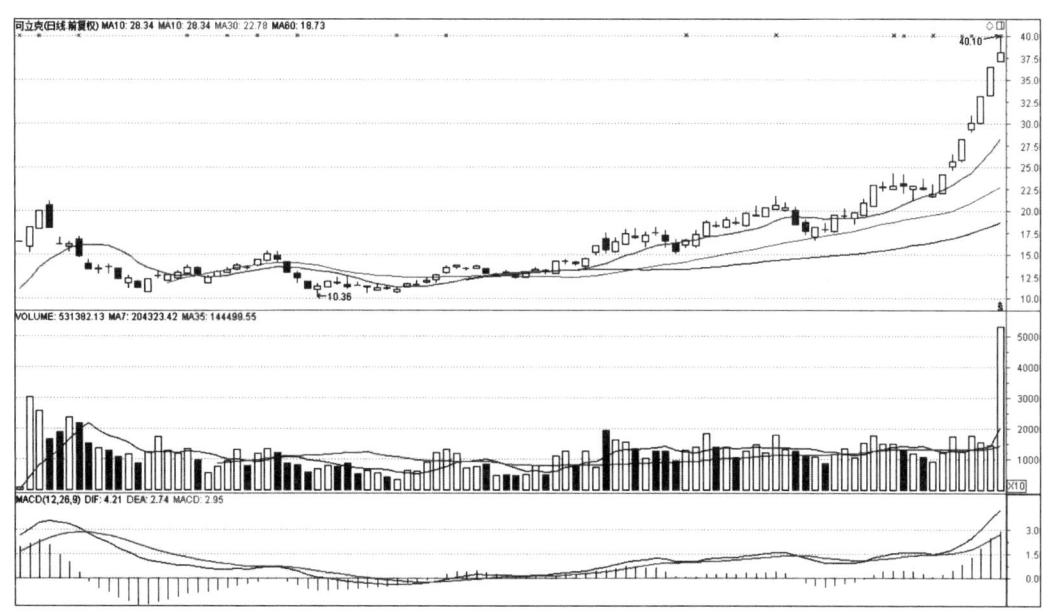

图 2-1-16

  唐僧往西天取经坐骑的白马本是长安城一家磨坊普通马，此马没什么出众之处，打小就在磨坊干活，踏实本分，当然身强体壮有劲。唐僧思量，前往西天，路远任重，回来还得驮经书，自己骑术也不好，得挑一匹强健同时还要老实的马，几经挑选，磨坊这匹普通的马就被选中了。

  17 年后，唐僧取经而回，白马因是取经功臣而被誉为"大唐第一名马"。白马荣归故里去昔日的磨坊看望老朋友，大家羡慕不已，围过来听白马在取经途中的传奇。

  白马平静地说："各位，我没什么了不起，只不过有幸被玄奘大师选中，一步步西去东回而已。我走一步，你也在走一步，我们走的路是一样长，也一样的辛苦。"

  这个故事给我的启发与震撼是：有无明确的目标与方向，同样的努力，会有千万之差。在投资交易生涯中，用功固然重要，方向更为重要。方向对了，路才不远。

第二节 震荡调整星线

所谓震荡星线，就是K线出乎意料地上下跳跃，高开不高走，低开不下跌，如此在一个价格区间反复数日。主力意在于恐吓、诱导、剿杀，用上蹿下跳的动作，引发持仓者情绪躁动不安，在不坚定中踢出筹码。震荡星线组合是较为经典的调整行为，实战中有较高的跟踪价值。见震荡调整星线示例图。

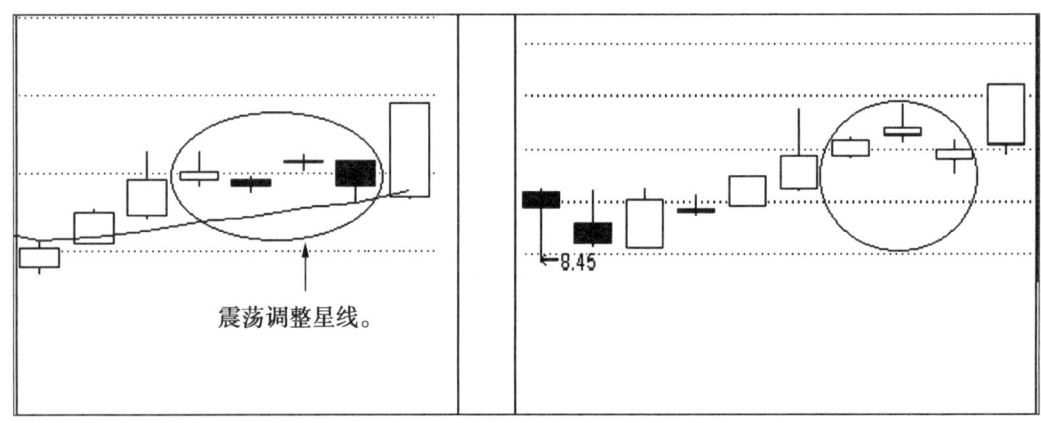

震荡调整星线示例图

久其软件（002279）与同板块的其他几只软件股一道，自2011年10月24日开始在A区突然异动，这是明显的超常规短资金进场的见证，股价行至前高附近出现调整，怎么调整，调整多久，事先我们是不知道的。在图表上，"三度"中的"力度"就派上了用场，此时的"力度"是指调整的力度。主力控制股价在异动价的顶部区域，开始对跟风盘进行洗涤。高开、下打、收回；低开、高走、下打、收回；如此反复，造成过早跟风者不知所措。怎么办？好办，袖手旁观不参与，静待经典出现。好位置的震荡星线组合属于经典调整，如果适时地呈现于图表之上，就暗示主力费心地在工作。对于震荡星线，出现两根时就要引起重视，第三根时高度关注，多数情况，震荡三四天就要变向。见图2-2-1。

图 2-2-1

2011年11月2日，股价继续低开在10日攻击均线之上，调整是否还将继续？此时不作评判，拭目以待。股价一开盘便向上攻击，先收回昨天收盘价，再突破盘中高点、冲向涨停，每一波均带量超越。A区上的资金重磅投入后出现星线调整，主力"震荡"意图在盘中多次得到确认，分时图标有箭头的地方都是买点。股价强势涨停，借助软件行业利好政策，步入短期暴涨行情。见图2-2-2、图2-2-3。

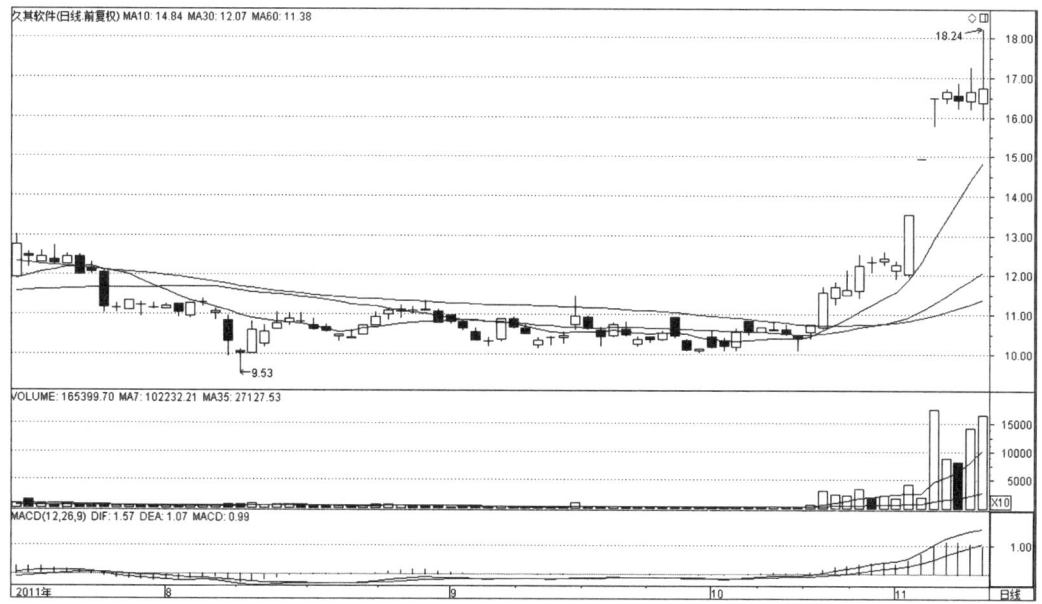

图 2-2-2

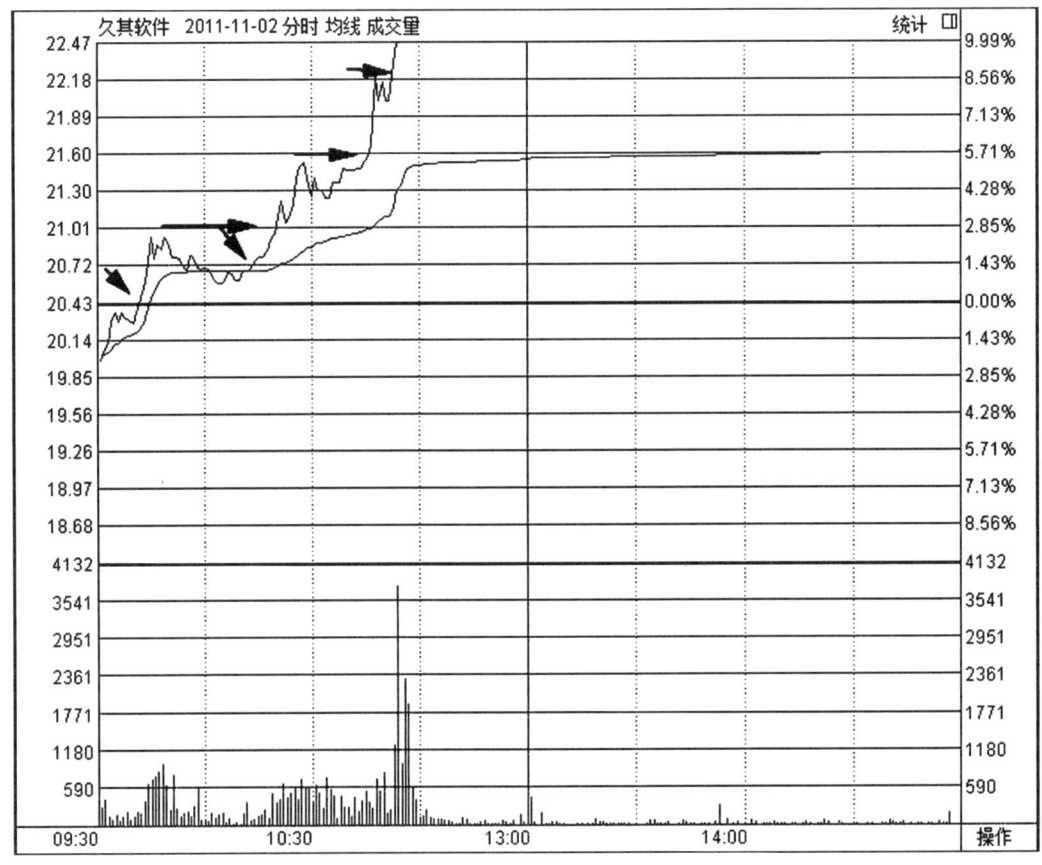

图 2-2-3

交易操作得心应手，说到底就是踏准了主力操盘的节奏，卖出后股价下行，买进后股价上冲，这种"契合"度比赚钱本身更有成就感。遗憾的是，卖出就涨买进又不涨的情况更多些，这里面的问题涉及诸多方面，但根本还是没有踏准主力操盘的节奏。关于节奏方面，说得多，也只是在重复前辈们的话而已。笔者更想强调的是，我们要用什么样的态度、什么样的方式体现与主力是坐一条船上的？不走在庄家前面，"这是态度！"不走在趋势前面，这是方式。好的庄家一定是优秀的资本投资家，"优秀者"必"善良"、懂"回馈"。"投我以木瓜，报之以琼琚；投我以木桃，报之以琼瑶；投我以木李，报之以琼玖。"踏准主力的节奏就是与他共进退，是在对的时间，对的地方，遇见对的主力，其后被"回馈"也会是喜悦更多。反之，老算计抄近道，总是寄希望靠赌运与市场的旨意做碰撞，其后的处境会尴尬更多。

金轮股份（002722）的股价依托第一节点发动初次行情，随后进入小波段起落调整。在2015年10月29日，股价跳空高开，三波上攻，封住涨停。这一天之前，可以看到三颗小星线错落有致摆在均线之上。错落有致的意思就是错位陈列但有美感，如星光闪烁。前有强势资金进场行情没有透支，再有经典星线进行调整，在关键位置出现有速度的拉升，就是最好的介入之时机。见图2-2-4。

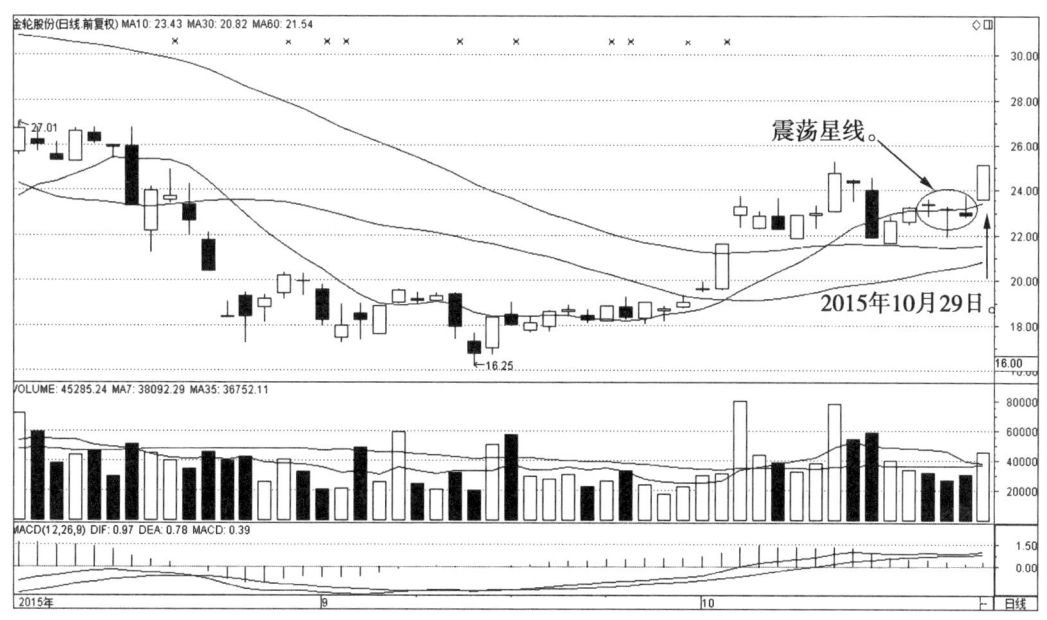

图2-2-4

"选择比努力更重要"，这句话一方面是指出选择的重要性，也在说"选择力"是非常重要的能力。一分耕耘一分收获，这是人尽皆知的道理，但不能当真理来用；同样付出劳力、心力，选择了正确的方法、方向，结果就会光彩很多，反之，若是没有一个合适妥当的选择，就有可能一场白费。这个道理大家也懂，那么，更关键的问题就来了，选择力从哪里来？首先是储备，并且是有方向、有需要、有付出辛勤的储备，然后是提炼、提升，如此这般，逐步培养、形成的选择能力就相对要结实些。在股市里，选择强势，选择经典，选择简单就可以亲密强势，伴随经典，然后简单地收获。选择强势、选择经典、选择简单，需要理念需要能力！金轮股份自震荡星线调整后的强势攻击突破，展开龙头领涨的暴涨行情，展开了强者恒强的极致表演。见图2-2-5。

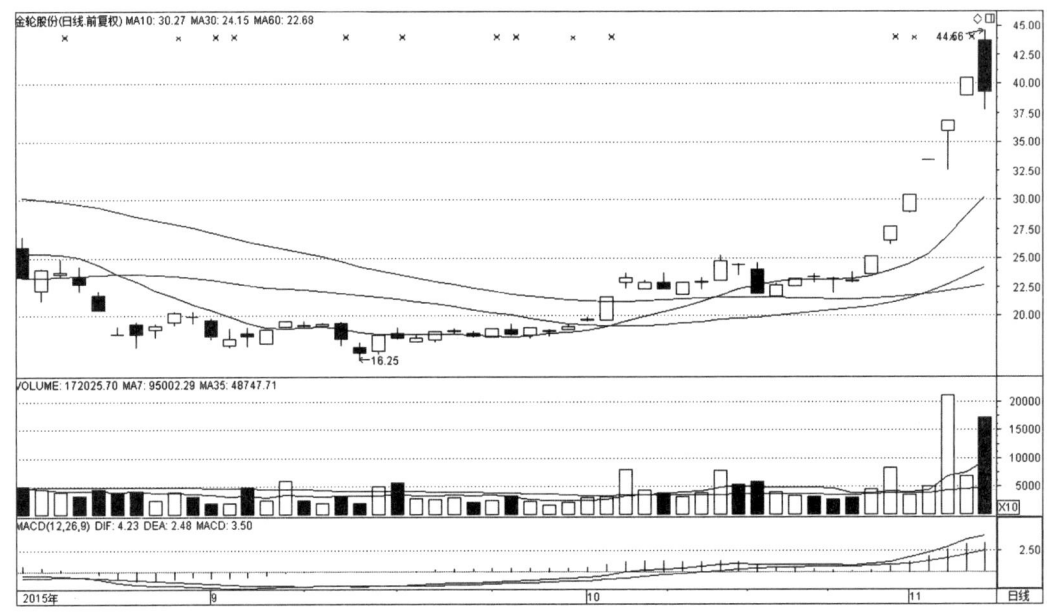

图 2-2-5

深天马 A（000050）的股价在 2014 年 7 月 16 日突然大幅跳空高开、冲击涨停、宽幅震荡，收巨量带长上下影 K 线。停牌几天后，股价大幅跳空低开、冲向跌停、剧烈震荡，收带量长上下影 K 线。次日，股价大幅跳空高开，然后下打，接着又在盘中异军突起，冲向涨停释放出巨量。这三天上蹿下跳的走势，是明显的量价异动，也可以视为震荡星线，并且是"巨星"来袭！策略上，前两日的异动当引起高度关注，第三日的高开极度关注，当下打完毕的股价在盘中带量昂头向上时，抢进！后续仍可以大胆加仓。见图 2-2-6。

图 2-2-6

复盘，是欲把交易做好的一项必须工作，复盘的目的主要是发现已经发生、正在发生的情况，根据这些情况来预判即将要发生的动向，从而抓握好机会。复盘是个细致活，粗枝大叶把股票通看一遍不是复盘，是在例行公事、在无可奈何打发备受煎熬的时光。而有针对性，有选择性进行复盘，专注度就会提升很多。"主动出击并出击主动"是三度交易系统的重要策略，这是要求投资追求已经在动作的股票，去寻求具备"经典"行为的形态，其实，这些理念都是让我们主动去做细致活儿，上述工作确定后，还要进一步把细致活做到精致，这就成了"工匠"，而很多时候，工匠的奇迹，往往是多看了一眼。从懵懂到明白，从细致到精致，精益求精定能独到。从无形到有形再到无形，尽在多看了一眼，多想了一次，多念了一遍——念念不忘，必有回响。

深天马A次日继续高开、继续逼空、继续涨停，在稍远离成本区后又以同样的震荡星线进行震仓，剿杀跟风筹码，随后义无反顾冲向云霄。见图2-2-7。

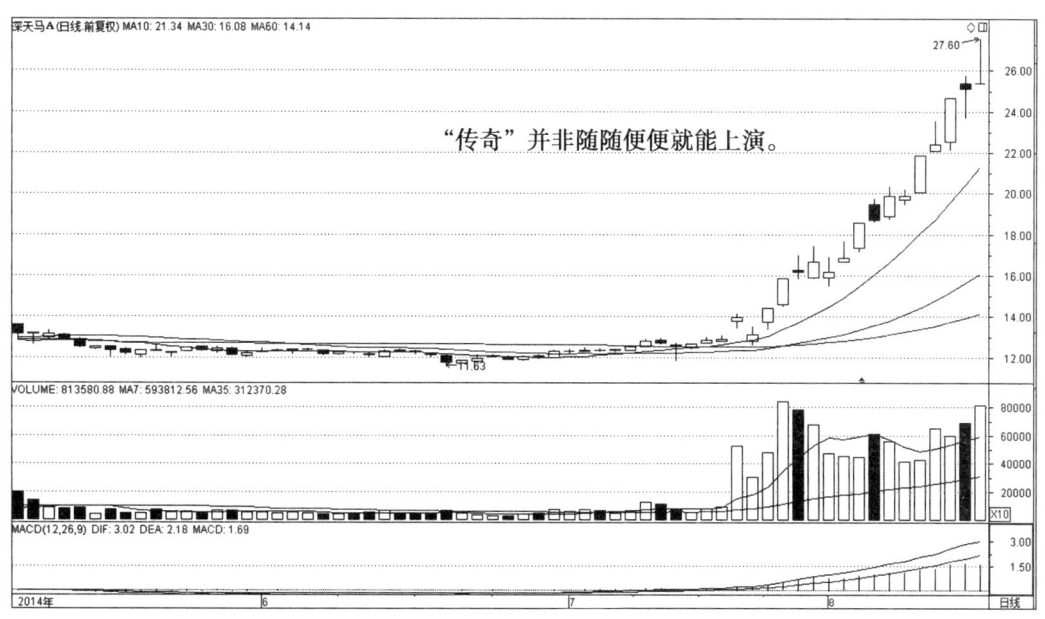

图2-2-7

国海证券（000750）在2012年3月30日再次启动的前四天也是出现了震荡星线。尽管四天的每一根星线都有菱角，但整体一看又是那么的玲珑精致。震荡星线在未透支行情、在上升趋势完好的情况下出现，后面的机会空间也是较好的。股价形成震荡星线组合后，在较短的时间段，上升幅度达到了50%。见图2-2-8。

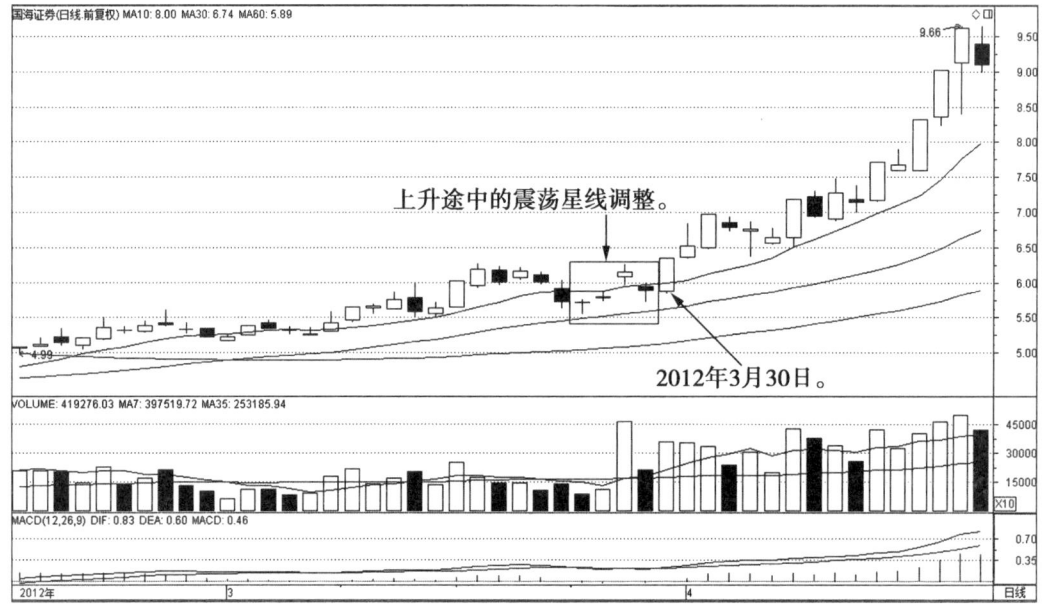

图 2-2-8

小结：

本章就缓冲星线与震荡星线两种表现形式组合进行举证，借以论述其经典之处。除此之外，市场上的调整形式还有很多，明白道理后，面对市场就能举一反三。两种调整星线后期能出现较好行情，均遵循前期有强势资金进场这一大前提，遵循适当位置才能生成时机这一大纲要。在大前提、大纲要符合的形势下，结合"两点印证"，借助经典，实施交易。对于不符合大前提、大纲要，没有经典的一般走势，不可人云亦云，不要意气用事，不要自我设计。这两点只要坚定做到了，股市里任何铁大门都会在我们面前悄然消融。

第三章 止跌之星

　　止跌就是股价往下跌的动能衰竭或主力的洗盘意愿接近尾声，从而出现股价停止下跌的形态，股价止跌的同时出现星线就是止跌星线。股价的止跌与股价的突破是拨动投资者神经最重要的两件事。低吸与埋伏者钟情于止跌，追涨与跟风者热衷于突破，而恰恰就是埋伏"止跌形态"与追涨"突破形态"是造成亏损最厉害的两个动作。较为准确地判断股价止跌是很有必要修炼的功夫，而以星线作为止跌的表现形式是许多图表的真实写照。当然，在"三度"系统里，仅出现星线就断为止跌是不允许的，要更加有效地判断止跌必须结合前期能量的介入情况、现在位置的支撑体现，以及后期的最终确认，同时，大盘的"面色"也是需要看看的。本章的止跌星线包括同步止跌星线、背离止跌星线两种。

第一节　同步止跌星线

　　同步止跌星线就是指代表价格的 K 线与代表资金的成交量柱体同时收敛、缩小出现止跌的情况。这样的同步表现，暗示股价下跌的动能与意愿均接近尾声，自然行为的成分更多一些。见同步止跌星线示例图。

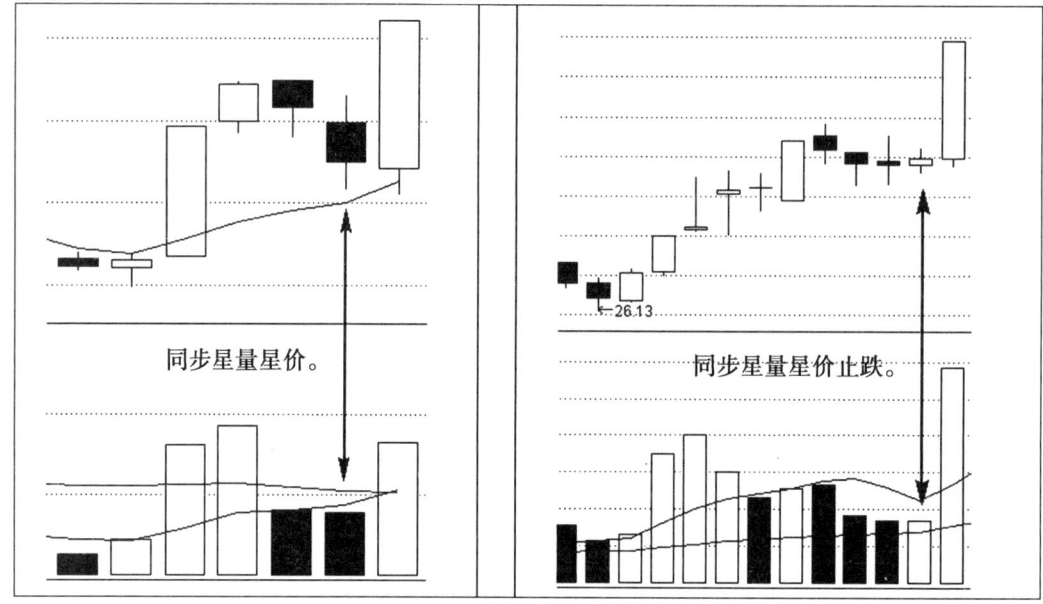

同步止跌星线示例图

广东鸿图（002101）股价见底后有多波小幅拉升与回调，整体轮廓属于收敛三角形。在大三角构建中，成交量满足三阳控三阴的强势格局，盘后选股时，这样的股票应作为首选。见图3-1-1。

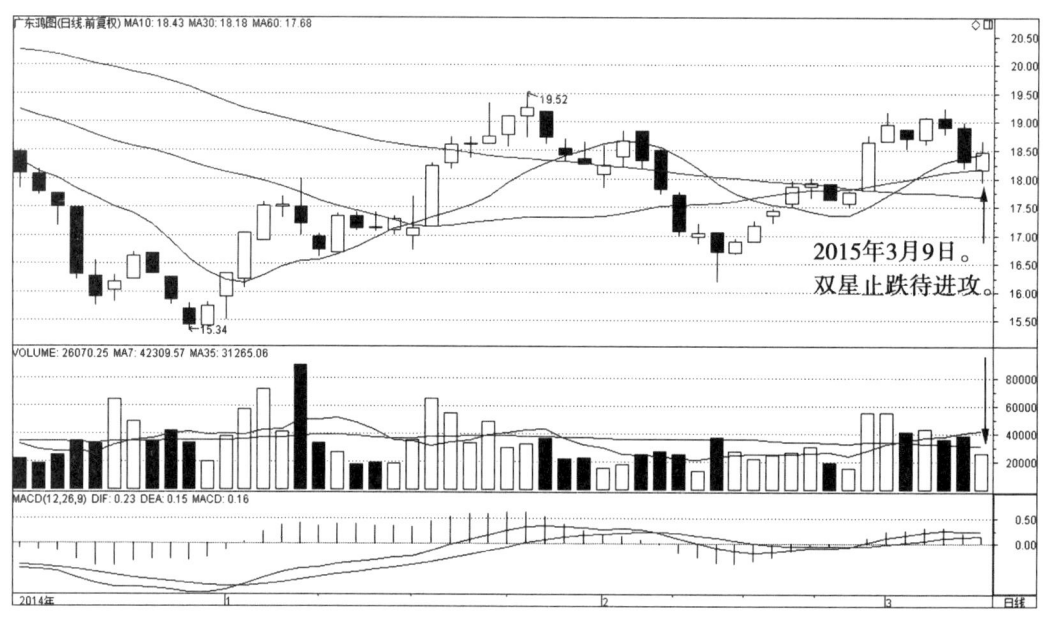

图3-1-1

2015年3月9日，股价在回调过程中继续低开，盘中高走，收盘为小幅上涨的小阳K线，当天对应的成交量继续且明显收敛。这一上一下的对应小星线在适当的位置出现，我们称之为双星止跌亦是同步止跌（部分组合亦可是孕线形态）。实战中，同步止跌要高度关注，结合其他方面条件可以考虑适当介入，条件是不要几单就把小阳线买成大阳线。次日如股价继续上攻则同步止跌成立，可以追加筹码。

双星止跌后，股价轻轻高开，盘中分段上攻，强势封停，多空筹码成功对接，三角形大形态被强势突破，结合大盘走势及市场盘面分析，股价进入波段上涨无悬念。后期股价虽走走停停，但行情强势顺上，一直走到股价下破进攻线，初步形成C区。见图3-1-2。

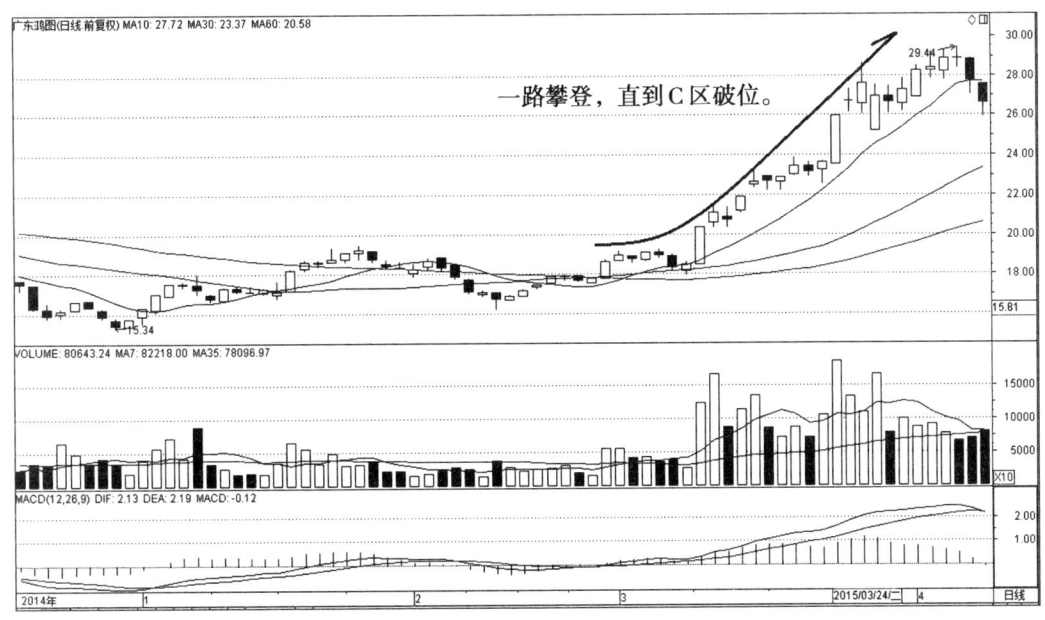

图3-1-2

通润装备（002150）的股价小阴小阳慢吞吞地往上移，就在快接近前期高点时出现大幅异动，异动的股价并没有长驱直入，而是于次日低开且大幅收跌，第三日再低开低走，收盘时发现，股价出现小星K线，对应的成交量急剧缩小，初步判断为同步的双星止跌，而位置正好回踩在关键点，止跌进一步得到证明。这一天是2015年3月13日。见图3-1-3。

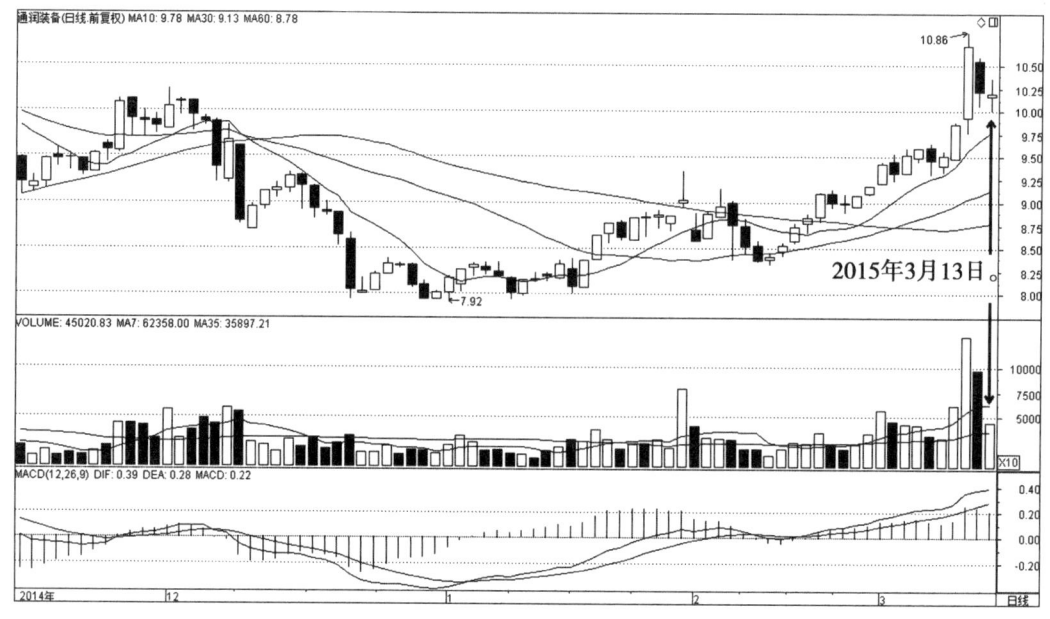

图 3-1-3

"士人有百折不回之真心,才有万变不穷之妙用。"

一个人只有真正具有百折不挠的坚强意志,才能在任何变化中去想办法应付自如。首先是要具有百折不挠的意志,即要有抱负,有远景,一定要的决心即是真心,然后才能在任何困难面前,任何拦路虎面前去想办法解决、应对,攻克而自如。

对股市的种种困惑,诸多难事,一个决意生存于此,决意发展于此的投资者,定会想尽千方百计,尽一切可能去认知股市,认知股票,认知主力,认知主力的操盘套路及表现形式,再而去顺应股市,顺应趋势、顺应主力。锁定通润装备顺上趋势之初出现的异动情况,跟踪其是健康回调,静待落花有意表现,之后出现的拉升即可大大方方介入。这一系列均是基于认知后,用一定的方法去获得,最后付诸行动。

随后看到,通润装备在双星止跌后,继续储备了两天能量,随即进入一波暴涨行情,当在相对高位逐渐释放出阴量时就可以考虑出局了。见图 3-1-4。

图 3-1-4

北方导航（600435）经过正极资金的反复震荡、筑底，均线逐渐归位，从图表上可以清晰地看见，在 A 区（见《股是股非（之一）：猎取暴涨股》）出现了超常规短资金的迅猛投入，强势主力的身影出现了！2014 年 7 月 4 日，回调的股价走势中，出现了同步的双星止跌，小双星与前一日的中大阴线形成了孕线形态，这是积极的 K 线组合，精准机会越来越近，精准的强势波段机会也即将呈现，在《股是股非（之一）：猎取暴涨股》中笔者谈到，主力欲拉一波大行情前，必定会有两种"量行为"，超常规短资金投入就是其中一种。在"必定"的情况正在发生之时，我们的精力是否还要被分散呢？随后的上攻是否还要犹豫跟不跟进呢？见图 3-1-5。

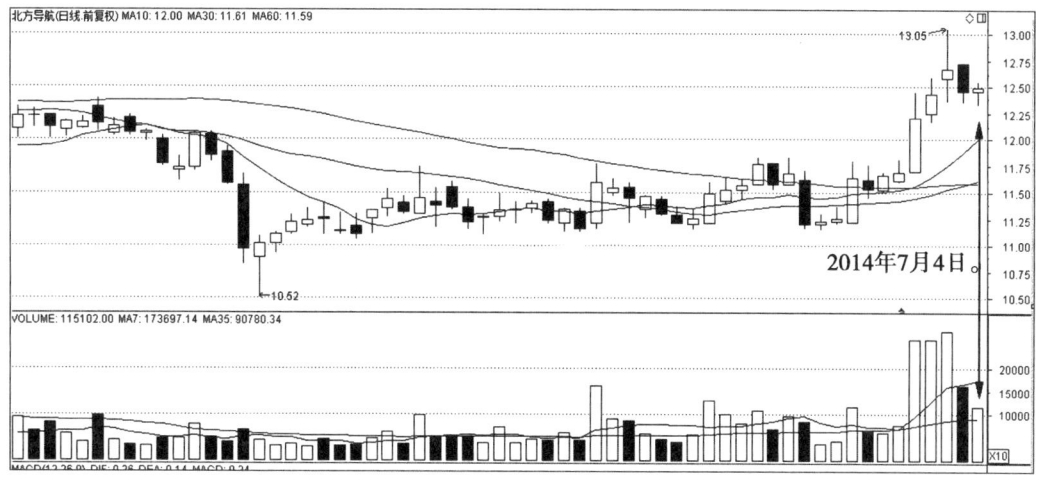

图 3-1-5

北方导航的股价在同步双星后的次日，在盘中异军突起，强势上攻，双星止跌正在得到确定，好不容易选出来，等待的机会怎可错失！而北方导航的起涨，带动了军工航天板块全面进攻，属于强势领涨，行情可以再看高一线。其后期的走势果然不负众望，用连续飙升的两波行情展示了龙头的魅力，而承上启下的双星止跌犹如耀眼的一颗明星，功不可没。见图3-1-6。

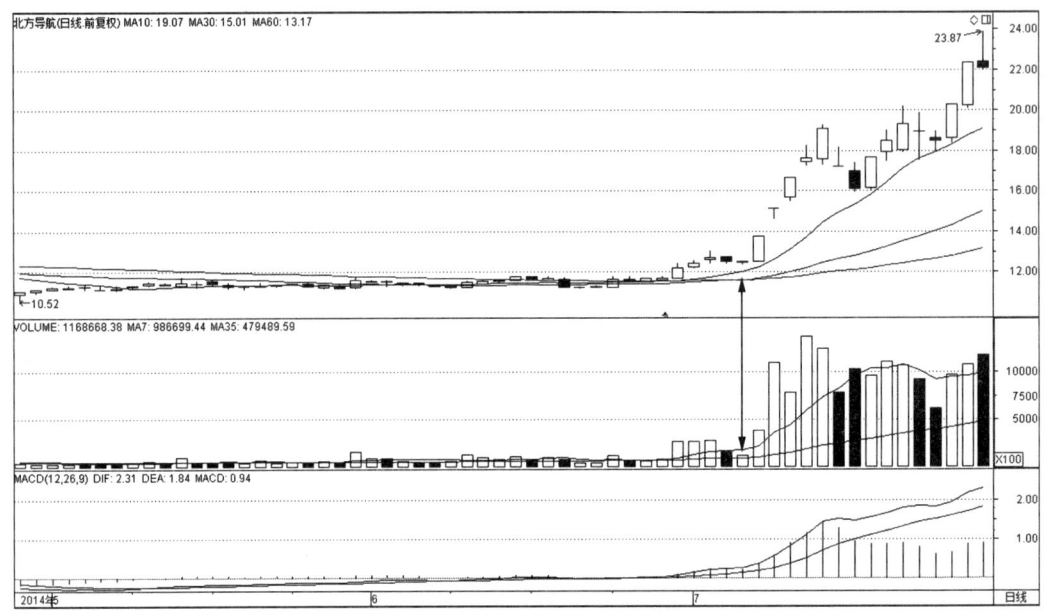

图3-1-6

有一个三七定律，阐述了事情、事物的主次归属，初看上去不太合理，但细想起来很合理：

命运，三分天注定，七分靠打拼；

成败，三分是做事，七分靠做人；

人生，三分是选择，七分靠放下；

生意，三分销售，七分靠服务；

企业，三分生产，七分靠管理；

股市成败呢……？

三分形态，七分位置；

三分消息，七分图表；

三分操作，七分休仓；

三分技术，七分理念；

三分理念，七分坚持；

超越，终在一心一念间。

抚顺特钢（600399）的股价走势中，有两波较为鲜明的行情，在行情启动前，均出现同步星止跌。第一小波是异动后股价出现星线缓冲调整，回调到均线的第一结点处，同步止跌信号后的反转，止跌时间是2014年1月28日-29日。第二波是股价回调到均线第三结点处，出现双星止跌信号后的强势反转，止跌时间是2014年2月26日。看来，一个有效的止跌必须包含至少三个条件，一是有明显资金介入；二是调整时，价量须有节制；三是关键位置。（强调一下，止跌、有效止跌、强势止跌是有区别的。）见图3-1-7。

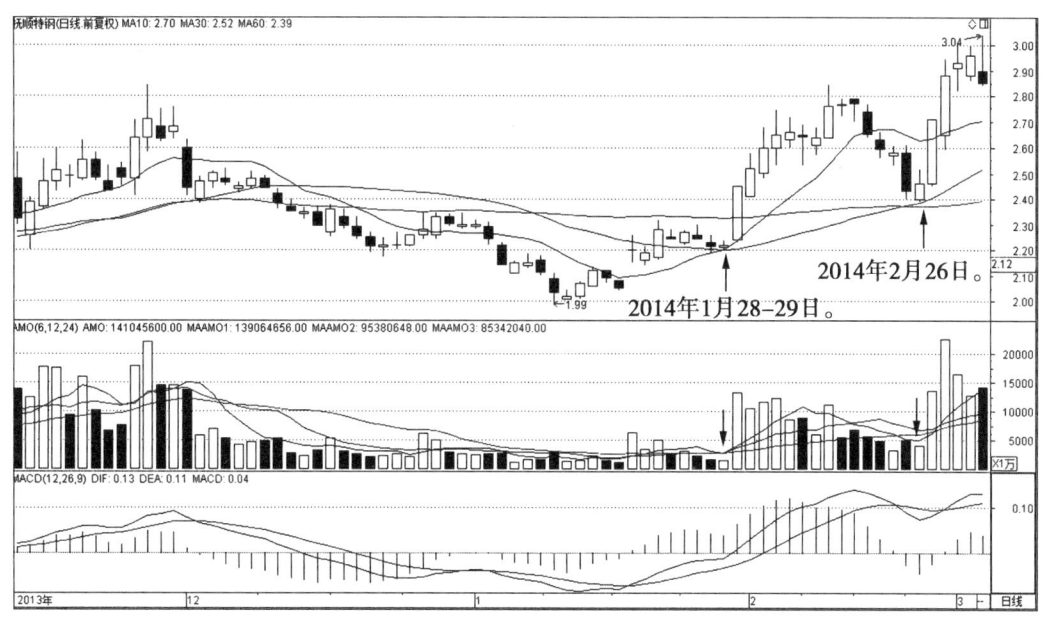

图3-1-7

在股市里赚钱难不难？难！万般难！这个就不用多说了。

在股市里赚钱容不容易？容易！很容易！怎么个容易法？知道一些基本常识，知道一些道理，明了一些逻辑，遵照一定的赢利方式，重复做，反复做，简单做，形成重复赚钱，反复赚钱，简单赚钱，这就是容易的地方。最怕的是不知道常识，不明白道理，没有逻辑，没有一些定式，偏偏要想大赚，想要在股市里飞黄腾达，如同扛上只用几颗钉子钉的几块木板，冲到海里要乘风破浪去远航，这就是最大的难处，并且万般做万般皆难。这就是在股市里赚与赔最大的道理。

江南高纤（600527）强势顺上大形态，自多头排列以来，正极能量一直存在，三条均线顺畅而上，止跌有规律，反转清晰果断，机会很容易把握。图中几处画线连接处均是在10日进攻线附近缩量止跌，止跌后就回头，回头就买进，再次买进，滞涨就卖出，如此反复，如此简单操作，简单赢利。见图3-1-8。

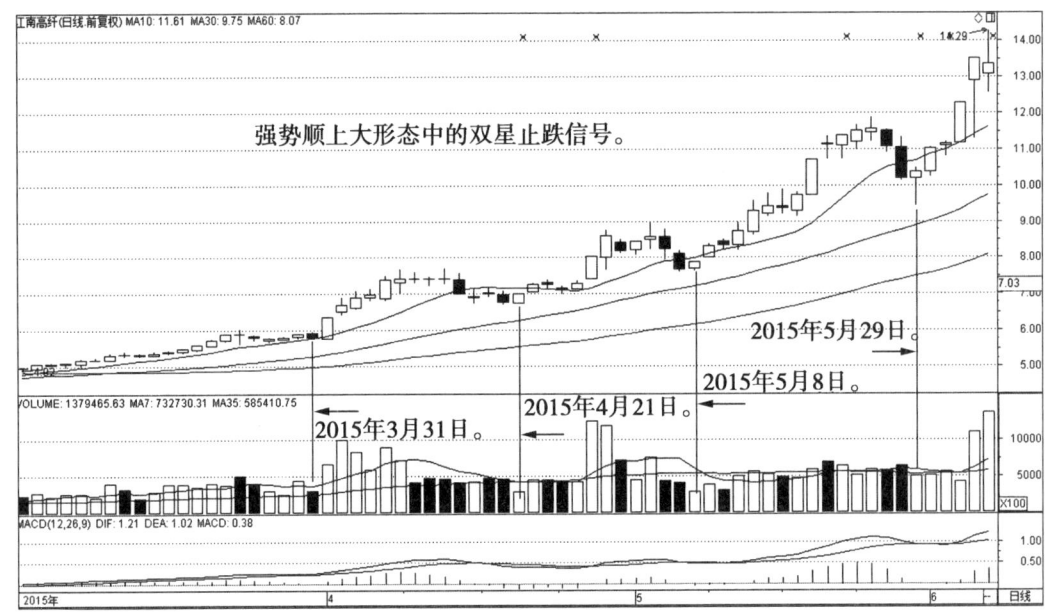

图3-1-8

第二节　背离止跌星线

这里的背离止跌星线特指价格的下跌与成交量的释放是背离的情况，即价格收中大阴线，而成交量却是缩小或呈异常缩小的柱体，这是主力采用"吓唬"战术，致使持仓者产生恐惧而抛出筹码的形态，人为的动作多一些。判断背离止跌，除了前期的能量、位置等基本要素，还需结合"等量盘面"与随后的反拉确认。见背离止跌星线示例图。

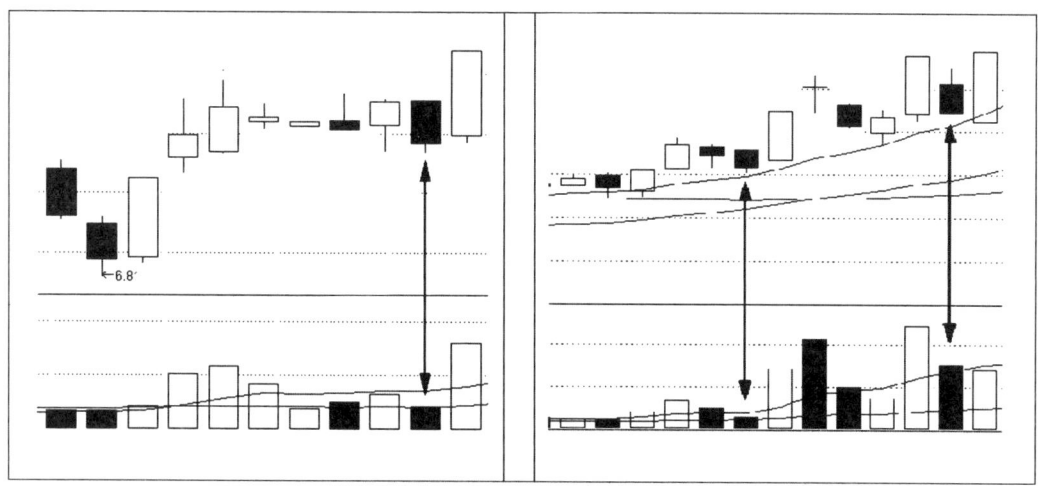

背离止跌星线示例图

下面的中钢天源（002057）在箭头所指的 2014 年 2 月 13 日这天，股价收盘是一根跌幅较大的光头中阴线，而对应的成交量柱体明显收短。就在前几天，股价异动创小高，位置适当，均线系统处于起头发散初期，综合判断，这一天的中阴线貌似有价量背离的止跌特征。次日的反向拉升证明了背离止跌的预判是正确的，盘中、近收盘均是买进的时机。见图 3-2-1。

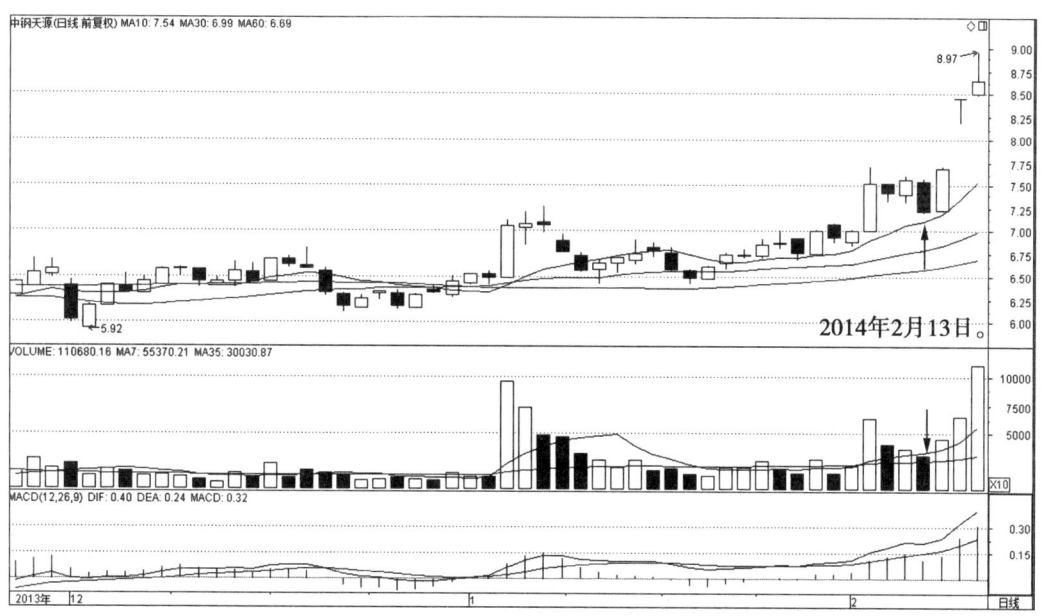

图 3-2-1

八菱科技（002592）的股价前期出现了一波较好的行情，随后股价下了几个小台阶，阴量也放出不少，情况看上去不妙，转机是在新资金再次进场后出现，这是"量形态还原主力身影"最有力的图表依据。强势资金再次进场后的回调阴线是缩量状态，这是关键的一环。2015年5月5日，股价继续缩量收大阴K线并且落在A区，背离止跌初步形成，随后双星止跌、温柔放量反转，行情一触即发，实战务必盯紧，当天也可以适当进场。见图3-2-2。

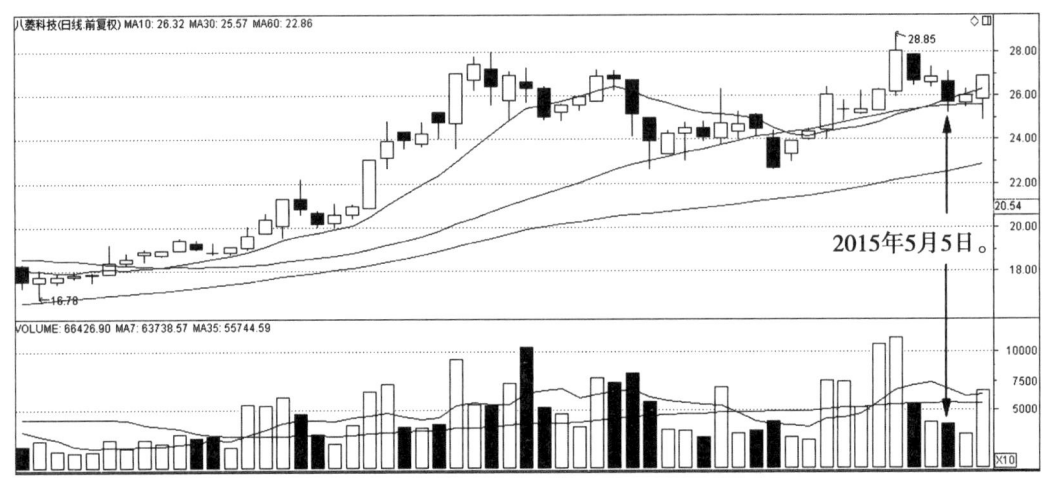

图3-2-2

大阴线给市场的冲击往往是恐惧、失望和退缩。任何一只股票走势里都会反复出现大阴线，有的大阴线一出现就会开始一波大跌，有的大阴线一出现，股价立即止跌反身向上蹿。其实阴线也有积极的一面，那就是大阴线"单日强硬洗盘"。建完仓后，主力的洗盘手法各异，既可以选择温柔型慢慢软磨，也可选择强硬动作一步到位制造恐慌，一切由他。大阴线出现就大跌，是位置高、压力重、抛盘多、盘面弱所致；大阴线出现就止跌是位置得当，无压力、盘面较强、能量足的结果，因此，任何K线或形态，一定要放在大格局、大位置、大盘面中来审视、来决断。八菱科技的主力耐着性子继续收集了几天市场筹码，轻轻停顿便一飞冲天，引领燃料电池板块一波又一波行情持续上演。

经验告诉我们，市场中一旦热点引爆，对应的板块机会相对多一点，踏实一点。对于追求稳健的投资者，看清主流行情在延伸时再找途径、找机会去操作，也不失为一个较好的策略。见图3-2-3。

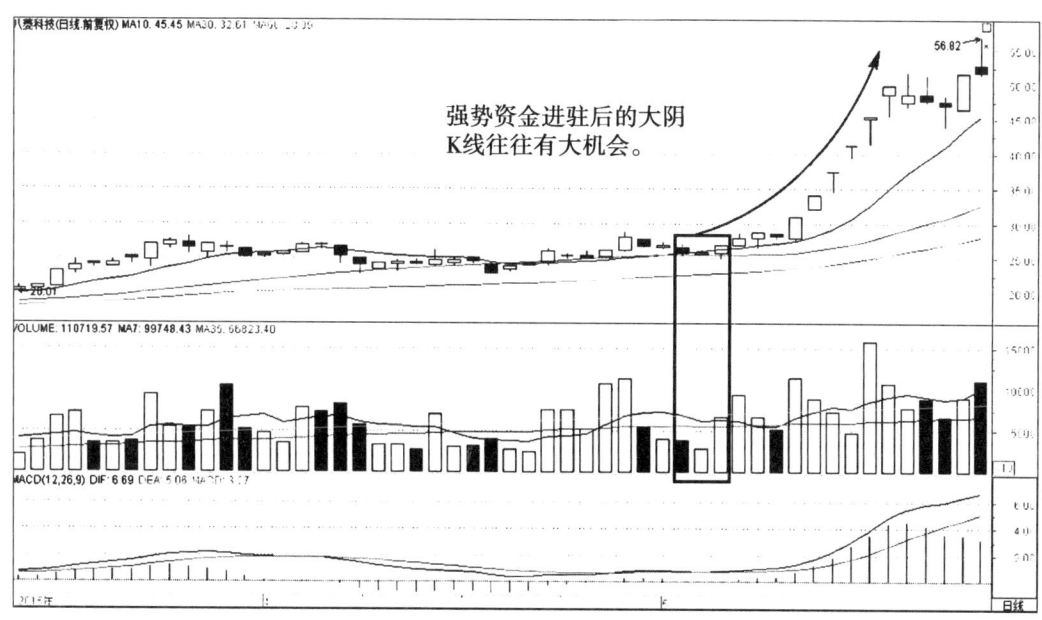

图 3-2-3

天邦股份（002124）底部不断抬高的股价又出现一波拉升，于 2015 年 3 月 11 日再次出现缩量的中阴线回调。见图 3-2-4。

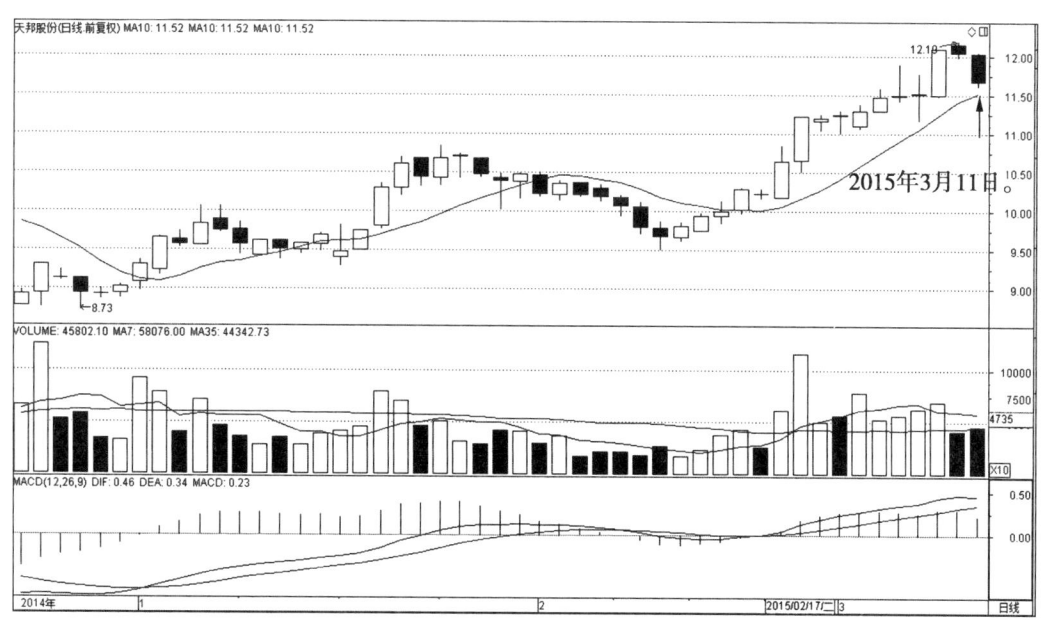

图 3-2-4

参照此股前期走势，结合此股目前位置，借助大盘走势，初步判断这一天的中阴线是背离止跌性质。中阴线后还有没有回调、回调多久、回调多深、后面的回调会不会有大阴量甩出来，这一切是未知数，未知不是对股价走势没有认识与预见，而是因为股市的变数太多，不确定的因素也相应增多。变数、不确定就会有风险、有伤害。最大限度减少风险、杜绝伤害最有效的方法是"拭目以待"，看清随后的实际走势，等待随后的确切机会。"两眼一黑，挺枪便刺"可以在小说剧情里，坚决不能在你的股市操盘之中发生。

天邦股份中阴线后的次日出现了缩量止跌K线，进一步暗示了阴线的洗盘性质，第二日又出现的小幅反转上攻锤头K线就进一步巩固了阴线的背离性质，那么，软着陆后的上攻行情就可以大胆参与。见图3-2-5。

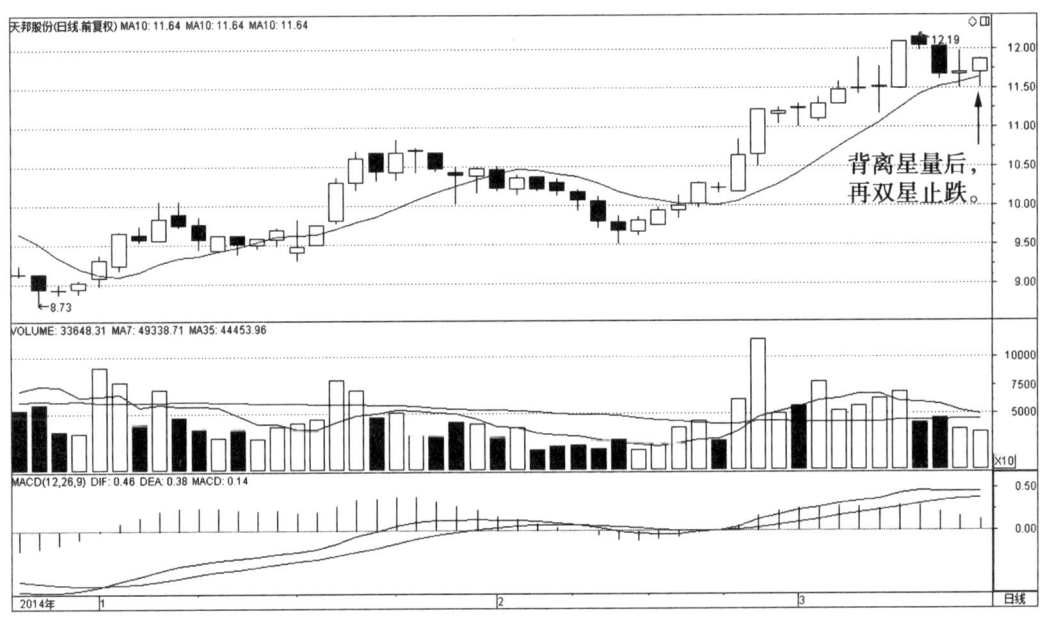

图3-2-5

股市中有一件事情异常难，是"相信"！年复一年的挣扎，苦度，依然留守在这里，只因为相信有一天会可以握住光明，这种相信是来源于时常见到光明在眼前肆无忌惮地划过，然而当真正的光明摆在面前时，却又不敢"相信"了！

怎么会这样？

理解不透只看到表象；

学习不深一知半解；

是非不辨黑白一起抓；

轻重不分大小通吃；

人云亦云无根无凭；

眼高手低不反省；

这样的状态如何应对鱼目混珠的局面？

结果是：勉强操作仍是输多赢少，久而久之，相信的底气逐渐被浇灭！

扭转局面的办法只有一条：踏实、务实、诚实去看、去听，去感知、去操作，然后从成功的操作中尝到甜头，重树信心，股市里的成功就是来自于成功！这样，强势的、经典的、恰到好处的交易点也就可以握住了。

天邦股份的股价依次出现背离止跌、同步止跌、企稳露头后强势反转并突破，开启主升浪行情。见图3-2-6。

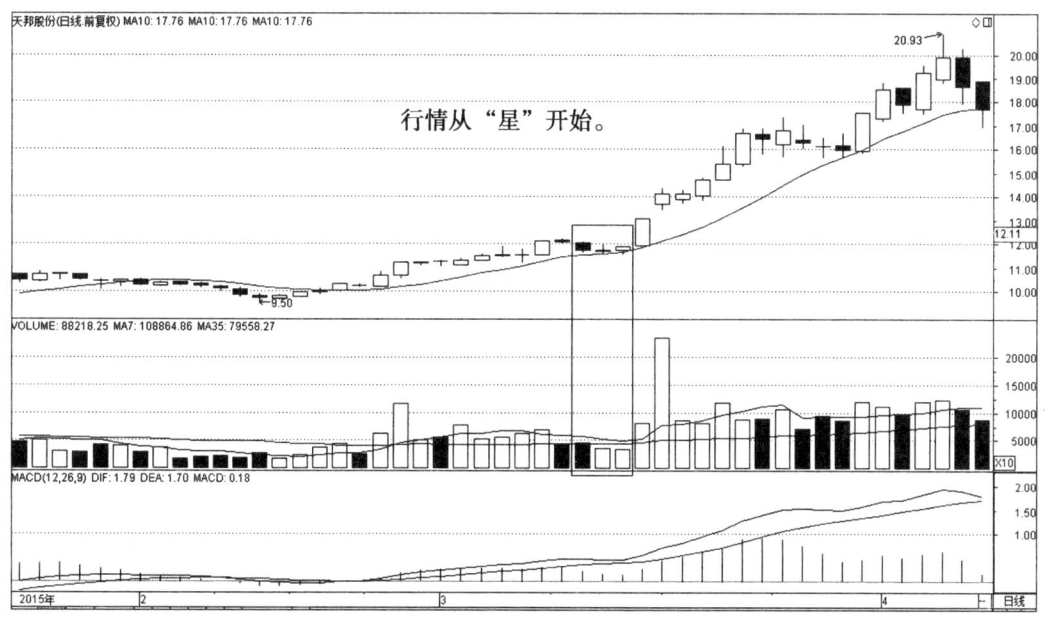

图3-2-6

在上海普天（600680）股价走势图表中可以看到，在关键位置多次出现缩量大阴线后强势反转的波段行情。看来，一只股票只要在一定的能量趋势之中，在适当的位置，出现"人为"中大阴K线，就有极高实战价值，行情一旦再次启动，上涨空间也是可以期待的。见图3-2-7。

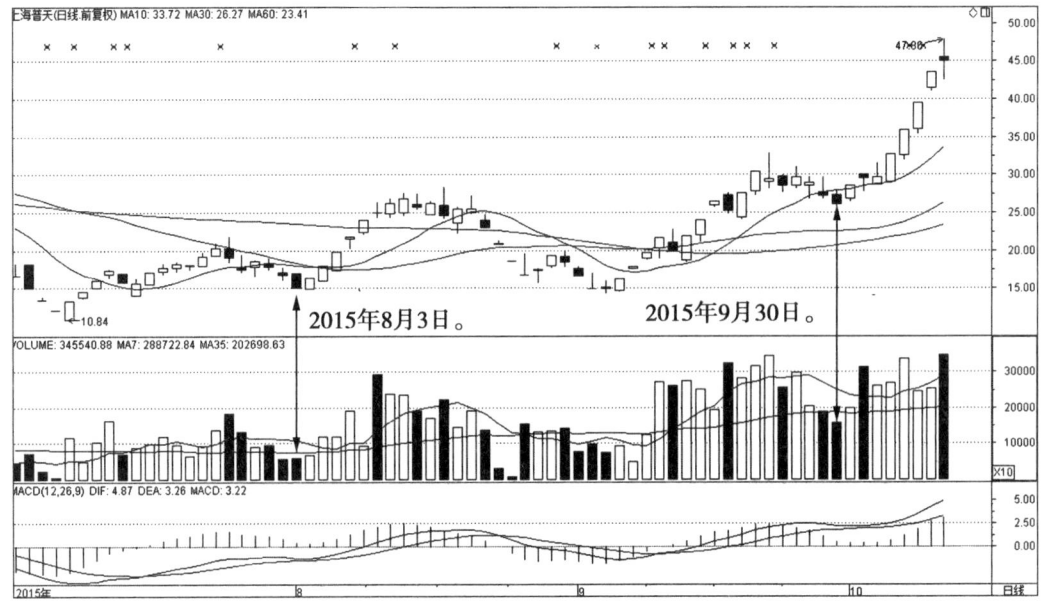

图 3-2-7

罗平锌电（002114）股价再次见底反转并出现积极的异动行为，积极异动行为就是量价异动；然后是关键位置出现量价背离的止跌大阴线，关键位置就是 A 区，时间是 2014 年 6 月 19 日。次日，股价强势拉升，开启一波暴涨行情。量价异动形成的 A 区是极具实战价值的位置，需要高度关注；在强势 A 区上，量价背离的强硬单日洗盘是极具实战价值的时机，需要牢牢盯紧并勇于参与行情的起爆。见图 3-2-8。

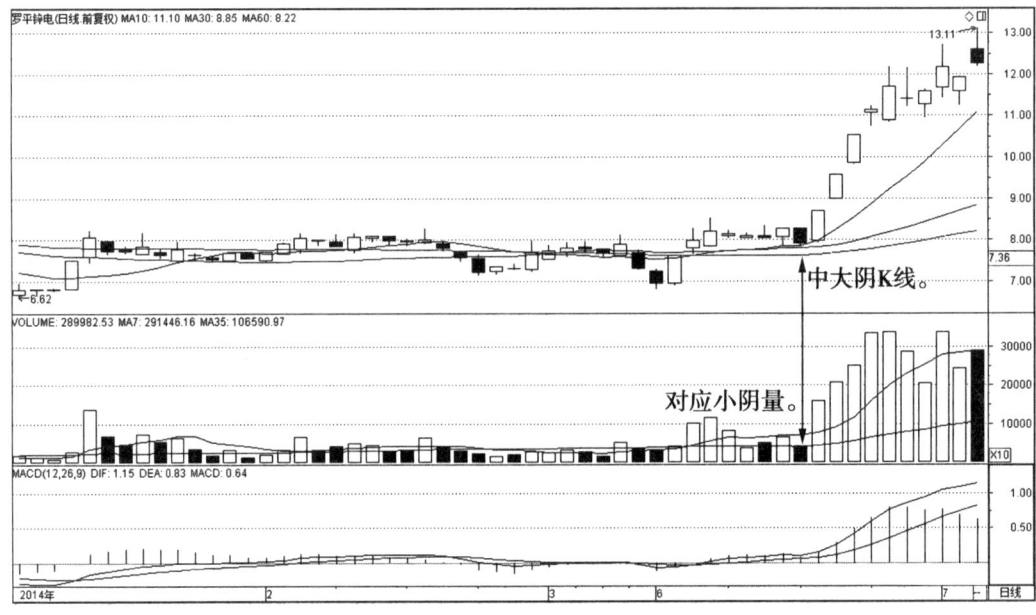

图 3-2-8

投资交易，是一件相对需要耐心的事情。立竿见影并且持续走好，在开始几年几乎是不可能发生的事情，那么交易者就得有持久战的思想准备，急功近利只能适得其反。操作上可以犯点错，但绝对不可以胡混；尽管实战过程中的投资手段需要变化，但要懂得规划，毕竟格局会影响结局；暂时没有满意的成功没啥不得了，只要在成长，在审视自己的每一步脚印。

小结：

这一章重点阐述了常见的两种止跌情况，一种是同步双星止跌，即缩量也缩价的止跌；一种是背离星量止跌，即价格释放较大但成交量明显缩小。缩量，处处可见；均线上的小星K线满庭飞舞，但很多却并未止跌。有效地止跌、强势地止跌必须来源于前面具备的坚实基础，目前正符合规矩，在适当的位置点，出现止跌迹象，随后得到确认或正在确认。

第四章 补仓之星

"补仓"重在一个"补"字,是针对前面已经存在的行为作再一次"相对"补充。即是前期已经有明显建仓动作,然后在适当的位置,合适的时机,再一次补进筹码,目的在于主力驱动股价再创新高前,手中持有更多筹码。补仓的良性表现形式是,阳性成交量逐步、温和放大,(少数也表现为"粗犷"性补仓)而价格K线被压住不大涨呈星线状。

第一节 借势补仓星线

这里的借势有两层意思,一是借"地势"之势,即股价运行途中的关键位置;二是借"趋势"之势,即整个大盘的向好态势。借个股自身关键位置之势,同时又借大盘向好趋势之势的情况也时常发生。

南兴装备(002757)的股价在2015年10月30日早盘深幅下打,至抬头向上的20日均线附近"秒杀"止跌回升,午后出现异动,全天收带量的中阳线,这个中阳线是否有价值?价值几何?当然有价值,并且很有价值。方框内的几根阳星K线与温柔放大的一组阳量上下组合就是借势补仓的星线组合,借什么势?借B区的位置之势。补仓之后,主力用一天时间完成有节制的清洗与有效突破两项工作,那么,就有了买进的依据与逻辑,这就是价值。(本案例采用的是5日、10日、20日小均线系统举证)见图4-1-1。

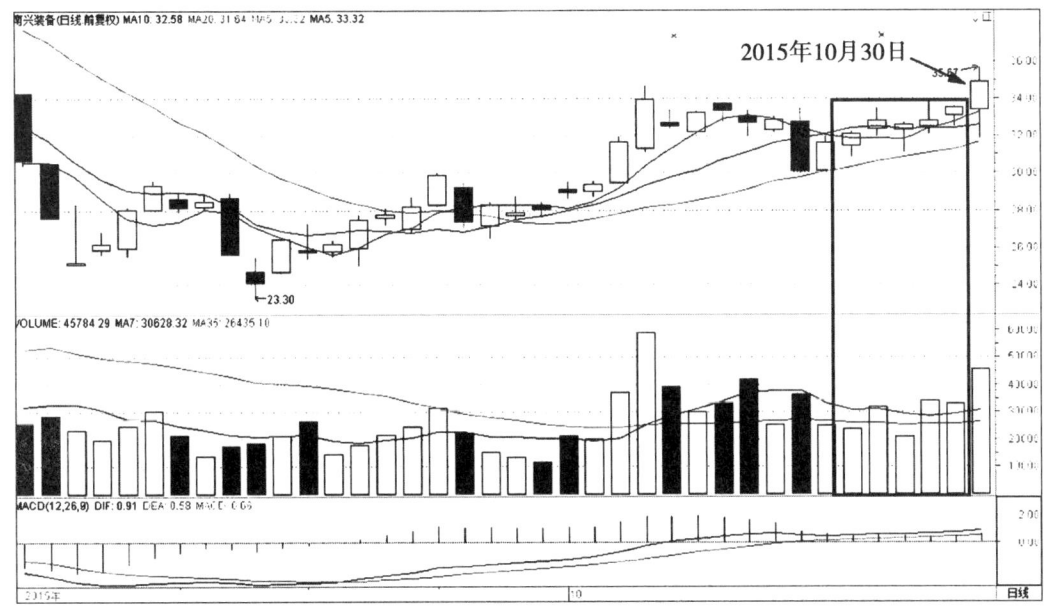

图 4-1-1

市场里几千只股票，走势呈连续几根小阳星线随处可见，但处于关键位置的连续小阳星线很少；连续小阳星线出现后，许多股价走势没有波澜，但关键位置出现连续小阳星线后，行情起来的不少。什么是关键位置？本案例的 B 区就是关键位置，关键位置的 B 区补仓后，形成 B 区 A 点攻击就是最佳交易时机（更多的关键位置请参阅《股是股非》之一、之二）。南兴装备的股价在轻轻突破前小高后，用持续阳线沿着 5 日均线倔强攀升，稍微喘口气后连拉涨停板完成行情末端的急拉。见图 4-1-2。

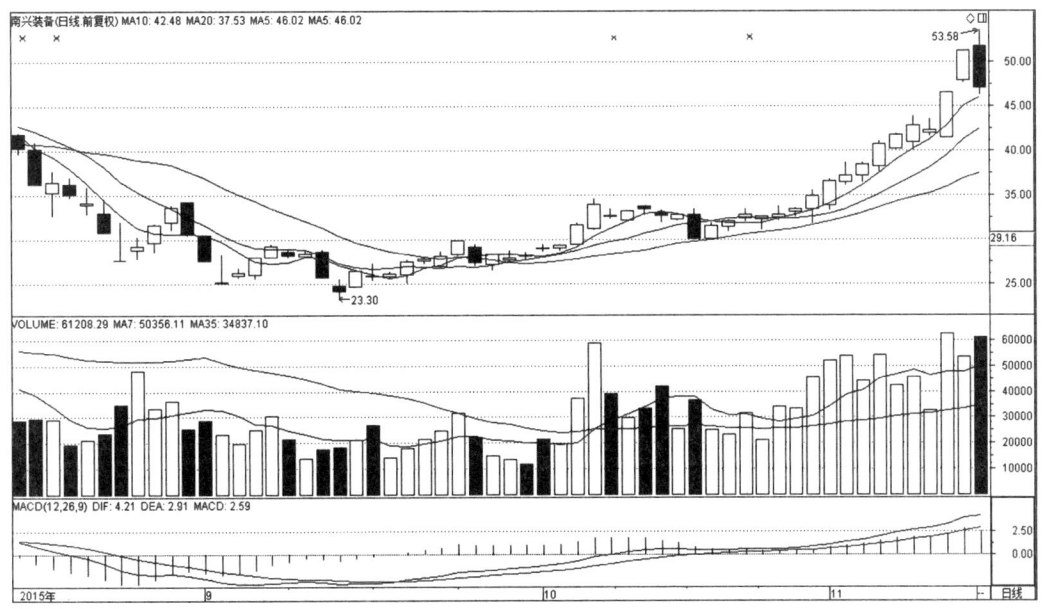

图 4-1-2

"会买是徒弟,会卖是师傅。"不同阶段的交易者对这句话意义的体会是不同的,讨论谁是师傅谁是徒弟也就没太大意义,不过,此语反映了卖好股票的确也是一件难事。交易最终面对的就是买与卖两大决定性动作,卖出时机把握再难也要面对,不能一直"难"下去。要把难做成不难,就得找到大概率要卖出的准则并由此制定卖出的规矩。规矩的意义超越规则,规则是一个框的定义,而规矩事关方圆。行情一波拉升到前暴跌缺口区间,出现滞涨要卖出,这就是"三度交易系统"卖出规矩之一。南兴装备的两个涨停板之所以说是"行情末端的急拉",是因为股价走到巨大的时空大压区间,大压区间就得准备出局,股价出现滞涨,就得卖出。有理由卖出,有卖出准备,卖出的时间就不会拖到大阴线走完时,甚至还持筹观望。见图4-1-3。

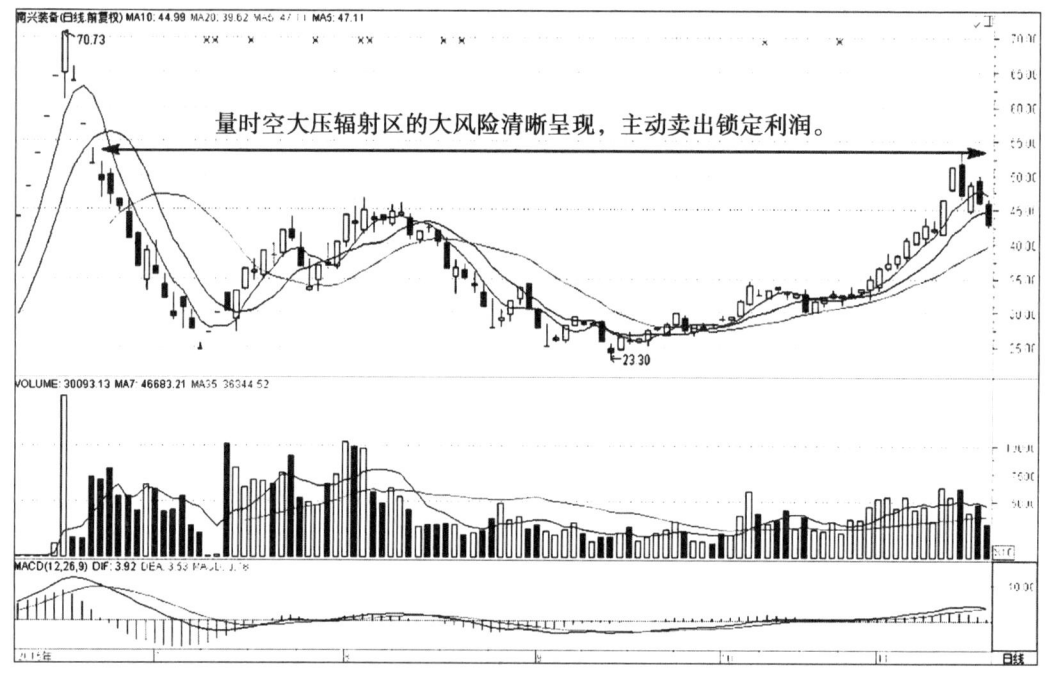

图4-1-3

华光股份(600475)的股价前期有一段较为平缓的上行,然后出现相对缩量的下落,在60日均线止跌后,于2015年12月14日至22日相继出现了小阳星线并再次回升至均线系统之上,正极成交量同步释放,这几天就是主力再次补仓的依据,主力再次进场的身影得到还原。股价回调一天,于均线强势结点处发动了一小波行情。见图4-1-4。

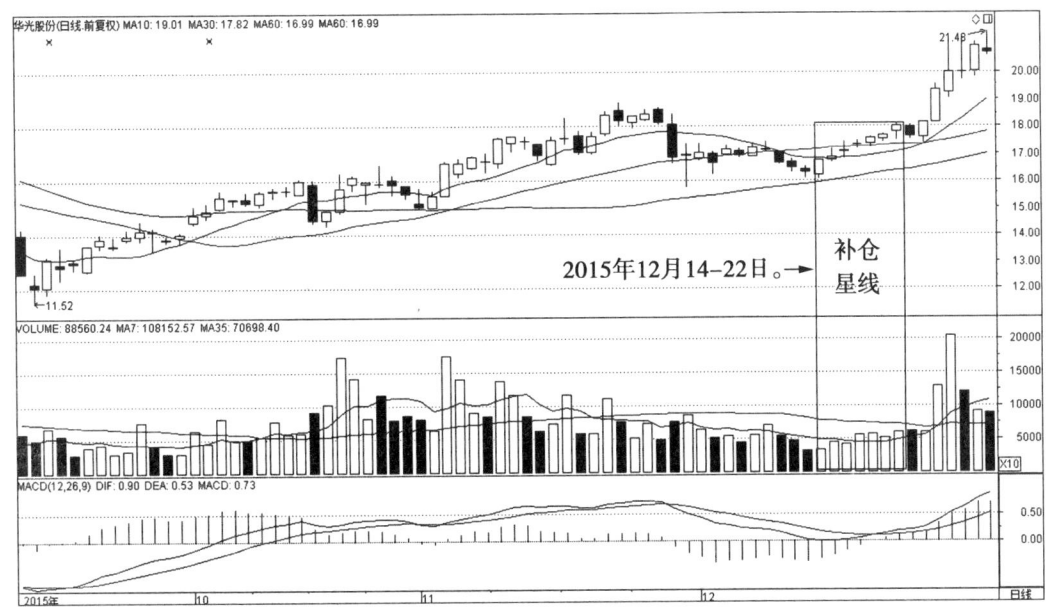

图4-1-4

华光股份的股价涨了一小步就开始汹涌地往下栽，出现了借势补仓星线，量能又是三阳控三阴，但为何涨幅不大就出现暴跌？

首先，要诚实面对股价的真实走势，不涨就不涨，涨多少就是多少，不要猜测、臆想；

其二，看左边，衡量量时空大压，有压见好就收；

其三，看盘面支撑力度，支撑就多拿一下，否则，做好出局准备。

下面这幅图的下半部分叠加的是大盘走势，从图表上可以看到，大盘已经先行出现暴跌，尽管个股顽强收红，也要多个心眼——防止补跌，不跌是好事，跌的苗头一旦显现，果断出局，绝不纠缠。其实，仅仅从具体的图表走势即可看出端倪，明显的"阳奉阴违"K线组合模式，预示风险迫在眉睫，再向下跳空，风险既成事实，还指望什么呢？大盘已经出现结构上的系统风险，个股跟随往下扑，又能指望谁呢？所有的行为在此时只能自己主宰！跳出危局，离开风险，是此时段最好也是唯一正确的决策。（阳奉阴违风险组合模式详见《股是股非（之一）：猎取暴涨股》）见图4-1-5。

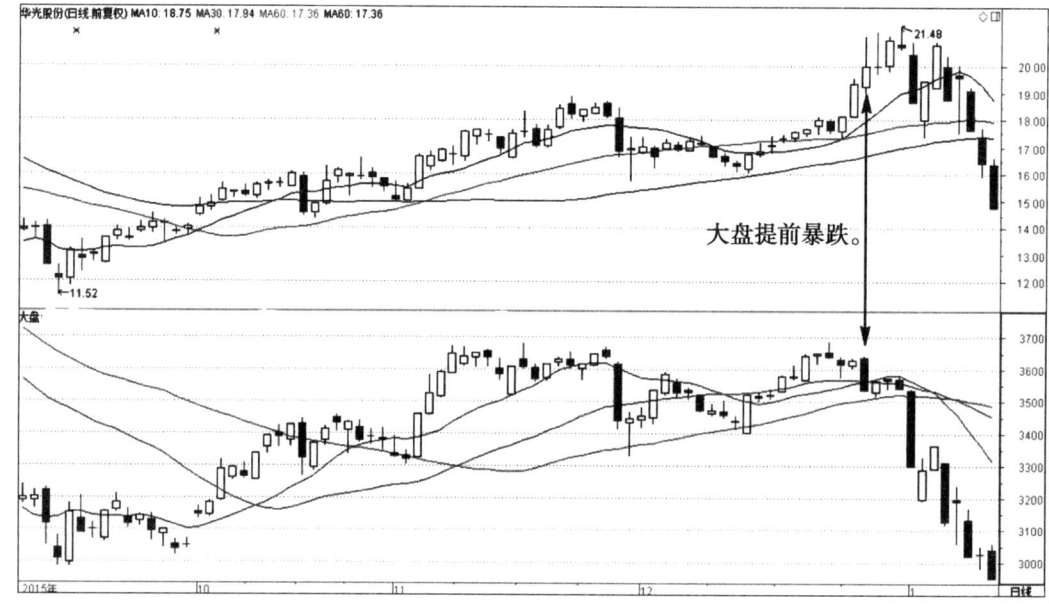

图 4-1-5

遇到艰难困苦，人们会呼叫"苍天"，而天具有多面性，天容人，天也不饶人。容人是老天的决定，改不了；不饶人是因果，抗拒不了。股市，没有一种痛只为某一个人准备，除非不知道偏要去触碰，或者知道了偏要去挑逗。没有盲目期待，何来猝不及防的失望，没有虚荣，哪来莫名的胆怯。

下面这篇小文章，是请求编辑江风老师不经过任何修改的原版来信，包括标点符号、段落格式。录入这些文字，对于其他人可能也就几分钟的事，然而写信的这个人却花了整整一天。当我收完这封从佳木斯传来的信，再从手机传到电脑，差不多也到零点了。

● 剑已出鞘

师傅您好吧，我写了一下自己的感受，呈与您。

昨天，一个师弟打过电话问，这些前行的师兄师姐们每天都在干嘛？我说：应该是有时间就在品味师傅的两本书吧！他说：我已经看了好多遍了，没啥可看了。我在思考，师傅的书籍仅仅是专业工具麼？德国人对文学和艺术有一句很精确的描述："使看不见的东西被看见"。这几本书是师傅用自己的良心浸润着他的思想在述说着一种自然规律，那就是强者恒强，你把他作为圣经也不为过；你把他作为儿时奶奶给你讲述的故事，百听不厌，也好啊！

向师傅报告一下，自己已经完全安静下来了，稳步前进中。回想这十个月的历程，感慨良多。初识三度是2015年刚入市时，被股市修理的遍体鳞伤，欲哭无泪，顺势亏，逆势赔，开始怀疑自己的智商了，感觉这样下去不是办法，得找本书看看，居然看到了您的大作，在随后的操作中，还神奇的抓住了涨停板，不可思议，就几次三番找到了您，能够拜您为师，也为我打开了人生中又一段不一样征程！

学习回来后，按照您的要求，每天看着笔记，充实着文件夹，由于我的基础差，不会电脑操作，不会打字，文件夹里面没有文字，我就使用笨办法，每天模拟您书中的案例思维给自己上课，自言自语的说出来，有时一说就是几个小时，来贴近您的思想，再就是多动笔写，用了进几十支笔了，写的过程也是与您思想交流的过程。刚开始，我也怀疑过，做文件夹的意义在哪里？现在明白了，不做如何识得强势和经典！

只有深信自己跟对了人，深信师傅的理念，才能全力以赴的学习；只有把师傅的经典，反复的在盘面上摔打验证，才能成全一路奔行的勇气。

三度是多么的美妙：

厚度是没有透资的正能量身影，不要与他擦肩而过！

力度是暗流涌动中的蓄势，不要再众里寻她千百渡！

速度是主力意志的爆发，是你我半步之间跟进的脚步！

当识得如何精准的结合大盘做个股，如何强迫自己靠近领涨的盘面特征时，做股也能变成一种精神享受。师傅是具有大智慧之人，能够把做人与做股的道理这样精彩的呈现；师傅是具有菩提之心，无私的把自己的思想洒落给众生，渡化有缘人！

作为学生，我只有更快更高更强，才不会辜负您的付出，请师傅放心，我已经剑在手上！对经典对强势敢于重仓出击，当主力对题材感兴趣的时候，我就跟着标杆走，积极挖掘同板块量能丰厚的个股；当主力对题材不感兴趣时，我就跟着大盘走，去狙击两种强势小盘面。最近一段时间，每周都稳定在十几个点儿，这周好些有近三十个点了。下个月就是我进入股市一年了，能遇到恩师，是我此生的荣幸，您的为师，为人都是徒弟做人的榜样。

我只有更努力的去进步，才是对师傅最好的报答，祝您及家人健康！！！

您的学生：涤生
2016.6.21.

师傅：我不会电脑，用手机打的，请您指正。

（为尊重作者意愿，这封信没做任何修改，但信中的一些差误，责编还是有必要作几点说明。其中："麽"应为简体"么"；第二段末尾多了一个句号；"进"应为"近"；"千百渡"应为"千百度"；"透资"应为"透支"；"地"误用为"的"，等等。——责任编辑注）

浏览完这封信，关掉电脑关掉灯，我静静靠在椅背上，静静听着公路上汽车驶过的声音、静静听着雨在窗外滴落的声音、静静听着血液在身体里流淌的声音。模糊中似乎听到汗水浸进地里的喘息声，听到泪水从眼里落在心里的滴答声。

佛经上说"大地众生，皆有佛性。"那么，每个人应该也都有希望。

净空法师说："教理不明，修行就不得力。"那么，只要教理明，努力就有得成。

方向对了、方法对了，心念中有格局，心念处下功夫，再慢，以勤补拙也能补出一片天。

创新资源（600193）股价以带量涨停板强势突破前颈位并走出一波行情，然后缩量回落，回踩颈位即开始用小阳线连续补仓。补仓之后于2015年4月8日跳空高开，再一次用涨停板实施大突破。见图4-1-6。

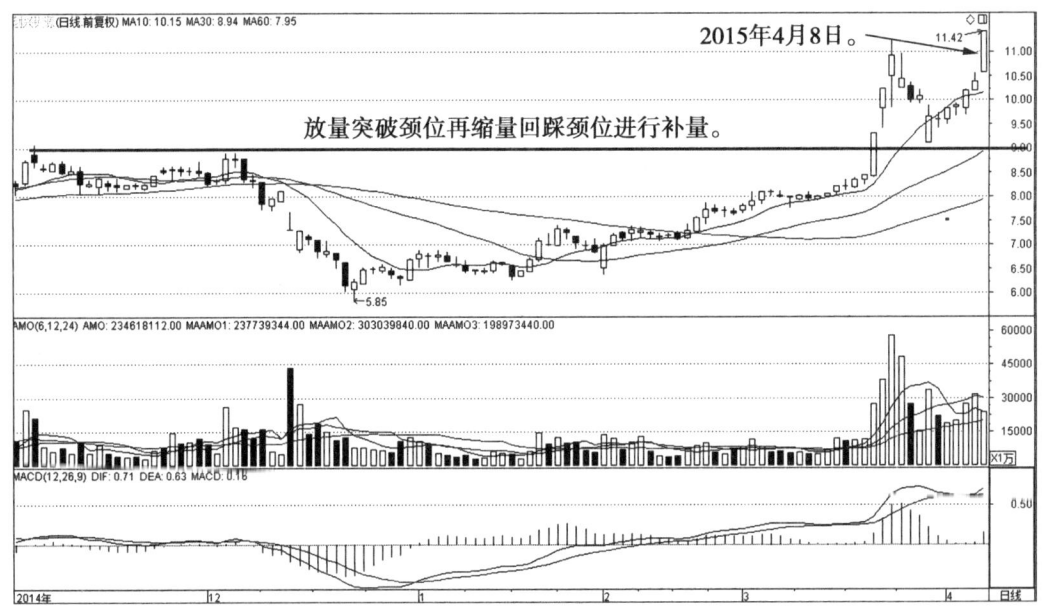

图4-1-6

此案例的个股，既借自身位置之势回踩颈位，又借大盘连续上行之趋势进行补仓，位置、趋势，补仓、突破，均一板一眼，较为精准。市场中有先见之明的主力，也有摸着石头过河的主力；有先见之明的主力如果加上资金雄厚，他们往往会提前动作，甚或引领市场行情，不过，这样的主力毕竟是炫目的极少数，而更多的主力是摸着石头过河。作为交易者，如果不能掌握、不能适应炫目的极少数模式，不妨也摸着石头过河，当然，摸也要摸稳当的石头，摸稍微大一些的石头，这样，安然过河就容易一些，这也是"量价异动让均线归位"赋予的启示。

在《股是股非（之二）：暴涨大形态》中，阐述有一种形态是"顺上大形态"，在"顺上大形态"章节中有这样两段描述，第一段："均线系统的运行方向代表同期股价的趋势方向，成交量的性质代表同期主力资金的真实意图，均线的运用必须结合能量意图，这是通过图表来研判主力的真实意图的最优途径……主力在均线系统处于多头排列下仍持续地积极投入资金，是随后股价高速上冲的核心能量，这样的顺上形态值得跟进并耐心持有。"第二段"……同期的多头排列的股票很多，大涨的很少；同期量能厚的不少，但大涨的不多；同期相同概念的众多，敢于表现的也就三两只。为何？趋势上因为它们违背了'量价异动让均线归位'这一大道；区域没有'经典'的表现作风。"创新资源的股价后期走势就是遵循在均线系统顺上的初期排列状态下，不断释放能量不断上行，沿着进攻线一路攀升，走出"强势顺上"的大形态行情。而能走出强势顺上的格局，是因为股价在区域走势中已经有经典呈现，满足量价异动让均线归位这一大道。见图4-1-7。

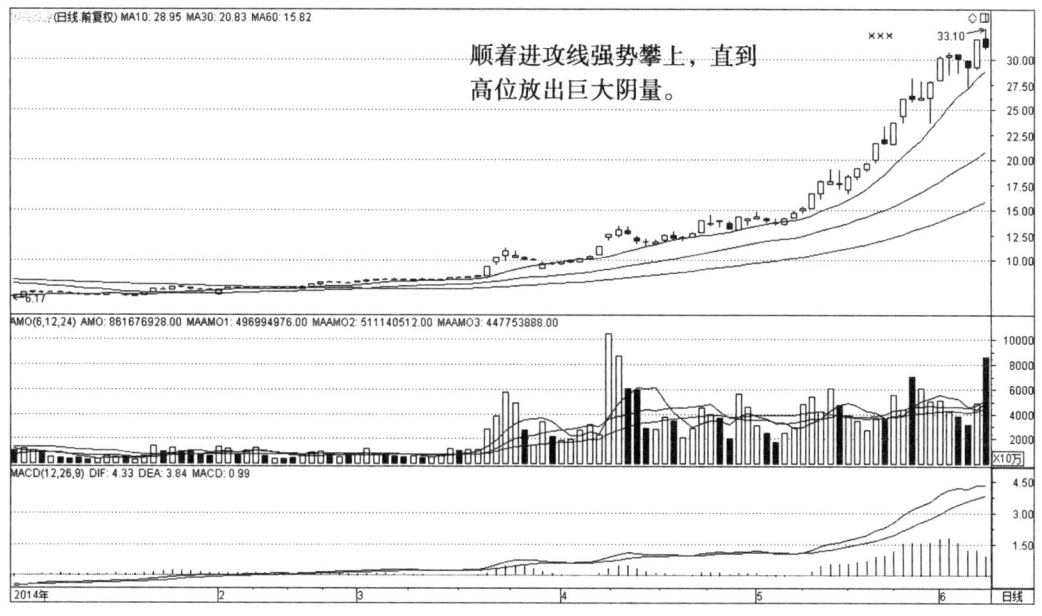

图4-1-7

海伦钢琴（300329）股价在 A 区位置上持续、大量地进行建仓并补仓，大盘也是在持续走好，这是主力借位置、借趋势的补仓叠加行为。2015 年 10 月 16 日股价到了前期平台的关键位置，K 线也稍微个大一点，有加速的征兆，实战中需要高度关注，有底仓的可以考虑再加仓。见图 4-1-8。

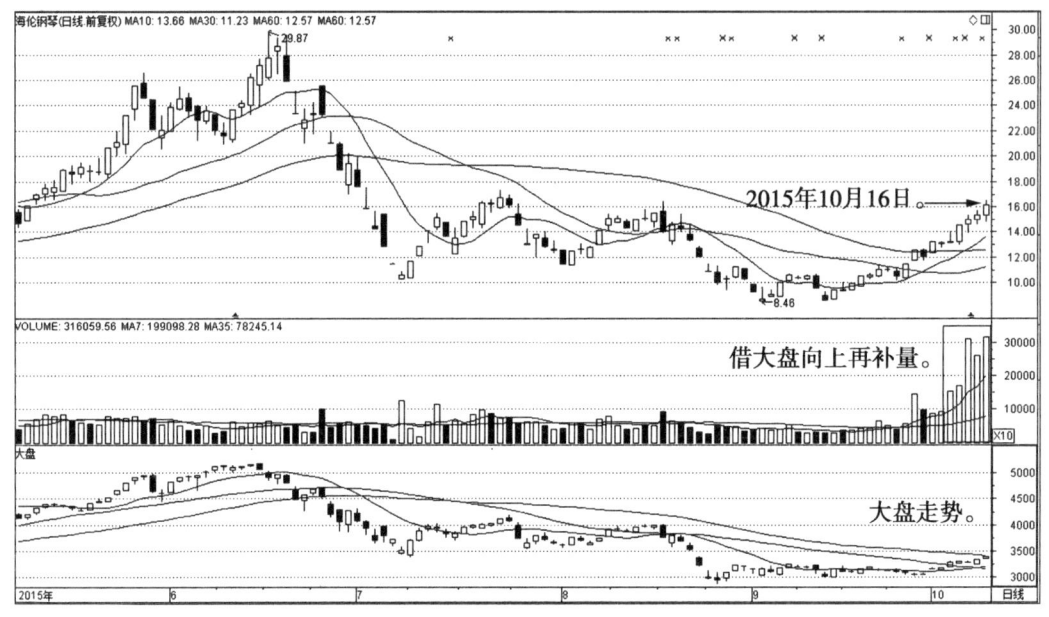

图 4-1-8

海伦钢琴股价摸到前平台，次日低开、盘中下打，再趁人不备展开猛攻，当日领涨强势封停并连续大涨一周，随后股价行至前顶部区域出现疲软状态，一定时间段的价格高点确定，则主动出局、锁定利润。

面对价格高点，许多人不锁定利润出局，而是继续持有观望，主要是两种情况：

一是根本不知道什么是顶，导致这种情况的原因是进入股市者只想赚钱，压根就没去想——通过图表走势形态与位置判断价格走势的顶部形态与位置。在一部分人心中，顶是算命先生口中的价格预测，这样的人到股市里纯粹就是与自己的资金开玩笑。算命先生在有些领域可以有精彩之处，而在股市，弄得鼻青脸肿的算命先生恐怕更多一些。

二是知道图表上是顶了，但知道了也不出局，想着还往上走一点点再说。见了顶的股价往上走不走一点，其实都不重要了，只要有这种想法，几年下来，最终还是会输，而且最终的输是输给了自己。见图 4-1-9。

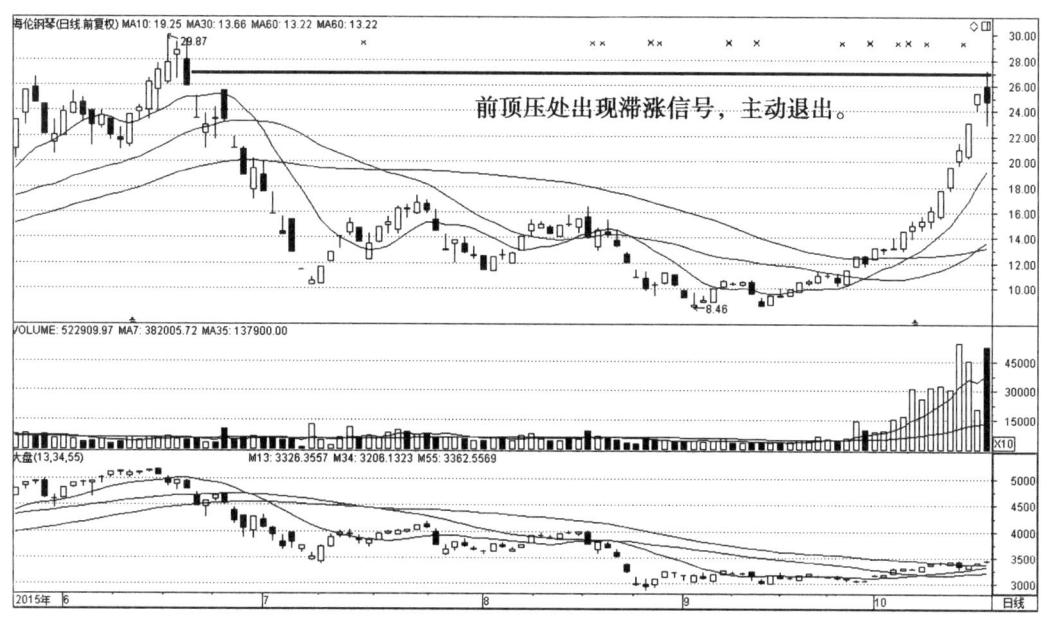

图 4-1-9

"和不一样的人在一起就会有不一样的人生",这的确是一种事实,也适用于任何时代。如果身边始终缺乏积极进取的人,缺乏有远见卓识的人,这真是一件不幸的事。有句俗语说得好:"积极的人像太阳,照到哪里哪里亮;消极的人像月亮,初一十五不一样。"在一个圈子里待久了,肯定会被同化,积极的会相互感染、促进,消极的会被侵蚀、消融。积极的人面对问题不武断,不躲避,务实找办法解决。消极的人面对问题时总会埋怨多、责怪多、叹气多,或者问题出来时口若悬河,实质性面对时支支吾吾,退避三舍。和不一样的投资者在一起交流、学习,就会有不一样的投资人生,这一点,对于有梦想的交易者,一定要引起足够高度的重视。

浙江金科(300459)在 2016 年 1 月 14 日随大盘低开在 A 区,盘中高走收止跌阳线后,再顺大盘向上之势用阳星线补了三天仓,这同样是主力借个股位置、借大盘趋势补仓的行为案例,如果股价往上攻击,则可以介入,当然,最后这天的小锤头星线可以作轻仓点考虑。见图 4-1-10。

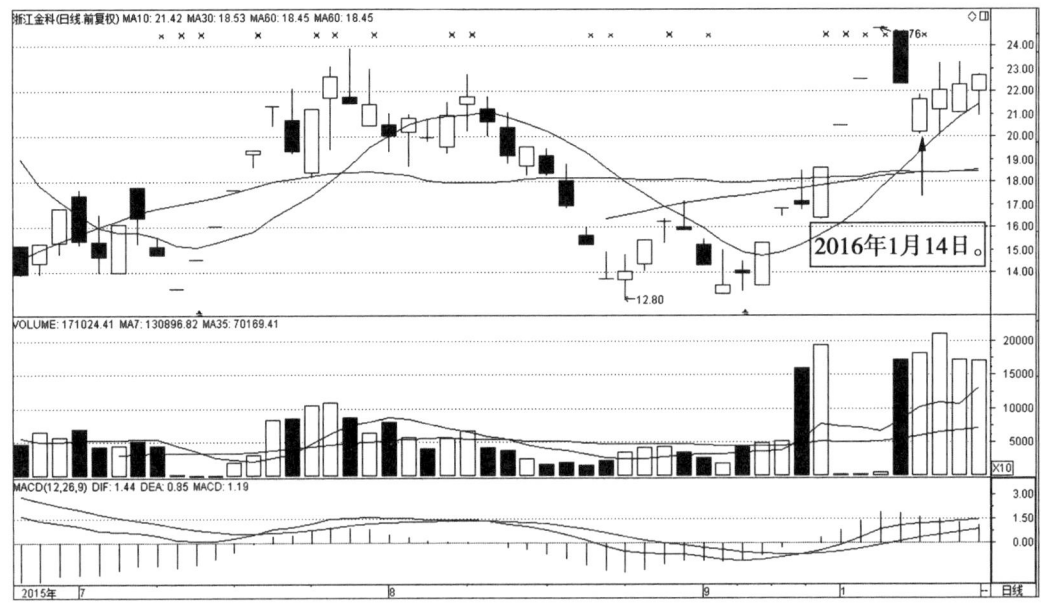

图 4-1-10

补仓后的浙江金科股价在 1 月 20 日开盘就强劲拉升,毫不犹豫冲向涨停,这就是盘中体现的速度,盘中的速度在强势氛围蔓延时,就是乘势追击时。第二天股价继续高开,盘中两次冲击涨停都力不从心,全天收跌停,振幅接近 20%。见图 4-1-11、图 4-1-12。

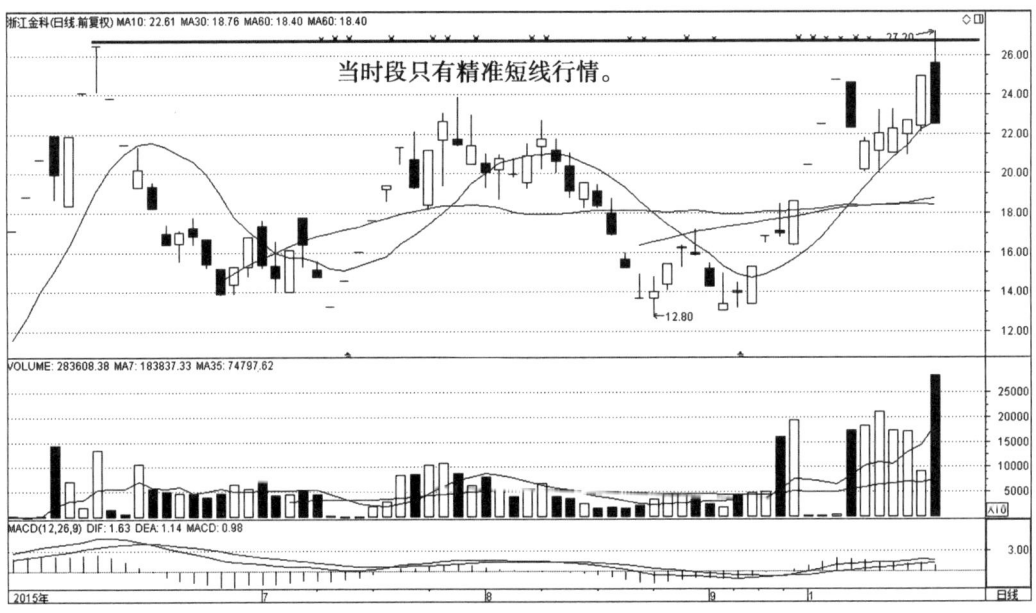

图 4-1-11

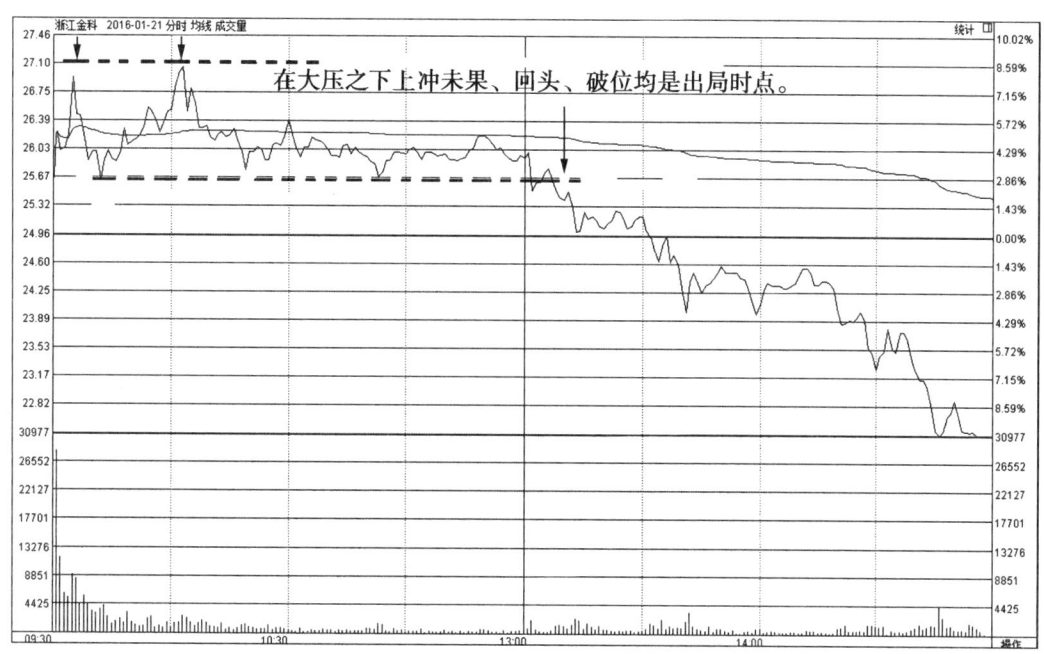

图 4-1-12

笔者在此举这一个看上去不太恰当的例子，一是此案例满足借势补仓后的精准短线赢利模式，证明用适当的手段可以做适当操作并且赢利丰厚；二是收到一封读者的信件，信件的内容是：看了《股是股非》两本书后很受启发，对风险有很大一步认识，从2015年上半年在股市里开始赚钱了，整体收益还好，也加深了对股票交易工作的兴趣，由此深表谢意。但是，按照颈位有效强势突破的模式，于2016年1月21日，在股价第二次冲击涨停的时候挂单抢进300459，结果当天重套17%，询问颈位突破买进怎么会失败？追进的当天就被重套该怎么办？这个问题具有普遍性。实战中，许多投资者不敬畏图表上的风险或者不知道图表上的具体风险，简单听消息，更不顾及盘面上的变化而简单看位置、看形态，突破就追进，缩量到某条均线就抄底。对了，赚点小钱得意扬扬，错了，挥刀一刹血流如注不知悔改，下次继续。如果细致地看了《股是股非》之一之二，这样的风险识别是很容易的，容易到只瞄一眼的功夫。就本案例而言，再次回调后这一小波安全、精准的买点肯定是在1月20日涨停板的起始端或前一天接近收盘时，如果是涨停板的末端或涨停板排队买进，毫无疑问是看盘程序有问题或交易策略有问题，尽管买进也有赢利出局机会。卖点一定是在第二天，一口气上涨出现六七倍的巨量顶部，股价不经调整、不经稀释前套牢筹码就能突破走出一大波行情的可能性几乎为零，而股价遇短期暴涨的巨量顶部开始回落的概率却有99%，因此，21日追高买进没任何理由，即使被鬼推着也坚决不买进！给这位已经71岁的读者回信只写两句话：老先生，以你的人生阅历，肯定明白"烧红的铁碰不得"；以我编写《股是股非》之前的实战经验，"高压之下暂无形态"。有意思的是，这位老先生因嫌我回复得太简单，定好了时间，专程由儿子陪同，火速到成都找我来"问其究竟并评理"。高兴的是，老先生高兴认同并带走了三度的简单"究竟"和"道理"，而老先生丰富的人生经历以及巨大成功背后的精神力量也给予了我丰富的精神食粮。看来，评理"三度"是需要缘分的，与老先生临别时，我补充了一句"后期，此股仍有较高关注价值。"前大压之下的股价再次放出巨大阴量下跌，此股将面临大幅下跌甚至再次暴跌，持股是异常危险的，同时，心理也会备受冲击。浙江金科股价再下深渊，后期能否涨回去，什么时候涨回去，用什么方式涨回去都是未知数（后期该股以涨停板止跌，仍借势补仓，然后在B区A点正式起涨并屡创波段新高）。见图4－1－13。

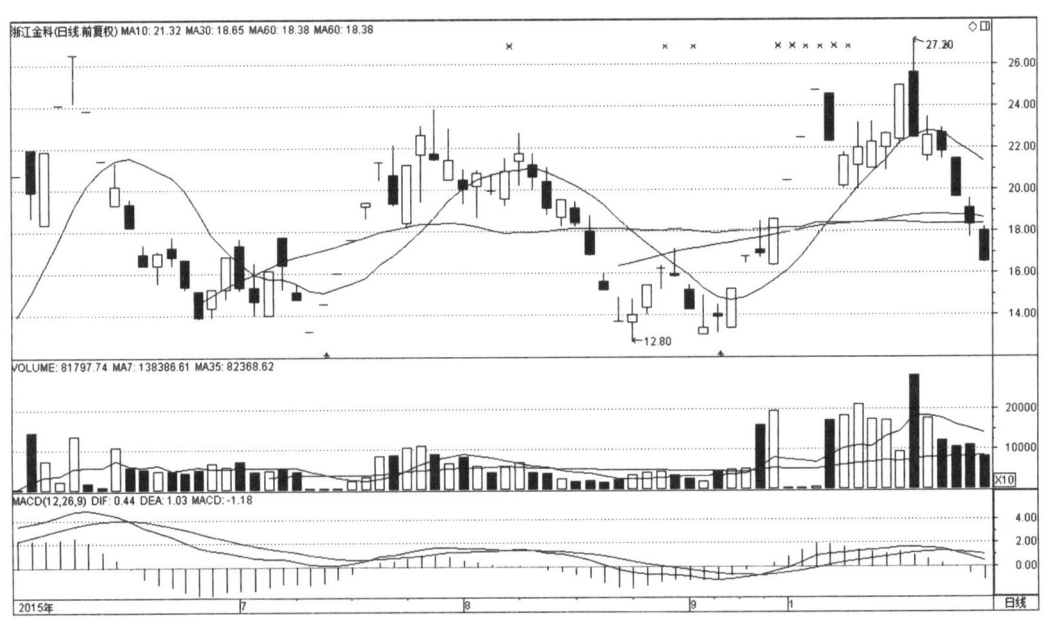

图4－1－13

川润股份（002272）的股价在方框之前，由A区发动的行情已经有了一波快速大涨，2012年2月23-29日又在相对高位出现连续小阳星线，紧接着又来了一大波强劲行情。这种前期强势股票在相对高位不回调而继续温柔放量压住股价在一个箱体运动，仍然可以视为补仓行为进行跟踪。当然，高位的风险也在同步增大，因此，涉及这类股票的操作，交易者应根据自己的实战经验，参考大盘的主风向，多给予一些硬性条件会更好些，仓位也更需要有所控制，尽量做到稳中求胜。股价在大涨、暴涨后突然放出巨量，无论是涨停还是不涨停，红色还是绿色，出局。见图4-1-14。

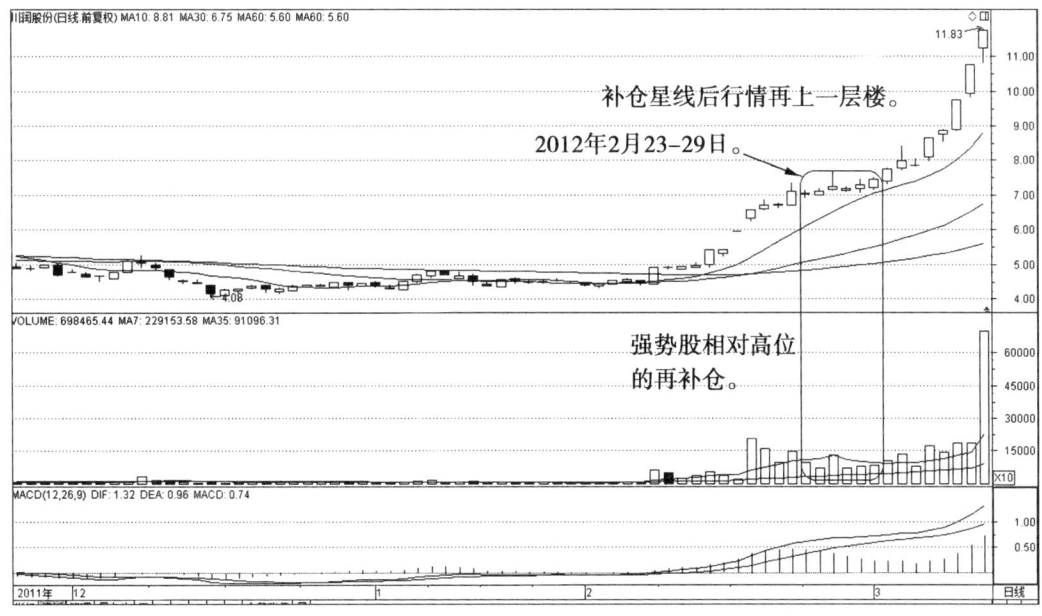

图4-1-14

爱因斯坦说过："人的差异产生于业余时间。"人的更多成长来源于业余时间，人的颓废同样毁于业余时间。盘后的时间是否利用、如何利用，是造成股市中人与人之间差距较大的主要原因之一。有些人很忙，忙得不可开交，事无巨细，一天里二十个小时都在咋咋呼呼，但始终不见成效。来者不拒，或硬着头皮硬撑，折射的是不分"轻重"、不解"舍得"。轻重不分是关乎计划的事，不愿舍放是心胸容量的事。进入股市的人更忙，每天用几个小时搜集消息、查找罗列数据；用几个小时看盘，生猛海选买进卖出；再花几个小时聊天打探，试图从别人的嘴中得到安慰和认同，却没花时间静下来好好想一想，去细细地反省：我的时间到哪儿去了？我目前的学习、操盘状态怎么没效果？权威的数据、消息我怎么就没讨到好？我的买卖为什么总是与股价涨跌节奏相反？盘中就做盘中的事，盘后就要做更多的事！业余时间就多做有益于盘中的事，有益于成长的事。盘后及业余的功课做得足够，盘中的取舍行为就底气十足，指导把握机会的思想就非常清灵，清灵的思想就是：不入我心者不将就。

第二节　借风补仓星线

借风补仓，就是主力借助各种有利的题材，并对此题材已经有了预好判断，对题材二次发酵时间有精准把控后，进行再一次收集筹码的行为。这里的"风"泛指消息与题材。风有即将要吹的风，也包括正在吹着的风。

海泰发展（600082）股价从底部起来有一波行情，随后股价回落，2012年4月5日出现双星止跌后，开始压住股价上升的幅度进行了6天补仓。此时段，有关"金融改革"的话题已经陆续有报道，个别股票已经出现了动作。从图表上可以看到，主力补仓的过程也是股价慢慢接近前高的一个过程，实战中高度关注，一旦突破或起跳，强势精准赢利机会就呈现了。见图4-2-1。

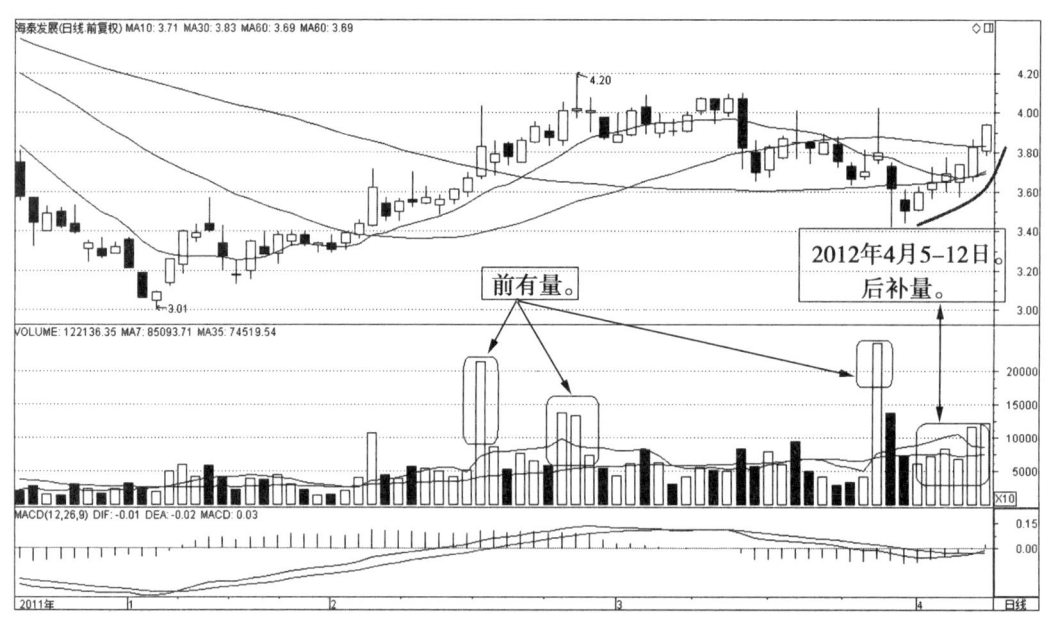

图4-2-1

4月13日，借风补仓逼近前高的股价轻轻一跳，略微下沉就猛然转身，两波拉升强势涨停。此位置的涨停犹如东升旭日，含笑众山。事后去看，涨停板或大阳线，都那么好看，因为这是静态的定局，而动态中的每秒钟在一些投资者面前却是煎熬。海泰发展这一天的股价，高开下沉、盘中第一波拉升的自然回落、涨停板撕开，对于短线客来说都极具刺激，都有可能在盘中出局，甚至早盘第一步就已经出局，出局的原因是对未来走势不确定性再叠加亏损带来的恐惧，只要一有机会就会加快落袋为安的节奏，而不能确定的背后是缺乏对股价走势的认识，缺乏对市场的认识，缺乏对强势脉络的认识。对股价走势的认识，对市场的认识，对强势脉络的认识，代表着投资者由浅到深的三个层次，这需要有志于专注的投资者逐一修炼完成。"股价走势"是入门的基础课，必须第一时间修炼，没基础说什么也是空话，遇到再好的机会也无从下手。其实，较多人在入门基础课中早已迷失了方向，也迷失了自己，这是很无奈的状况。对"市场的认识"是走向专业交易的修炼，这种修炼是在了解、认知市场的变化后，再穿透市场的"是是非非"，从而能固本求源实施投资策略，固本求源后的交易之路可以走得安稳很多。"强势脉络"的认知，是成就交易走向辉煌的修炼，认知到强势脉络，就是认知到整个市场最核心的本质。抓住了本质，其他方面即使宽松一点，也是在主道、大道上前行。

《安详集》上说："修行就是要修正自己的心念，修正自己的行为言语。"虔诚修炼就是在修行，修炼无处不在，修行无时不可！股市人生亦是一个行行重行行的过程，刚入市时，"我今天赚钱了"就是一场欢喜，若干年后"我还好"才是一道实实在在的风景。"三度"只是给了一个支点，能否撬起股市人生，主要还是在于自己！见图4-2-2。

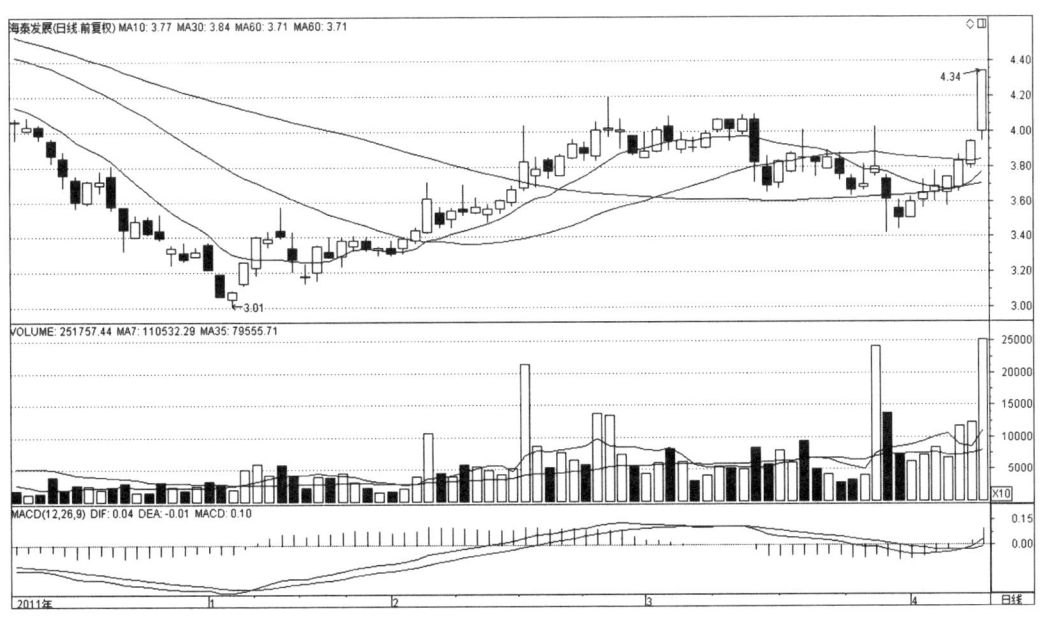

图4-2-2

海泰发展的股价突破小平台后涨停、涨停再涨停，经过连续涨停的股价盘中继续上涨，但打开涨停板全天收出超巨量阳线，很明显就是阶段见顶的征兆，早出迟出，今天出还是明天出，赢利的空间也差不了多少，但是出与不出，涉及的却是在风险面前主动权在谁的手上这一重要问题。见图4-2-3。

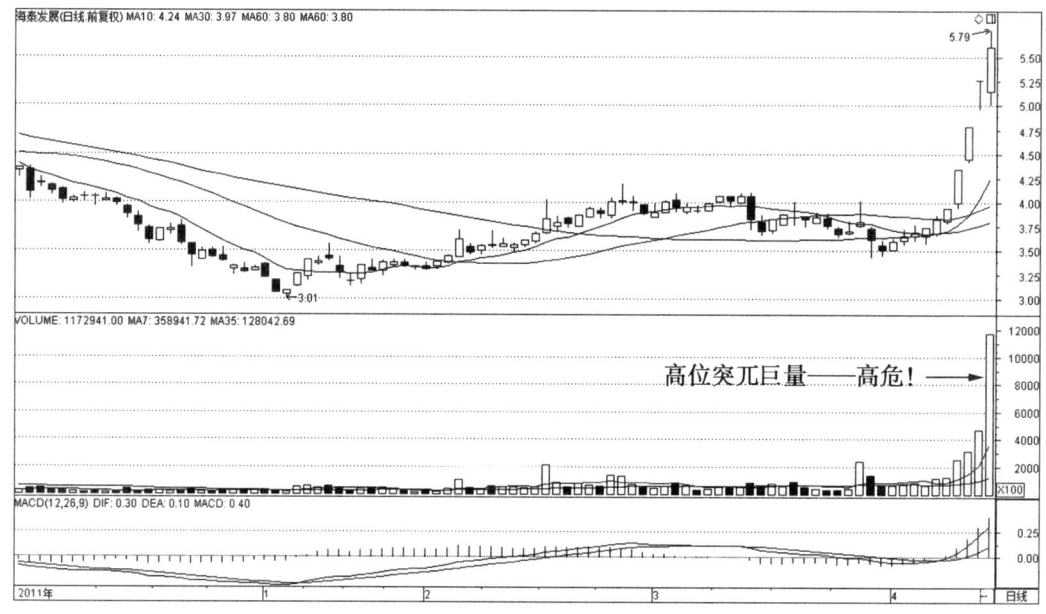

图4-2-3

有人说中国的股市是政策市，其实哪里的股市不是政策市呢？铸就股市繁荣有两大核心基石，一是政策二是资金。两者的关联在于：政策引导资金，分流资金；资金追逐政策，响应政策。很大程度上，股市是政策市与资金市的有效结合体，然后造就股价走向趋势，如果政策与资金貌合神离或雷声大雨点小，那么终究是"不买账"的尴尬局面。《股是股非》之一中论述的"两点印证"，目的就是在错综复杂的股市，如何理性、正确、务实而高效地看待政策题材，选取技术形态。

九阳股份（002242）在2013年12月10日强势启动，股价在启动之前挖了个小坑，也许这不是坑，是否是坑，只有随后在均线密集区5天明显持续放大的正能量资金再次入场才最有发言权。这5天的K线价格涨幅不大，总体为星线，量区的成交量却释放了出来。当时段，关于扶持家电政策的利好题材若隐若现，结合前期走势，这就是主力借"风要来"的行业政策之势进行再补仓，然后借自身好位置、好地势发动攻击。见图4-2-4。

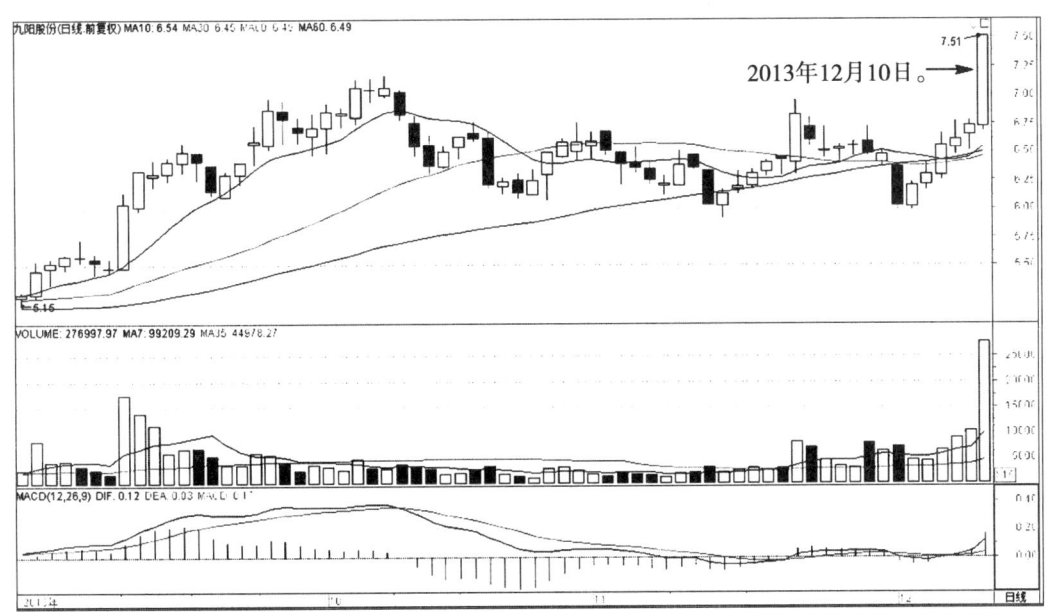

图4-2-4

九阳股份的股价强势突破大三角整理平台,走出连拉包含三个涨停板的暴涨行情,气势如虹。见图4-2-5。

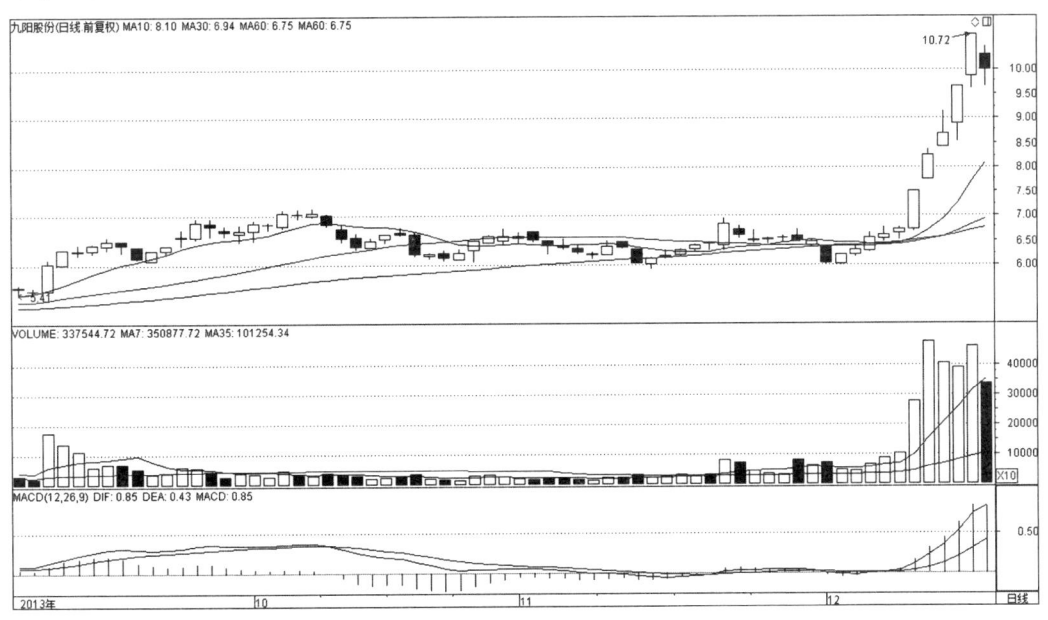

图4-2-5

该股何以能气势如虹,而同板块面对同样利好的更多个股却纹丝不动?因有资金认同它。为何其他板块的个股一突破就回调,回调后很久上不去?因没有风恰到好处地吹。为什么没有风也能起来?因为站的高度不够,没能够看到"风口",而往往最有力道的风口不经意间已在盘面上盘旋了许久。风因流动而生，流动因风更快。一个交易者，如能顺利起航，顺利驶向财富彼岸，需要明白，除了好船、好帆、好身段，也要借好风相送，尤其是起航，更有必要等风来。国内影片《等风来》中，两个年轻人在山顶做好准备等待滑翔时有段对话："无论你有多着急，或者多害怕，我们现在都不能往前冲，冲出去也没用，飞不起来的。现在你只需要静静的，等风来。"这在说一个道理，做事情，做好了准备、有勇气还需要等，等风，等时机，也要等自己具备可以飞的能力。

光洋股份（002708）股价在 2015 年 11 月 3 日–11 日期间，以连续小阳星慢慢往上挪动，逐渐逼近前期平台高点，位置在均线系统第三结点附近，成交量明显得到释放，同期大盘也在回升，这一组星线属于借势补仓，是借大盘，也借自身好位置的双重势利。借势补仓行为叠加均线强势归位，往往是好机会诞生的前奏，实盘中看到这样的走势一定要关注。见图 4-2-6。

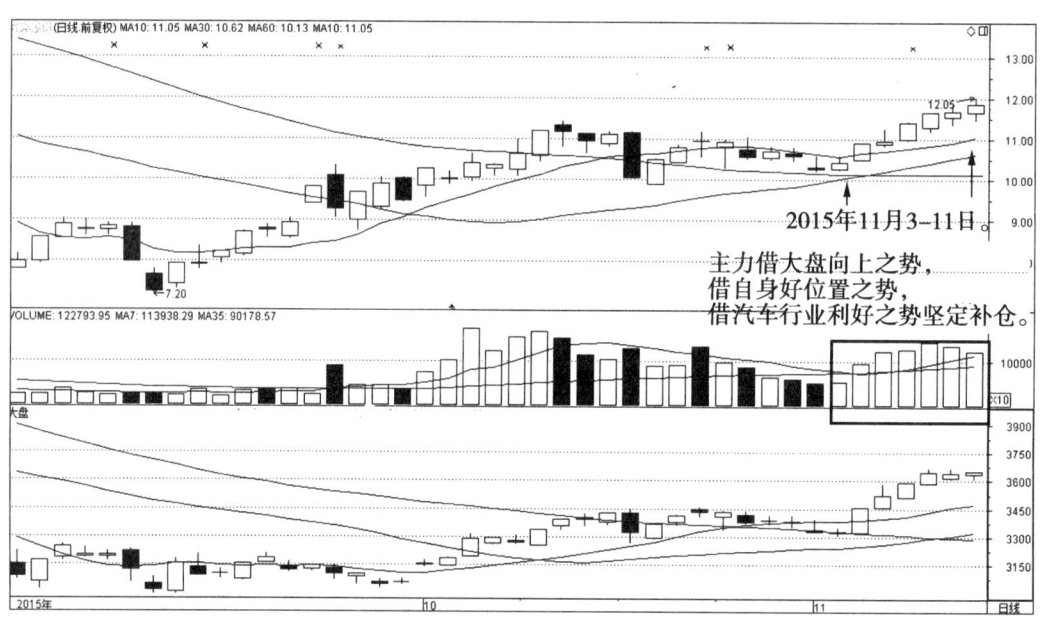

图 4-2-6

2015 年 11 月 12 日，光洋股份股价小幅高开在前平台之上，上攻意图已经显现，股价在盘中强势上拉两波封住涨停，竞价、盘中均可介入。通过高要求挑选、严格甄别的好股票，一旦往上进攻，当勿有一丝杂念买进，光洋股份的股价当天即使出现冲高回落或高开低走的态势，也是落在强势 B 区位置，还有什么可担忧的。加之同期的汽车板块已经有所表现，操作的底气更强一档。11 月 13 日，股价用涨停板开盘，但涨停板在开盘后就打开，全天震荡下行，几乎收在最低价。这个位置震荡与否、调整与否都是合理的，因为股价正好在前期较重的套牢盘处，实施行为由主力定夺，我们只需虔诚等待或再一次等待"经典"出现就是了。随后，股价止跌并强势回头，开启了一大波龙头强势行情，卖点清楚明了——巨量天锤。见图4-2-7。

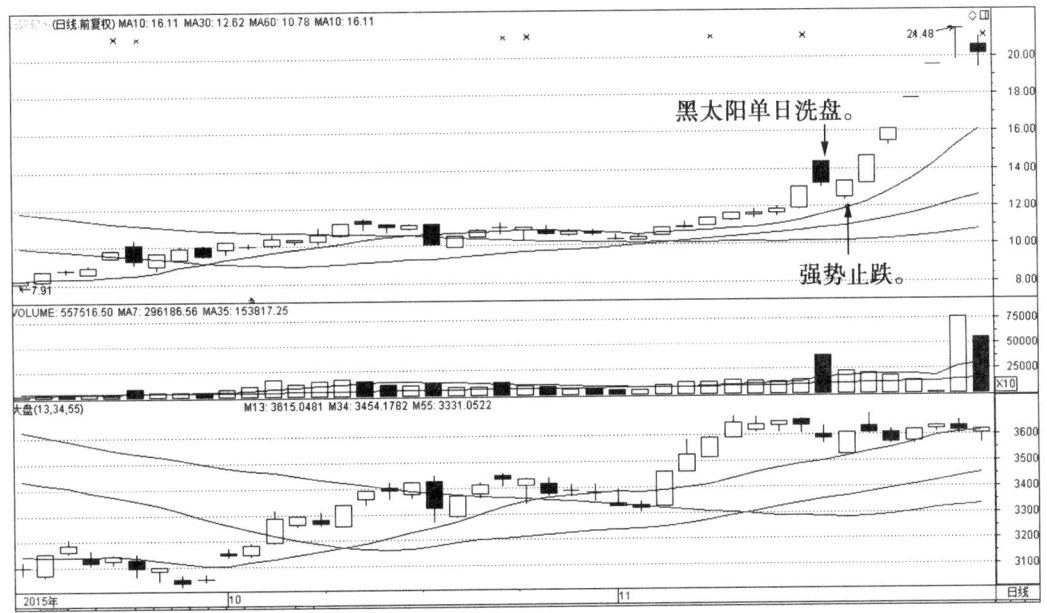

图4-2-7

小结：

补仓，是主力欲把股价推动到更高位置前的资金"埋伏"，是股价走势中不可缺的市场行为。本章重点论述了主力借大盘之势、借个股自身位置之势进行补仓的图表表现形式。补仓多体现"含而不露"，加之之前曾经有过的"张扬"，对补仓的量形态适当放低一些，当然，如果能充分释放，岂不更好。补仓后的实战机会，取决于位置是否恰如其分，取决于"风"吹得是否正当时，位置与风吹如同步叠加，则精准机会将顺势爆发。

第五章 攻击之星

攻击之星,就是股价跳空高开在该反转、该突破的位置,但当天并不急于进攻,而是全天围绕在开盘价上下震荡,收一悬空星K线,其市场意义在于集进攻、震仓、侦查盘面情况于一体的行为。跳空星线是否为攻击星线,除受大盘影响外,更要满足《股是股非(之一):猎取暴涨股》中所述的股事要素。

第一节 突破攻击星线

突破星线,顾名思义,就是股价起跳在一个股价平台或前期高点之上,但当天并不尽情上攻,该突破却故意不突破,给人以上攻无力的错觉。

创业软件(300451)的股价经过大幅暴跌后,于底部出现两次资金集中进场,小均线系统强势归位,股价筑平台整理,2015年10月8日,股价跳空高开,全天收星K线悬在平台之上,这根悬空K星线在这里就是攻击星线,它的市场意义就是:上攻前的跃跃欲试。见图5-1-1。

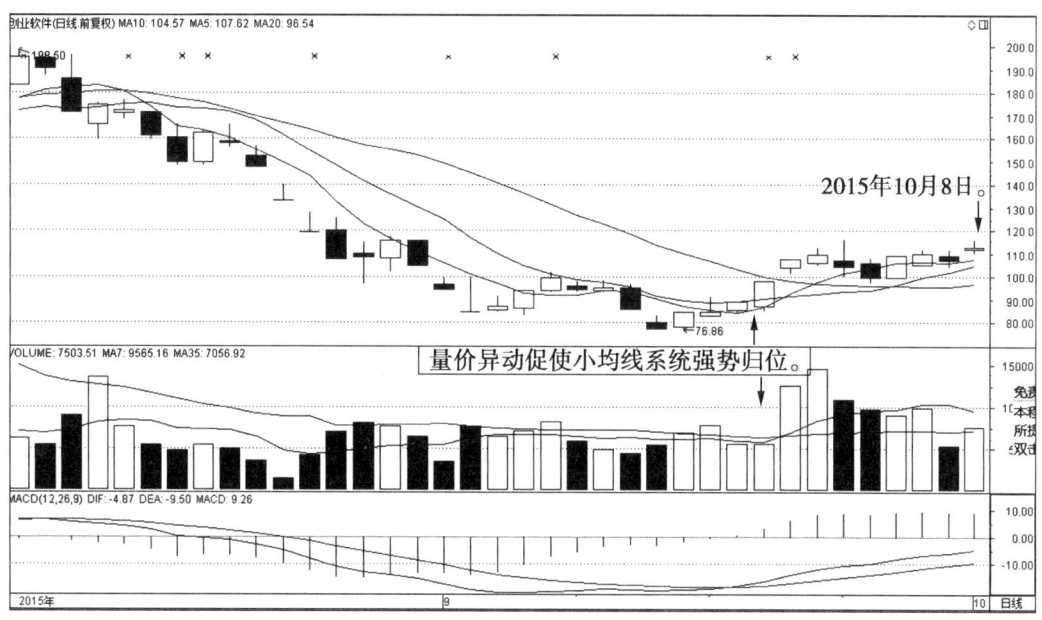

图 5-1-1

10月9日，股价接近平开，早上躺了一个半小时后强势拉升、强势涨停、强势突破，随即进入强势波段行情。10月8日这天的进攻星线发挥了承上启下的关键纽带作用。见图5-1-2。

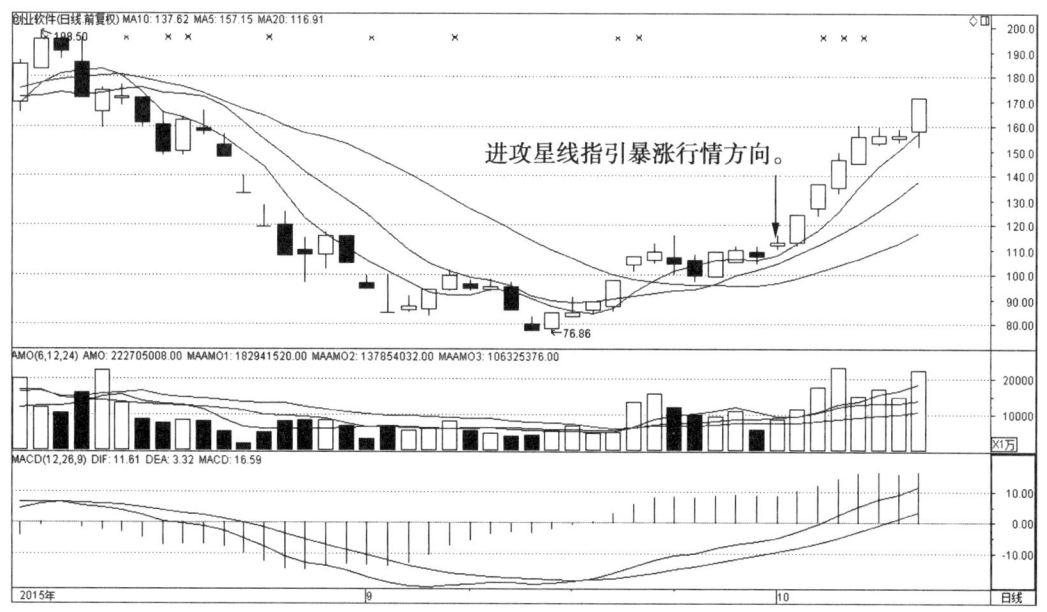

图 5-1-2

华锦股份（000059）现在的ST华锦，在2014年7月29日这天，于盘中多次出现异动的提示，点击开此股，发现其股价异动是在一悬空星线之后，处于前小高欲突破之位置，量能自身也呈现雄厚底部资金，表现在量区有醒目的三阳控三阴，而当时段的大盘也蒸蒸日上，可以放胆做多。7月28日这天的跳空星线属于突破位置的进攻星线。见图5-1-3。

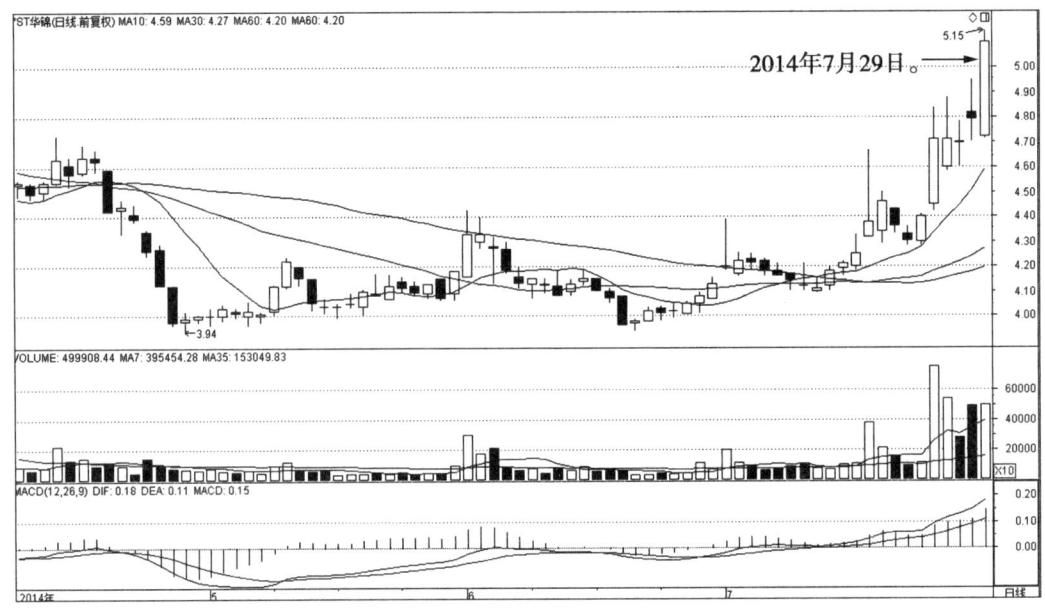

图5-1-3

华锦股份的股价于攻击星线之后的拉升，一鼓作气上升60%，在高位出现天针滞涨，后面紧接着又是一悬空星线，但这一根星K线的市场意义与7月28日的悬空星线截然相反，这是风险，是诱多，股价面临回调甚至见顶。见图5-1-4。

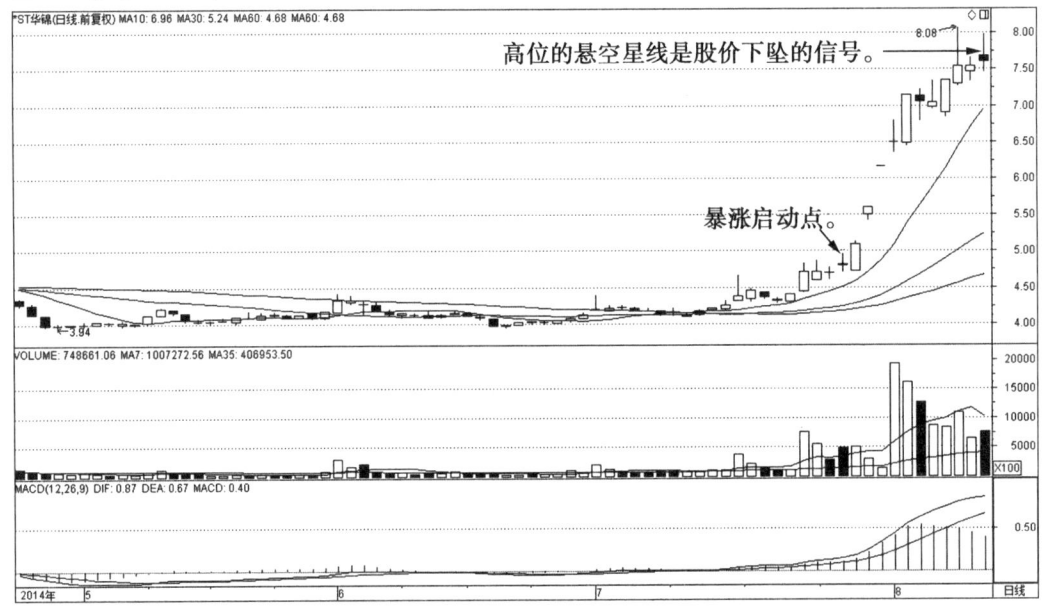

图5-1-4

"暂者假也。真者常也。假知无常。常知无假。"短暂的是假象，正确的经久不变，所以，假的东西不能长久，能长存的就是真知灼见。（江哥，我的理解是这样的，你看看对否？——贤弟释义不错，赞一个！——责任编辑）关于股市的种种表现，我们的确不能够都去解释、认知，但可以主动去认识一些较为经典的表现形式，并从这些现象入手，探究获得股市中的奥秘，而检验我们认知的正确性、有效性就是看"常性"，就是看成功的概率。概率高，就具备了"真者常也"的特性，也就有了"经典"的味儿了。好能量、好位置的进攻星线就具备行情的"常性"，是值得关注的经典星线之一。

戴维医疗（300314）股价止跌，然后重回 B 区，再直接跳过前高，于 2015 年 5 月 14、15 日连续两天收悬空星线。由于此股股价前期已经有较大涨幅，这两天是否是进攻星线？如何衡量？这是非常诚恳的问题。毕竟，解决自身在股市的技术问题，不能人云亦云，也不可事后诸葛。

第一，前期有能量，有行情就会有资金进场，这是肯定的；

第二，股价回调前不是明显的顶，希望还在；

第三，回调过程没有消极筹码大量流出，主力重要资金还在；

第四，位置、形态经典，经典易引爆行情；

第五，大盘支持积极做多，系统结构风险不存在。

既然没有一项"非"，那就是"是"，评定股事是非之后，守望并发现经典就当全力攻之，股价若再次横盘静观事态，若上攻则迅疾跟进。见图 5-1-5。

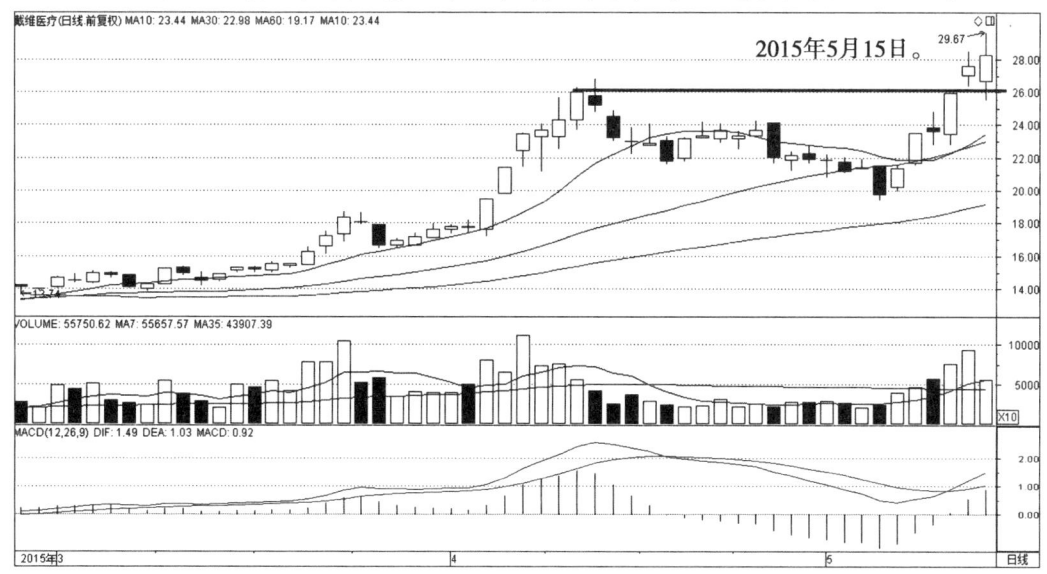

图 5-1-5

戴维医疗的主力把股价推至B区，用进攻星线完成其目的后，选择的是立即上攻，并且是开盘就上攻，是盘中持续不断放量上攻，这样的上攻，是有胆有识有谋略的真情上攻，趋势跟随者也应回应其真情告白，奋力顶子、博子。股价连拉五个涨停板后阶段性见顶，见顶形态是巨量倒灌，持仓者能出局应当天出局。见图5-1-6。

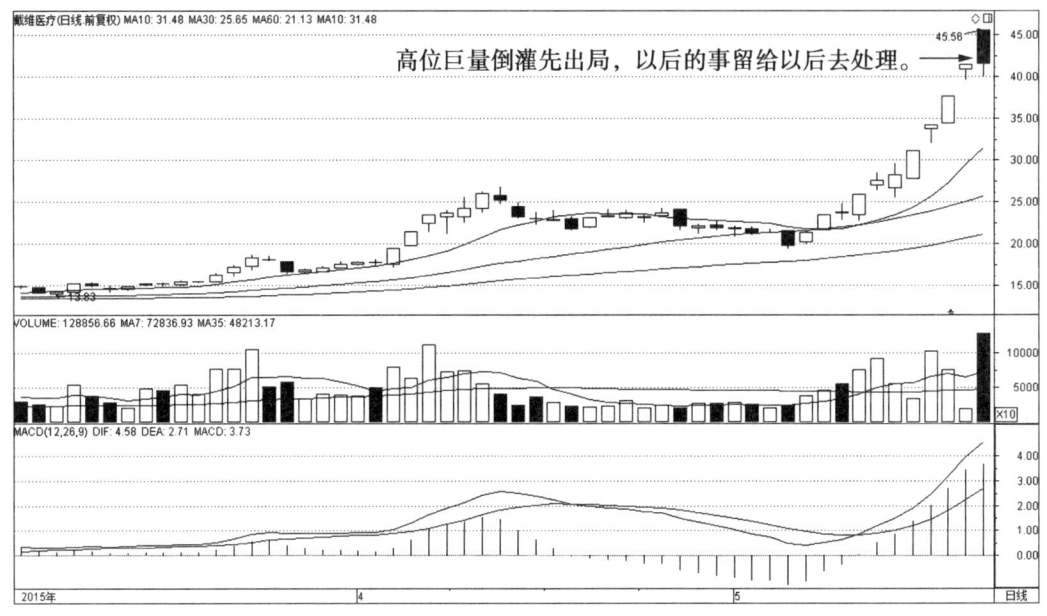

图5-1-6

待在股市时间越久，就越能感觉到这里相比其他地方更多一些残酷。勤奋努力与收获极不成正比；亏钱的速度、亏钱的方式往往出乎意料，让人猝不及防。知道的越多，学习的增多却还是陷入泥潭不能自拔。这种现象怎么会重复出现甚至越演越烈？没有为什么，因为这是股市，自它诞生之日起，"利润重分配"就唱起了主旋律，伴随着它的成长，是是非非从未间断过。这里可以成就英雄，也可以消灭英雄，这里在创造财富也在吞噬财富。而成就与消灭、创造与吞噬对所有的人都是同等的，也因为如此，这里的魅力超出了任何地方。那么，到这里来寻求财富，寻求梦想的人到底需要什么？到底该干什么？万物皆有感知，何况万物之灵的人！亏了钱、败走阵地，同样一定要去想三个问题：

问题是什么？

哪里出了问题？

如何解决问题？

这三个问题适用任何行业，任何人！对三个问题所采取的态度一定会影响随后的步伐。来到三度操盘教育课堂的每一位同学，都会填写两份相同问题的答卷，其中也包括这三个问题。一份在学习前填写，一份在学习后再填写，两相对比，绝大部分同学前后差距显著。同时也发现一种现象：部分人态度鲜明，深度思索后为自己作答；部分人，看一眼，轻描淡写，为老师作答。在此我想表达的是：在股市里寻求财富，寻求梦想，轻描淡写，得过且过，总把希望寄托明日是行不通的。明日何其多，哪天才是出头日啊？

第二节　反转攻击星线

顾名思义，反转攻击星线，就是股价初步止跌之后，呈现小幅上行，然后在反转的位置跳空高开，但当天不急于反转，而是收反转受阻的星线。反转攻击星线的起跳与收盘所处的位置是在前小高或前平台之下。

停了几天牌的潜能恒信（300191）复牌以涨停开盘，早盘打开又快速收回收T板，次日即2013年9月18日股价再大幅高开，盘中震荡剧烈，全天收巨量十字星，成交量与前高点量形成并角之势，看来前期急于解套的套牢筹码与底部抄底的获利盘落袋如愿的不少。见图5-2-1。

图5-2-1

这根悬空星线是受阻滞涨，还是攻击星线只能拭目以待等确认。随后，潜能恒信又进入短期停牌。再复牌的股价大幅跳空高开，直接踩过长时间的股价高点平台快速强势封停。当天，公司消息面中性，不好不坏，市场有油气改革政策公布，一切似乎恰到好处，恰到好处地有备而来。

尽管股市风险是巨大的，但依然有众多人前赴后继闯进来，依然有众多被伤及者滞留于此，原因在于不服气的同时市场从不缺大涨、暴涨的行情在眼前精彩上演。事实上，这个市场本身从不缺机会，哪怕很差的市况依然有华丽的鸟儿在股市上空盘旋着。假如股市各时期没有龙头行情、妖股行情、强势行情，恐怕与"股"字沾边的所有人员及资金不足现在的十分之一，繁荣也就无从谈起了，那么，暴涨行情就是市场不可缺的一分子了。

牵手暴涨股，到底是运气多一点还是能力多一点？是可遇不可求，还是可遇也可求？笔者以为，从异动开始，从强势开始，从龙头开始，一步步做扎实功夫，暴涨行情，疯牛行情，妖股行情，可遇也可求！

随后潜能恒信涨停、涨停再涨停，用可怕的手法演绎了三波不间断的疯牛行情。（"三波不间断牛股行情"请参阅《股是股非（之二）：暴涨大形态》）见图 5-2-2。

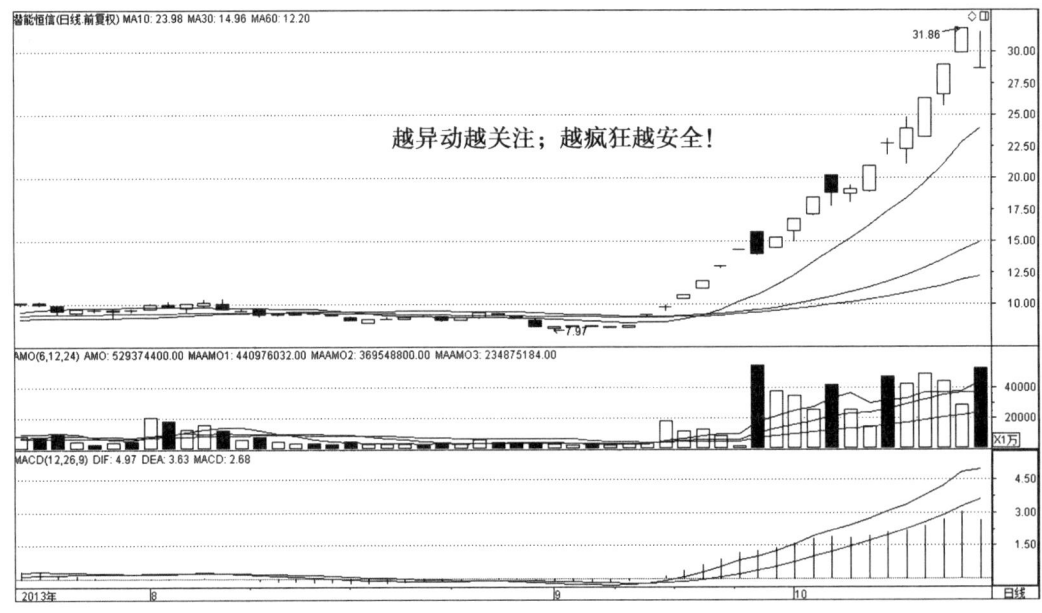

图 5-2-2

东湖高新（600133）的股价在 2015 年 12 月 23 日跳空高开，收盘为一根悬空星线，位置在 A 区，面对这样的"攻击之星"将做何评估与计划？结合前面陈述"跳空星线是否为攻击星线，除受大盘影响外，更要满足《股是股非（之一）：猎取暴涨股》的股事要素"，对这样的"攻击星线"有必要过滤一下图表是否存在较大的问题。见图 5-2-3。

图 5-2-3

在股市，只看一两根 K 线的长相会吃大亏，需要有纵观全局的理念，买卖时机是从形态入手，但形态本身并不能解决股市的很多问题，而有问题的形态更是大忌讳。

在这幅图表上，趋势大压叠加前面反弹无力的小顶，加之无积极的正能量资金入注，明显的一个"死夹板"，这样的局面什么形态都只是一个形状而已。

次日，东湖高新的股价跳空低开低走继续下跌，仅仅稍作挣扎随即进入暴跌阶段。次日股价若跳空高开或上拉，也不能跟进，这里的往上动作是在诱多，最正确的做法就是静静等待稀释风险，只要风险没有稀释就不参与，而且对于风险的稀释还要看过程、看效果，重重压力之下只有重重风险，切不可在薄冰之上曼舞！见图 5-2-4。

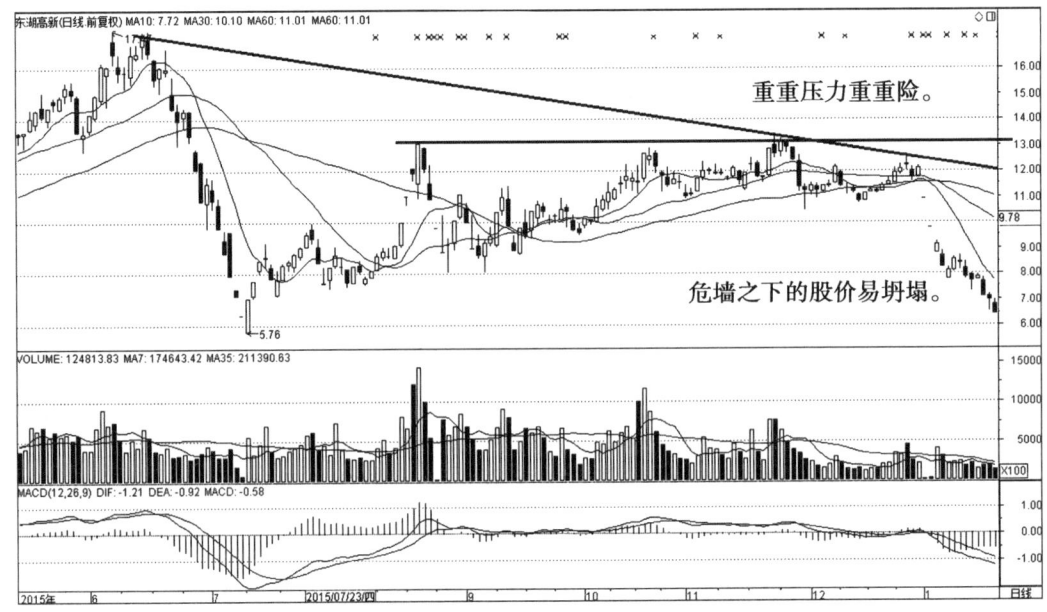

图 5-2-4

股市风险大，尽人皆有所闻，股市风险多，少有人害怕。不害怕一是不知道风险具体是啥，即无知者无畏；二是知道一些风险，但相信自己可以躲过或能主动回避。然而，不管是不知道还是知道风险的人，最终的多数还是败了，败给自己的侥幸，败给了一些不良习惯。《股是股非》力所能及呈现了系列风险面目，最大限度地阐述风险的构成原理以及杀伤力，只要对这些风险进行认知再加以防范，交易过程中就会避免很多无谓的损失。操作到最后，其实最怕的是明知故犯，这种明知故犯的毛病，如同留在水壶底的小洞。既然水壶底上的一个小洞可以漏干壶中的水，那么，任何一个陋习也会输光所有的财富，而漏掉的财富不仅包括账目上的金钱，还漏掉了信心、梦想、责任。

如意集团（000626）股价处于底部位置，在2016年2月17日、18日两天均是悬空星线，股价是从10日均线之下上升到10日均价线之上，而底部资金亦是满眼"红彤彤"景象，19日股价在盘中多次出现有速度的上蹿，这种攻击之星形成后的行情要大胆参与。见图5-2-5、5-2-6。

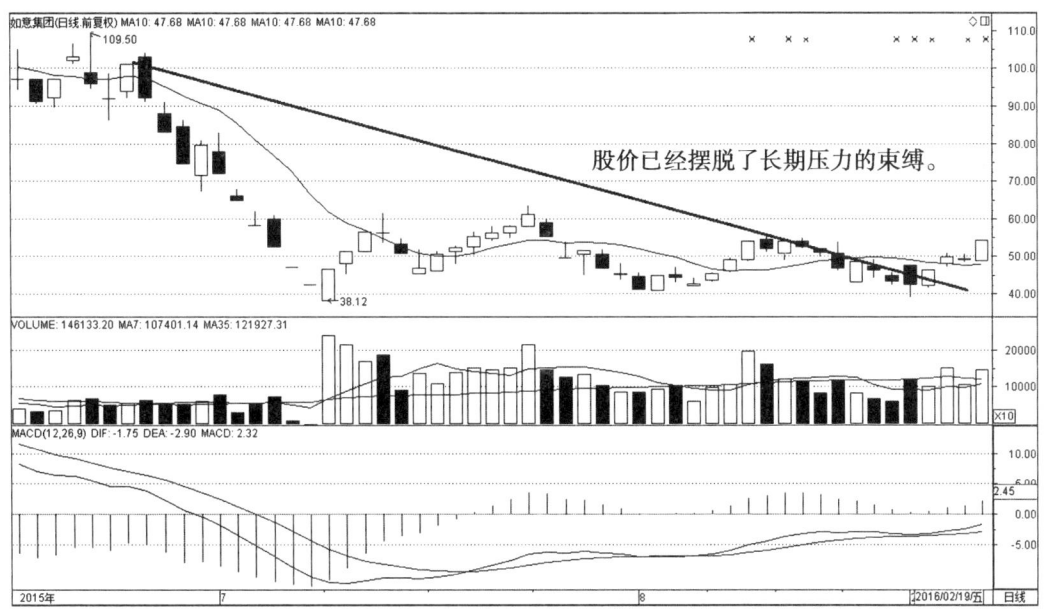

图 5-2-5

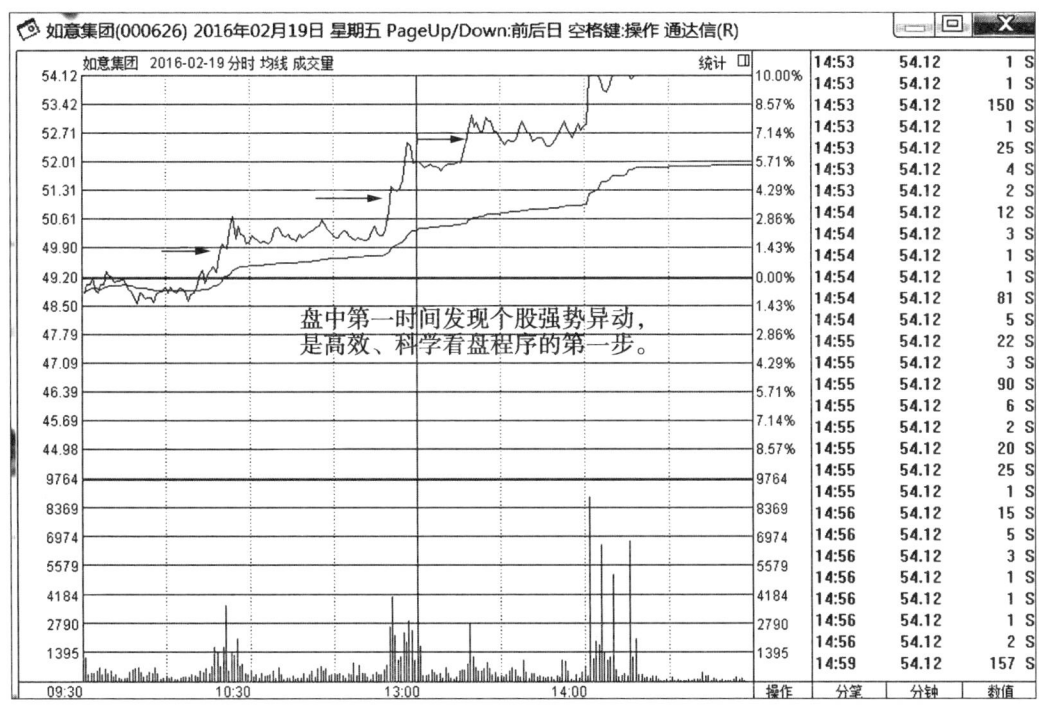

图 5-2-6

股票交易是一项非常专业的工作，需要很专注地投入，很多人不相信。场外的人说炒股是投机、不太务正业，是天天做发财白日梦的一群人。对于这种看法，我们只能说，地球上最富有的人，中国最富有的人都在股市。场内的很多人则说炒股不就那么回事嘛,选几只股票买了放在那里,自然要涨上去,这就赚钱啦。真是这么回事吗?一种情况是:股价跌了,刚开始无所谓,按既定方针持有。再下跌,心里有点不舒服,继续持有,还下跌,非常不舒服,碰巧有专业人士告知"怎么还不止损?重新找好股票啊!"思来想去,出局。第二种情况:股价上去了,持有,还会上去,真上去了,持有,后期肯定还会上去,面对股价回调,不急,跌了还会上去,几番扑腾,也不知该怎么办,结果回到起点,一不留神,还下去了一点……其实,进入股市的人,只要是搞不清什么时候买、什么时候要卖,为什么买、为什么卖,就会步入这两种死循环,资金永远活不了。还有第三种情况:也知道一些技术上的操作,但没一套科学合理的工作程序以及看盘程序,盘中乱舞,盘后茫然。知行合一,是说知道与做到达到一致,是一种高境界。不过,知道与做到之间还应有一样必不可少的动作,那就是"看到",因为知道再多,没看到,永远是做不到的。知道,看到,才有可能做到。看到,怎么看?又是一个大问题,这就涉及看盘程序的问题。就 2 月 19 日的如意集团,如果不是自选股,盘中的几次异动怎么在第一时间发现,发现后如何知道整个板块情况,现今它在板块中的地位怎样?什么时候介入、加仓、再加仓?这一系列的问题均是较为专业的问题,不可不去谋划、不设计。凡是到笔者这里来交流学习的,这些基本功夫一定要率先熟练掌握,这样,就能以最高效地发现、甄别,取舍盘中强势机会。如意集团在符合强势盘面特征情况下,得到强势的"两点印证",在大盘不太好的情况下,启动了一大波行情,直到明显阶段性见顶。(两点印证专业术语请参阅《股是股非(之一):猎取暴涨股》)见图 5-2-7。

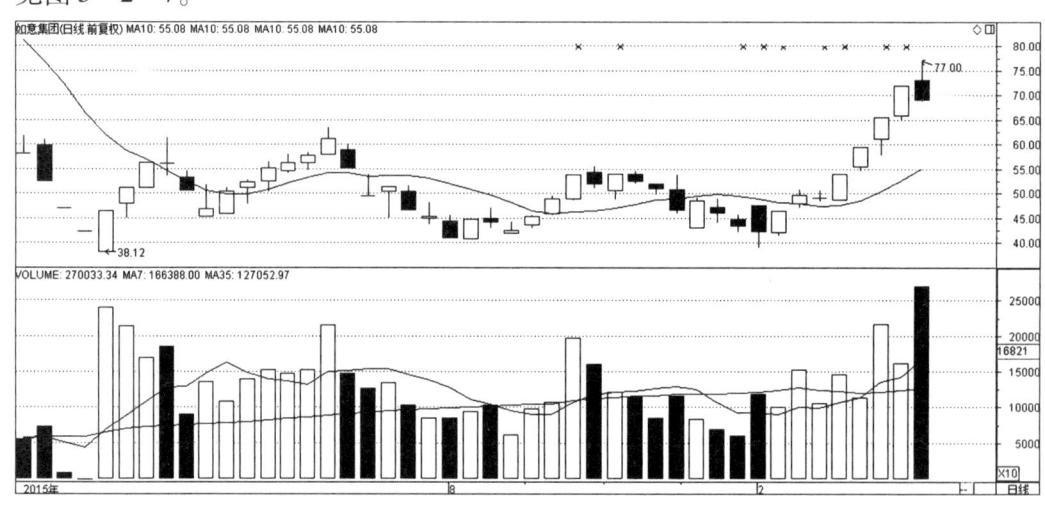

图 5-2-7

海南瑞泽（002596）股价又一次止跌后往上腾挪，位置接近B区，之前三阳控三阴特质明显，"好位置、正能量"硬性条件充分满足，2015年12月2-3日分别出现意欲上攻星线、高开进攻星线双重变盘信号，这也是借势补仓星线，随后股价若上攻，则是反转进攻星线所承接之功劳。见图5-2-8。

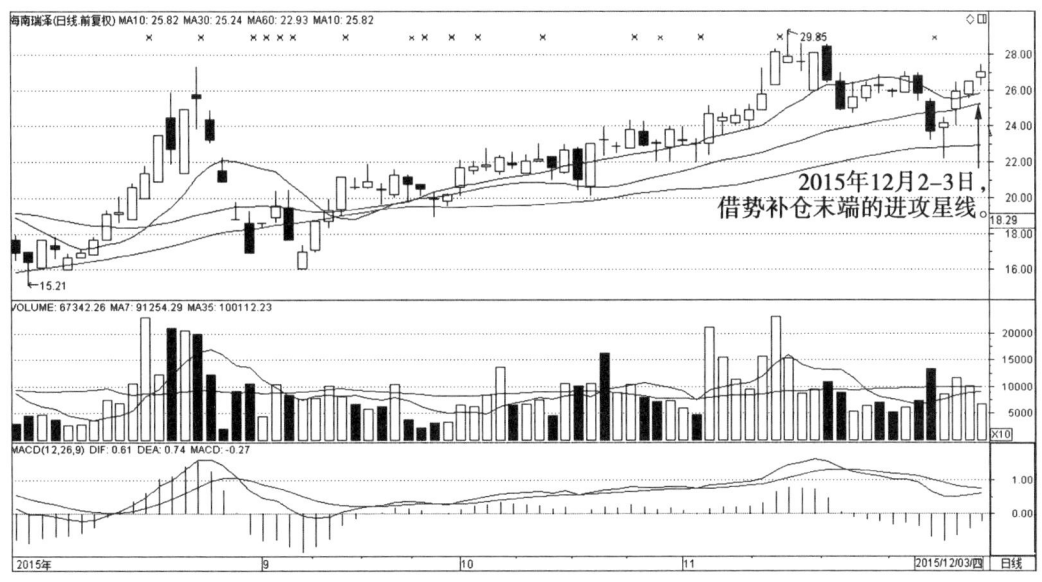

图5-2-8

因为位置好，在B区跳空刺探盘面后，主力随即就驱动股价往上，在十来个交易日股价上涨70%。随后股价在高位整理，再跌破C区，风险已经摆上台面。见图5-2-9。

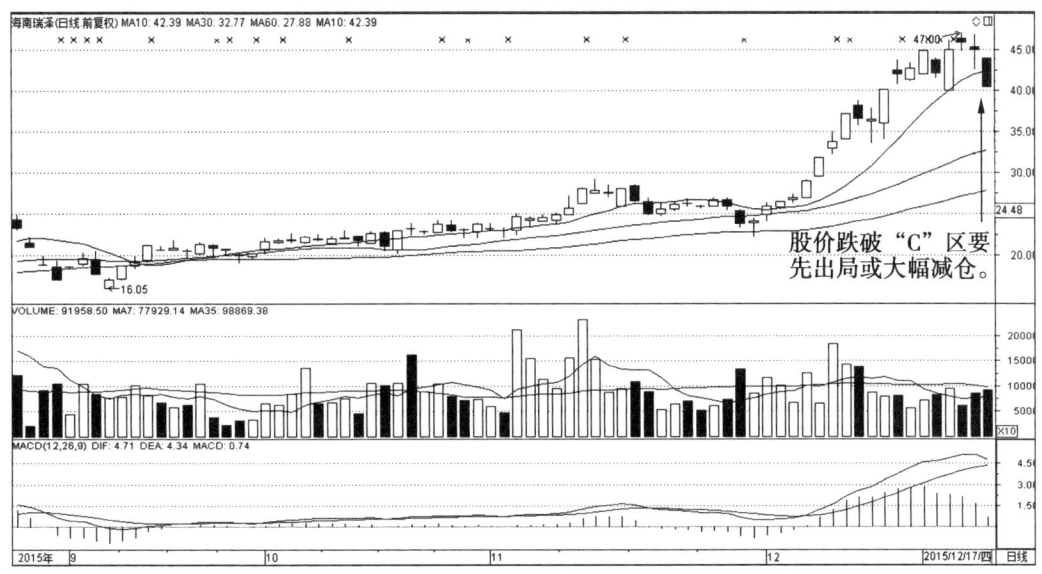

图5-2-9

为什么走势上出现C区，风险就加重？股价快速上升后，代表趋势前沿的进攻线出现疲软，然后低头，这说明市场成本在主动降低，筹码主要是在出逃，同时因股价上攻能量减弱，叠加时空的消耗致使股价重心下移，这样自然就形成C区了。C区是风险聚集区，是股价重心滑落临界区，此时段出局是最佳交易选择。

海南瑞泽的股价跌破疲软进攻线后蓄势了几天星线，面对这几天星线千万不要会错意了，这可不是前面说的逼空蓄势性质，好位置逼空蓄势星线往上的概率极大，风险区的蓄势星线往下回落的概率很大，随意套用星线是个危险动作，如不区分开，2015年12月31日这一天再上均价线冲到涨停的阳线就要请君入瓮。后期股价转头向下，如同雪崩一般坍塌。股价以坍塌的方式下坠，当时有较多的因素可能出乎市场意料，但是，请记住，也一定要相信，股价再一次跌破C区，危险迫在眉睫，"再度无价"同样适合对风险的识别，趋势跟随者务必出局！见图5-2-10。

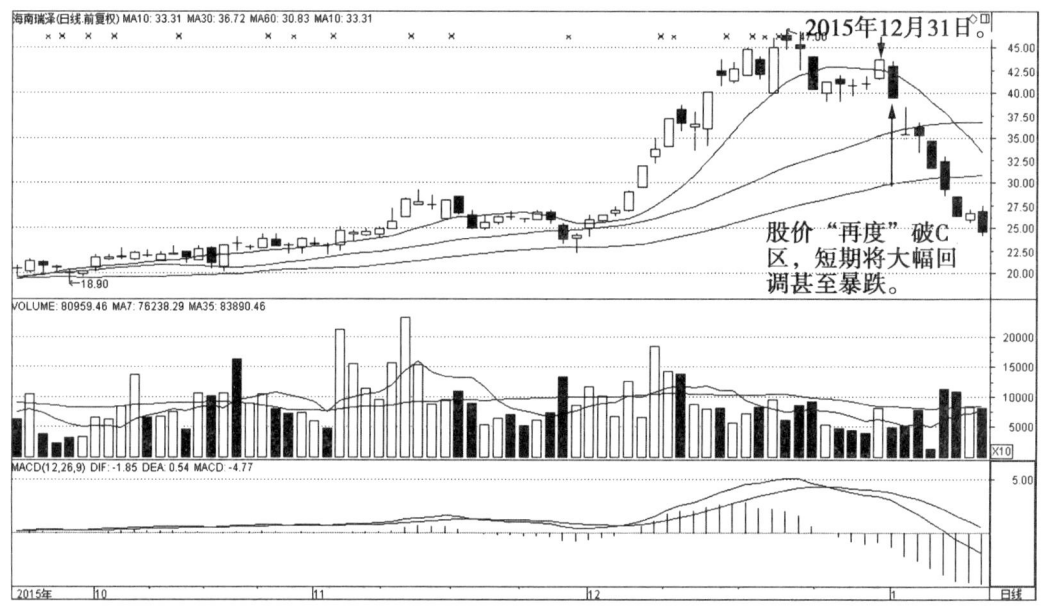

图5-2-10

下图是凯美特气（002549）2013年5月中旬到2013年7月中旬的走势，其中有三处出现了较为清晰的跳空星线，A区跳空星线之后，有一大波向上行情，B区有小段向上行情，C区也有一波行情，不过走势是下跌的。这就给我们一些启示，相同的K线形态，位置不同，时机不同，市场意义则不同，后期走势幅度不同或是相反，也再一次证明，拉升之后的高位区、C区是高危区，A区、B区、异动后的再度往上是做多机会区。见图5-2-11。

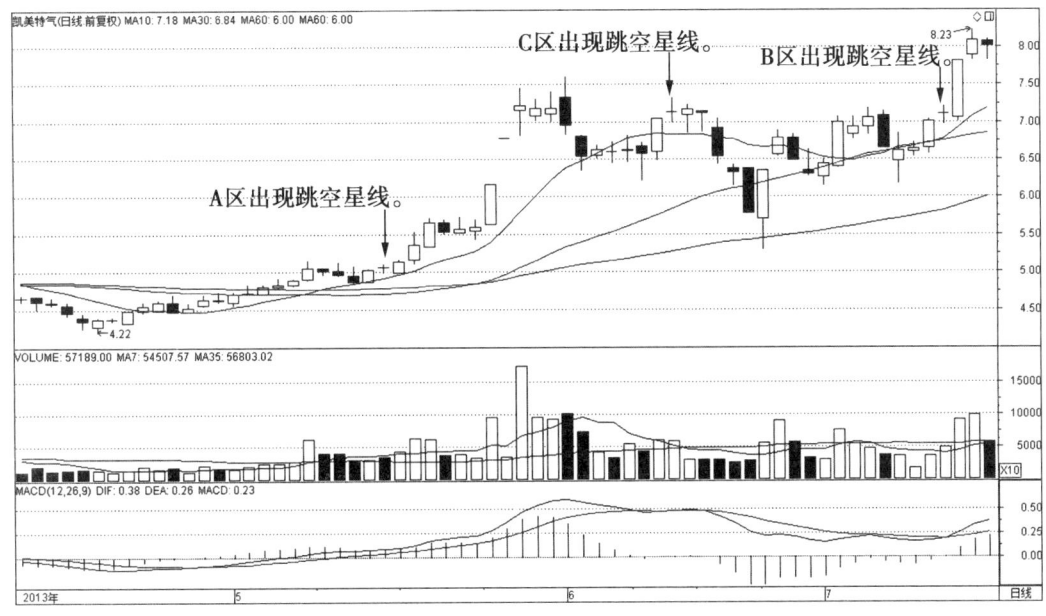

图 5-2-11

小结：

本章举例论述了进攻星线的表现形式即市场意义，进攻星线多是以单根星线出现，有时也出现向上跳空的两根星线。进攻星线可以放量，也可以不放量。进攻星线后的行情大小取决于当时的盘面状况，位置、能量、是否是主流，是否是龙头等诸多因素，实战中不可苛刻，教条。

第六章 经典之星

经典的事物，可以说明历经时间检验其存在的魅力依旧、不褪色，对现在、于将来都有指导意义。股票走势中也有许多经典的形态给投资者以启示，经典的星线是其中非常重要的一种，其经典之处在于它的生成，能反映市场资金或主力资金在关键位置、关键时期的强烈愿望。这一章节的经典星线术语及其市场意义的解读，绝大多数来源于国内外前辈们的智慧与宣教，在这里，笔者仅仅是把其加以罗列，筛选具有代表性的几种模式，其目的是借助本书做一些星K线知识的普及，并借助经典星线的表现方式，嫁接上一些"三度理念"对形态与市场意义加以解析，达到加强对市场、对股价底与顶的更为精确的判断。本章的经典星线重点针对星线见底与星线现顶两方面，穿插小部分中继调整星线。

第一节 见底经典星线

见底星线，是说某些星线在一个低位出现，就能反映市场或个股的股价已经在底部区域企稳，下跌的空间被切断，反弹就此展开；后续若有资金积极介入，上涨的空间就此打开。

一、单根见底星线

行情走势中，会出现单根星线阻止股价下跌甚至扭转股价颓势的情况，这根星线就是单根经典见底之星。

1. 定海神针见底

股价持续下跌或大幅度回调,其势吓人,某天,股价继续大幅杀跌,盘中剧烈震荡,但最终强劲收复当天失地,收盘为一根长长下影线的十字星K线或锤头星线。定海神针体现的市场行为是:股价跌到某一个合理的价值区,出现强有力的资金不断买进承接所致。尽管定海神针有长长下影线,但考虑到开盘价与收盘价接近,可定性为星线。见定海神针见底示例图。

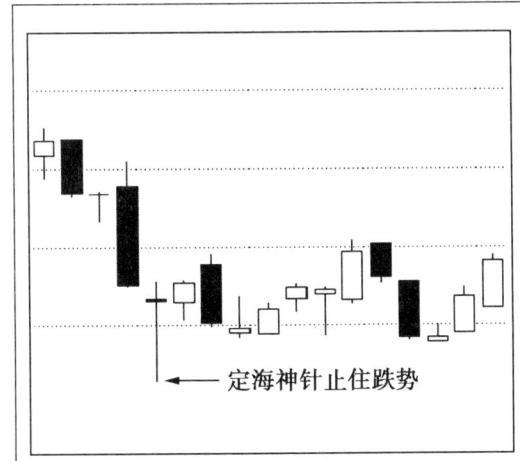 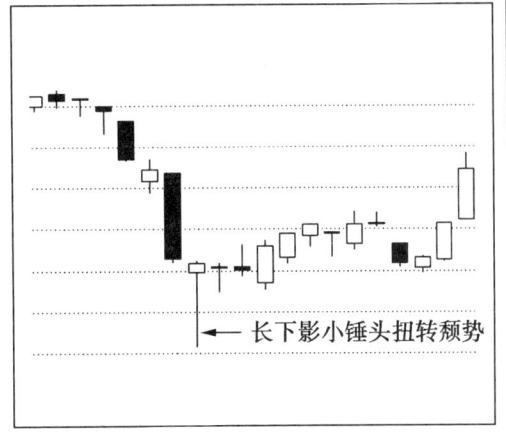

定海神针见底示例图

金利华电(300069)股价多次破位下跌,多次出现止跌形态迹象都没有止住跌势。2015年1月9日该股出现一根超长下影的锤头星线,这就是股价见底的定海神针。股价前期有较多止跌信号,为何不能说见底,而这次可以?理由有三:

一是日线出现经典定海神针止跌信号;

二是股价在90周线上出现强势止跌信号;

三是股价随后不再创新低而慢慢往上。

任何星线见底形态的出现,只能说是有止跌迹象,能否真正止跌、有效止跌还需要观察随后走势,至少需要参考随后一两天的走势。见图6-1-1日线、图6-1-2周线。

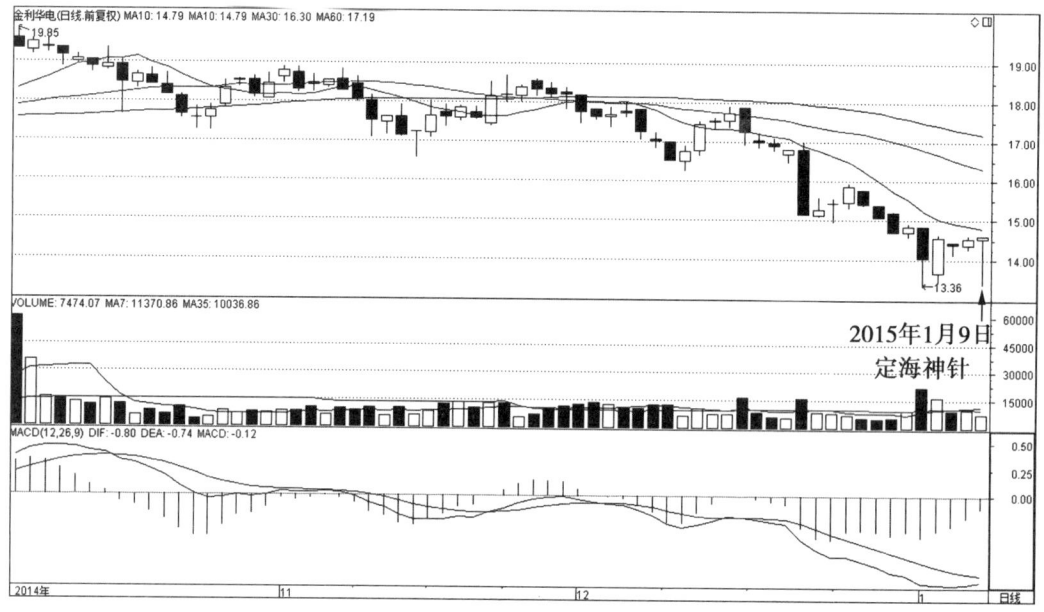

图 6-1-1 日线

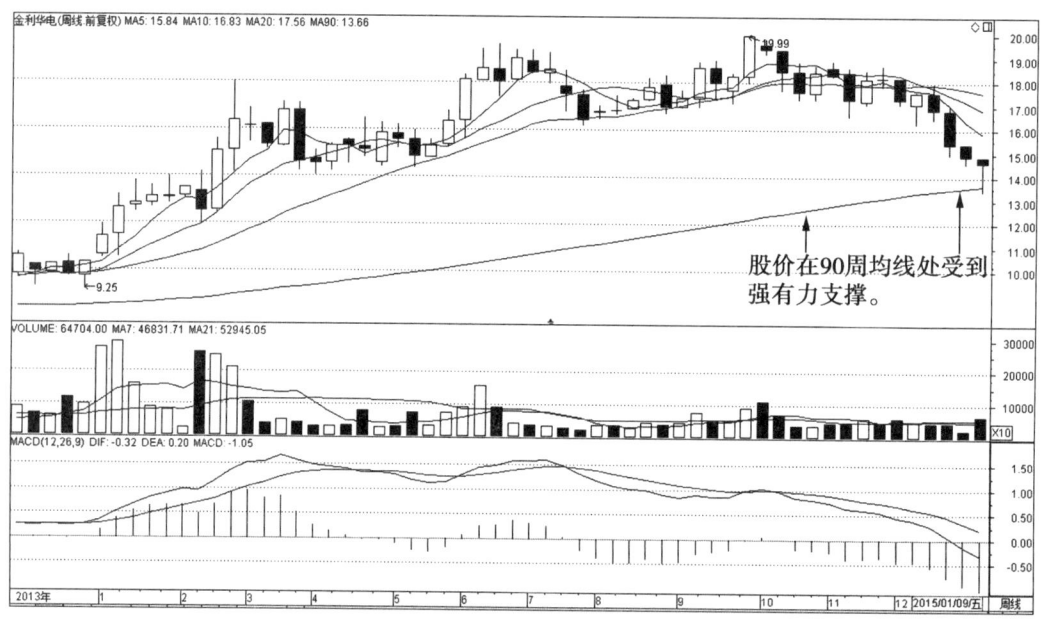

图 6-1-2 周线

股价大幅度往下走，90周线是一个很重要的关键点，利用日线与周线叠加出现的经典异动，对于判断后市走向具有较好的指导价值，如果再结合后期市场资金的认可关注度，适时介入，赢利不难。金利华电出现定海神针止跌见底后，稳健往上走，由空头排列过渡到多头排列，随着资金陆续投入，形成较为流畅的顺上大形态行情。见图6-1-3。

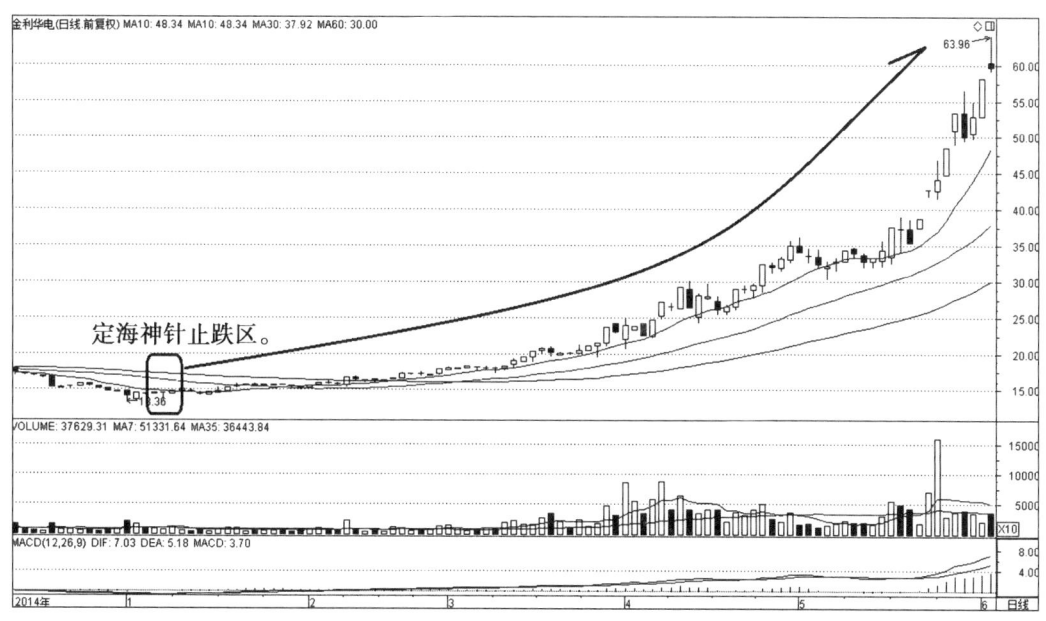

图 6-1-3

东凌国际（000893）股价在 2014 年 12 月 31 日出现的长下影星 K 线，使定海神针见底星线基本确认，这又是强势资金初步进场的标志，股价依然是打至 90 周线处止跌。随后股价小波浪起伏上行，低点逐渐抬高，当股价接近前高区间时，明显见到量价异动，这是前期套牢盘等到解套机会后抛出筹码，主力借机集中置换筹码的双重行为所致，主力用震荡手法把前期套牢筹码稀释后，即刻进入暴涨段。见图 6-1-4。

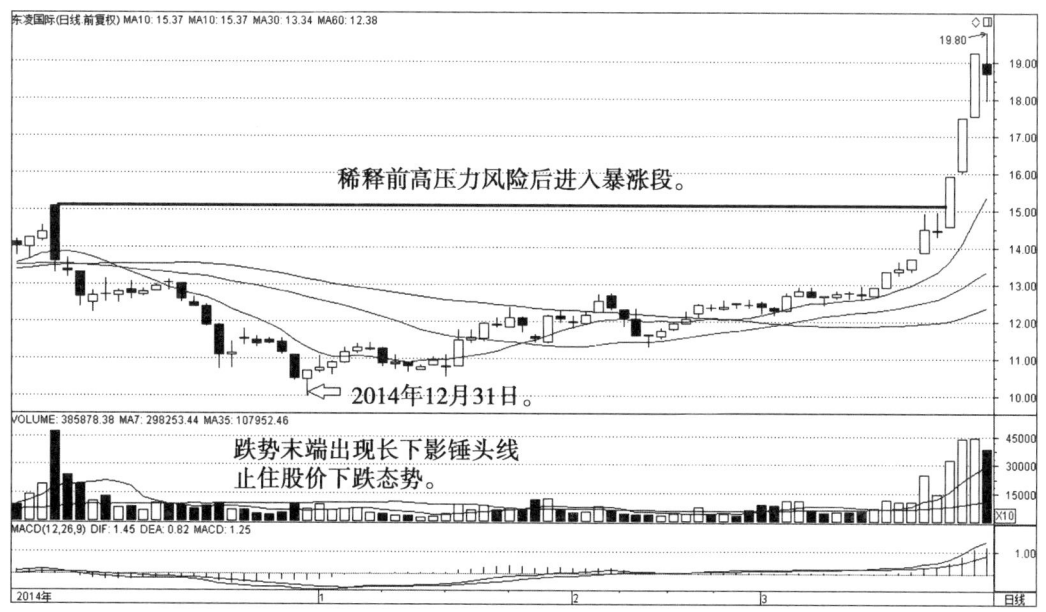

图 6-1-4

下图是上证指数从 2013 年 6 月 25 日的最低 1849.65 点到 2015 年 6 月 12 日最高 5178.19 点的全景图，从放大的局部图上，显然可见定海神针的绝地反击。定海神针当天低开低走，盘中由最低点拉回到最高价区间，并且是市场氛围较颓废之时，这充分说明强势多头顺应"国家意志"的断然出击，只要后期不破低点，资金陆续进场，则大底基本确定，至于什么时候进入单边上涨行情，由市场说了算，对于操作而言，精选强势资金率先介入的优质个股是最妥当之举。见图 6-1-5。

图 6-1-5

2. 倒锤头星线见底

倒锤头星线是与定海神针倒过来的见底信号形态，呈现上影线长，实体极小或是倒 T 形星线。这是股价大幅度低开高走，盘中又下落接近开盘价所形成。倒锤头星线体现的市场行为是：股价接近价值合理区间时，主力一步到位压低股价，直接大幅低开造成市场恐慌，并在盘中先向上后往下最后引导恐慌盘出局的行为。见倒锤头星线见底示例图。

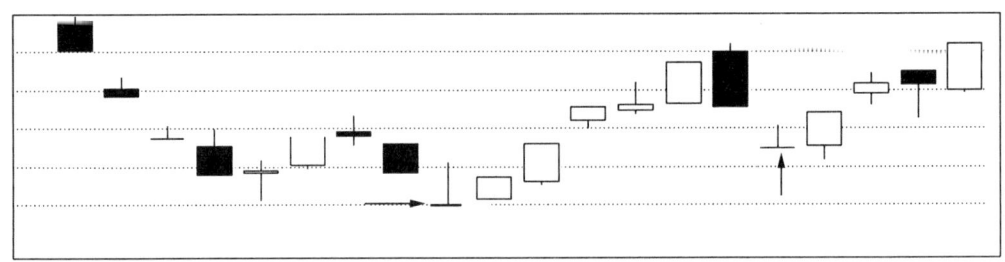

倒锤头星线见底示例图 A

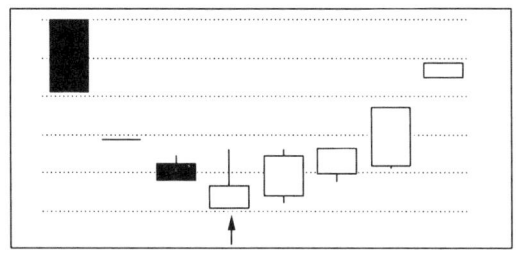
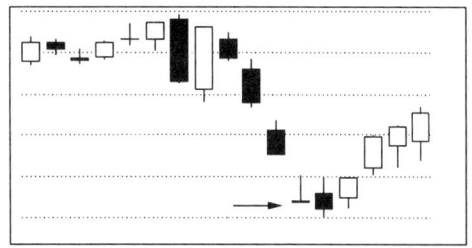

倒锤头星线见底示例图 B

紫光股份（000938）股价回落到前底部时多次出现倒锤头星线，特别是 2015 年 9 月 2 日与 2015 年 9 月 15 日这两次尤显见底价值。这两次的倒锤头星线清晰地呈现了一个紧凑的"倒三尊"见底形态雏形（小头肩底），后期股价往上的概率极大。后期走势证明，头肩底频繁出现倒锤头星线就是主力反复诱导最后抛盘的剿杀，是收集筹码的行为，也是股价见底的经典星线。见图 6-1-6。

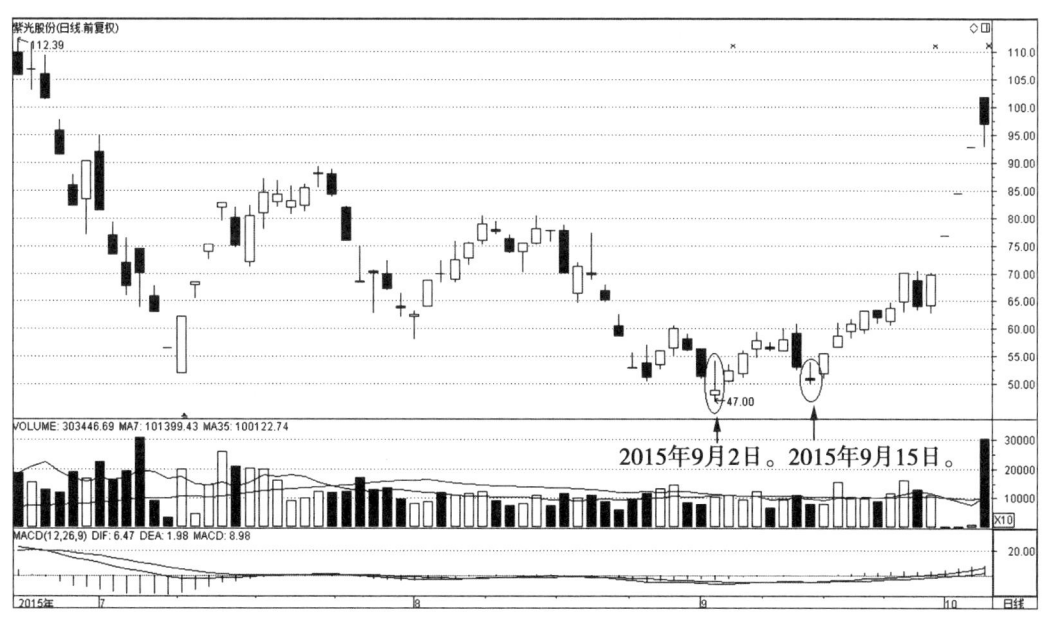

图 6-1-6

特力 A（000025）前期股价涨停、再涨停、持续涨停直到走出超级牛股行情，高位盘旋几天后，开始跌停、再跌停、持续跌停，直到跌回起点。暴跌后的股价在 2015 年 9 月 2 日与 9 月 11 日于同一价位区出现倒锤头星线，见底再次发出信号。9 月 14 日，股价超顽强涨停独树一帜，次日继续强势上攻，撬动人气的龙头之王就在倒锤头星线见底后被引到了最前台。特力 A 的行情同样在呈现"强者恒强是股市的第一大定律"，在诉说"强势是最安全的"操作理念。见图 6-1-7。

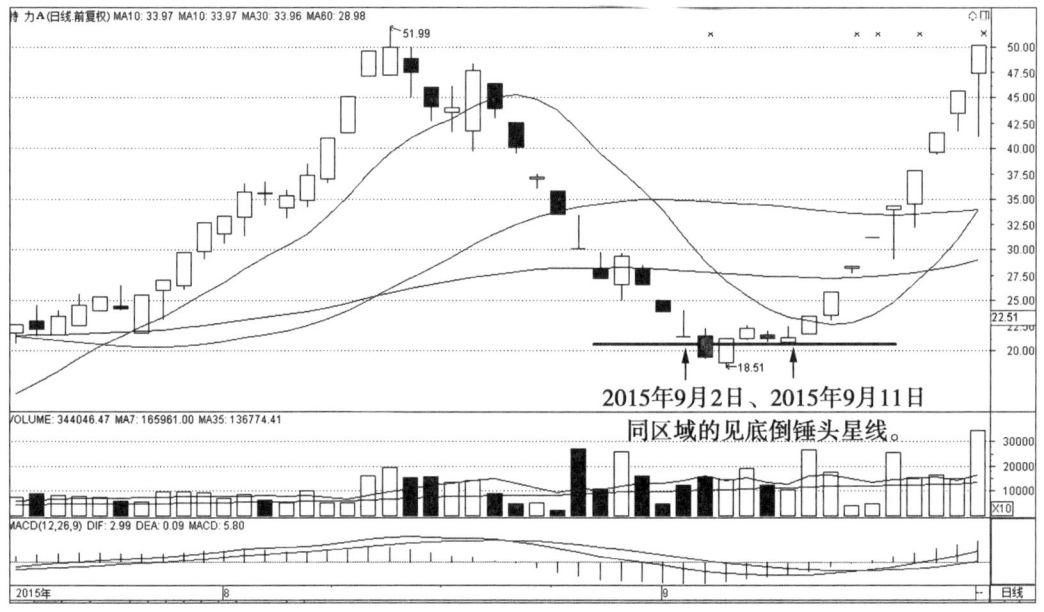

图 6-1-7

神思电子（300479）股价经过大幅下跌后，在低位区先后出现了 A、B、C 三次倒锤头星线，对应这三次倒锤头正好形成了"小头肩底"见底形态，2015 年 9 月 15 日第三次出现倒锤头后的次日，股价再次站上 10 日均线，"再度无价"，买进正当时。随后股价一直攀着进攻线稳健上行，直到高位黄昏之星明显见顶。见图 6-1-8。

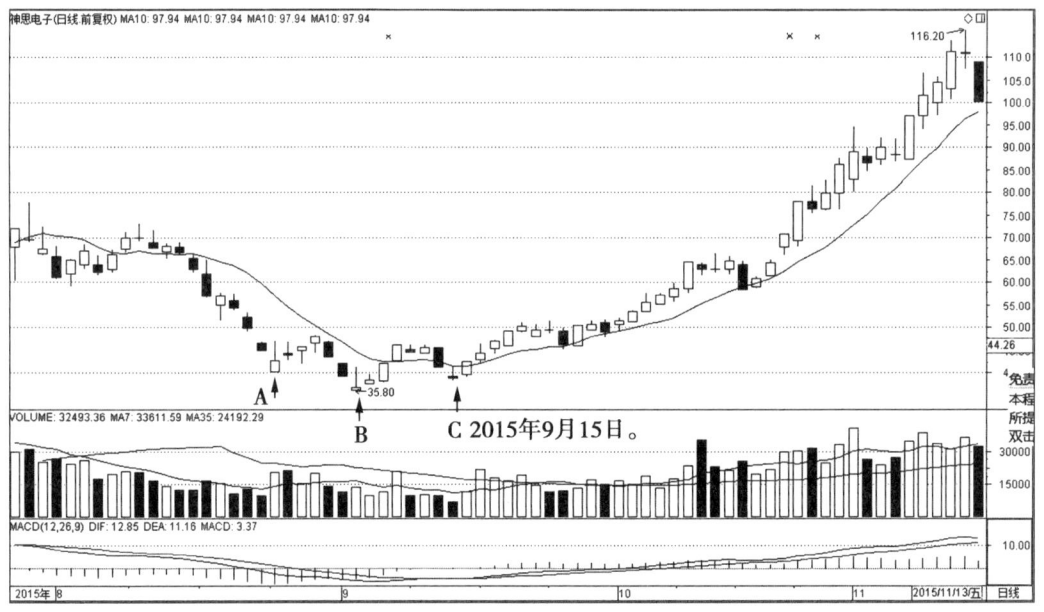

图 6-1-8

香溢融通（600830）股价阴阳合抱见底后开始强势再收集行为，股价在 A 区进行调整，2013 年 7 月 4 日出现了一根倒锤头星线，这是回调结束即将拉升的信号，是中继调整结束再出发的信号。随后，股价开始进入酣畅淋漓的短期暴涨行情。强势资金进场、健康调整，位置进入最佳交易区、出现经典变盘信号，低吸，追涨两相宜。见图 6-1-9。

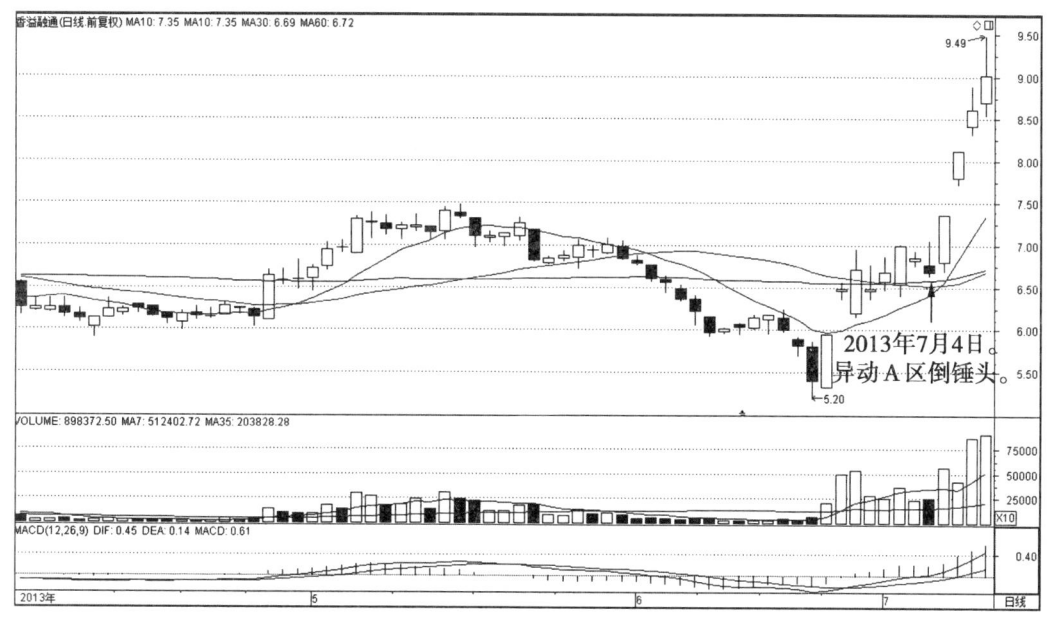

图 6-1-9

二、组合见底星线

组合见底星线是底部的重要表现形式，一般由几根 K 线组合或并排形成，也可能重叠许多单一的经典星线，这是一个筑底的行为，也是见底的图表信号。

1. 孕线见底

股价在下跌途中或深度回调过程中，在一根中大阴线实体的中低部出现一根小星 K 线，这一组合就是孕线。小星线可以是红色也可以是绿色，其体现的市场意义在于抛盘枯竭，继续下跌意愿停滞。同时，表象的孕线出现频率较高，因此对待孕线见底的判断必须严谨，位置、能量、盘面，等等，均须面面俱到，不可疏漏其一。见孕线见底示例图。

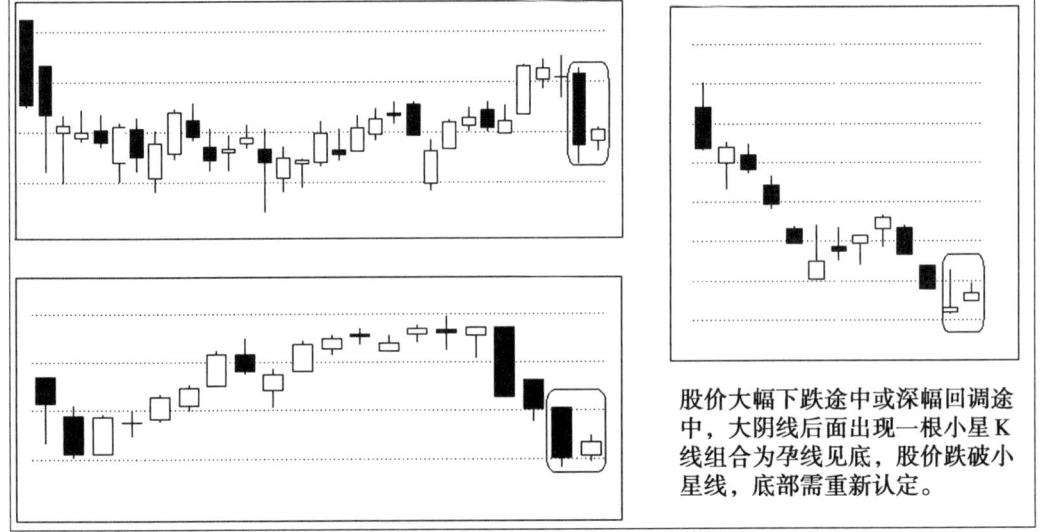

股价大幅下跌途中或深幅回调途中，大阴线后面出现一根小星K线组合为孕线见底，股价跌破小星线，底部需重新认定。

孕线见底示例图

商业城（600306）股价意外快速跌落，2015年8月27日在上一日大阴线后出现了一根止跌小小星线，股价是否真正止跌还需要再确认。次日股价向上跳空，止跌迹象进一步确认，盘中往上冲，孕线见底确认，盘中可追涨介入。复牌后的股价即进入连续空板补涨行情。见图6-1-10。

图6-1-10

栖霞建设（600533）股价在2016年2月26日出现孕线止跌模式，位置在前底部，当时的行情多以此位置作为反弹的起点，可以重点关注。次日，股价高开"强硬"涨停，孕线见底成立，后期该股连续涨停开启暴涨行情，成为当时段主流热点板块的龙头。见图6-1-11、图6-1-12。

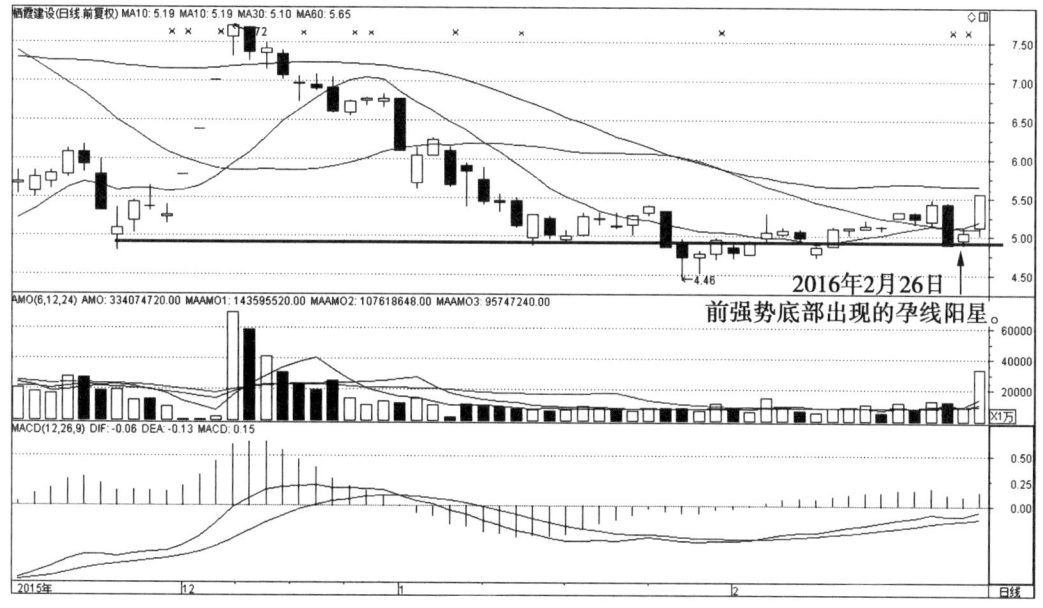

图6-1-11

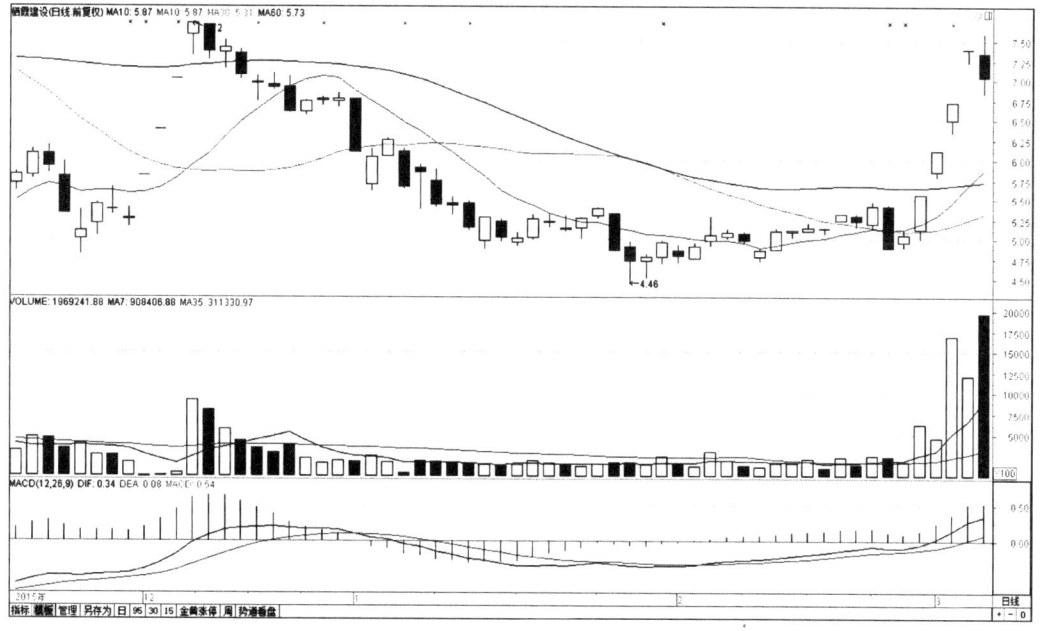

图6-1-12

三房巷（600370）在跌势末端出现倒锤头星线见底暗示，次日2015年9月7日，在倒锤头的长上影线里面又收了一根小阳星，这一组合也是孕线见底组合，实战中要高度重视。见图6-1-13。

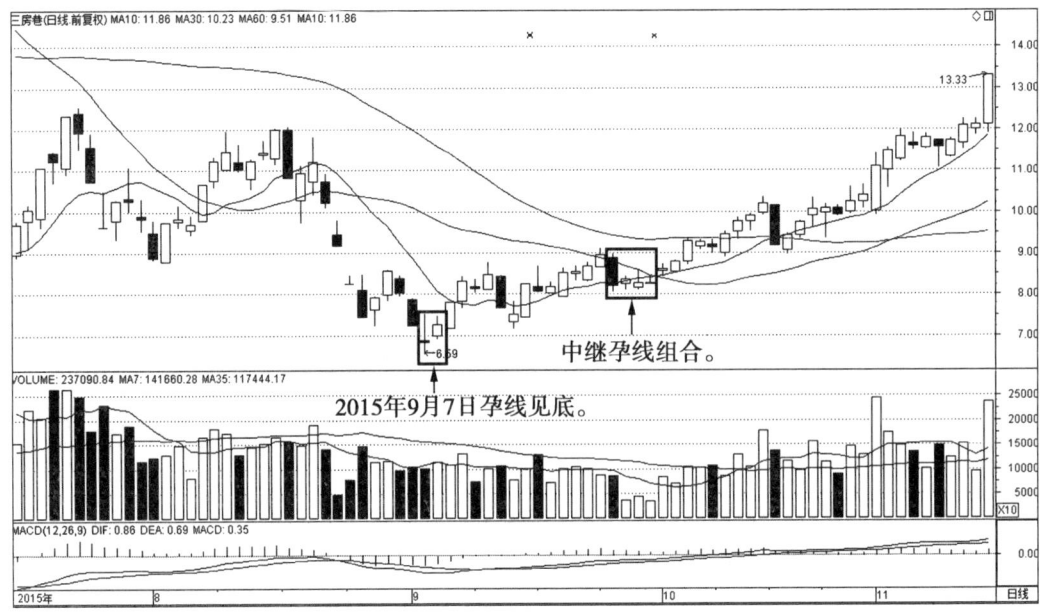

图 6-1-13

孕线不仅是见底的信号暗示,很多时候中继调整结束也会出现其身影,其市场意义等同"双星止跌"模式。见图 6-1-14 华仪电气(600290)。

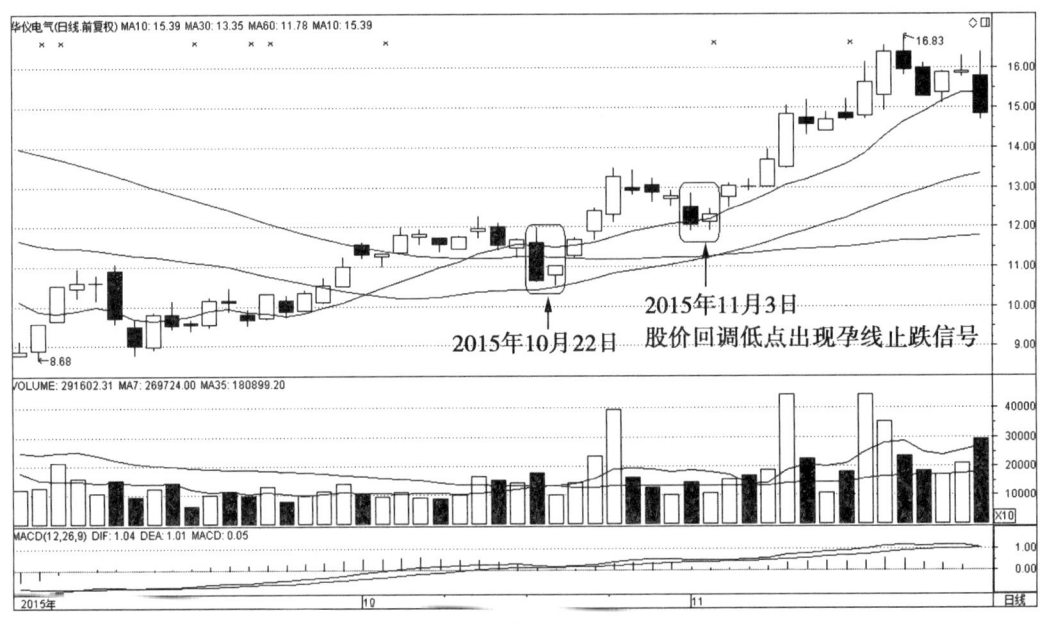

图 6-1-14

2. 启明星见底

启明星是极其重要的股价见底组合,一般是在股价下跌或回调末端的一根大阴线之后,出现一低开的小星线,紧接着又是一根大阳线。这三天的 K 线组合就是启明星形态。其市场意义体现在"跌而不松动,动如脱兔的反拉",反映多方强势收复之意。需要申明:没有小星线的出现,前日的大阴线没有意义;没有紧接的大阳线出现,形态就不成立。见启明星见底示例图。

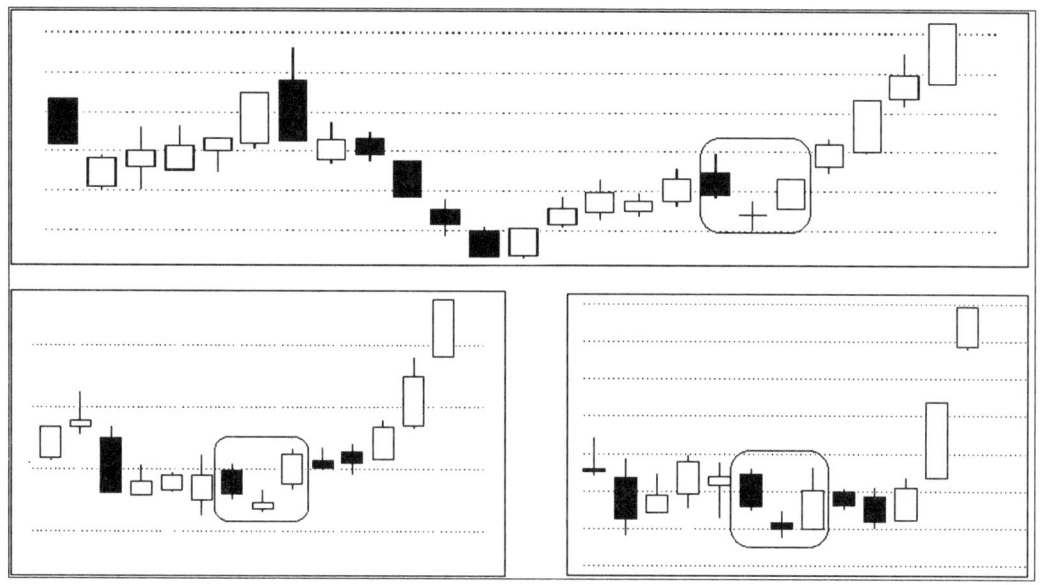

启明星见底示例图

广晟有色(600259)股价在 2012 年 12 月 5 日出现的大阳线与前两日的大阴线、小星线组合为启明星见底形态,随后,股价依托这一组合,强势横盘补量,有了积极的底仓后,主力驱动股价开启暴涨征程,行情的终结则是高位天针给出的现顶信号。见图 6-1-15。

图 6-1-15

北京城建（600266）股价先出现一组孕线见底提示，随后跳空高开，孕线见底提示晋级为启明星见底，多头主力实力与意图更加明显。图中的星线尽管并未出现向下的跳空缺口，但其组合见底的市场意义丝毫没有减弱。任何一个形态，其结构大体相近即可，应当苛刻要求的是位置、能量、盘面，以及强势这几方面。见图6-1-16。

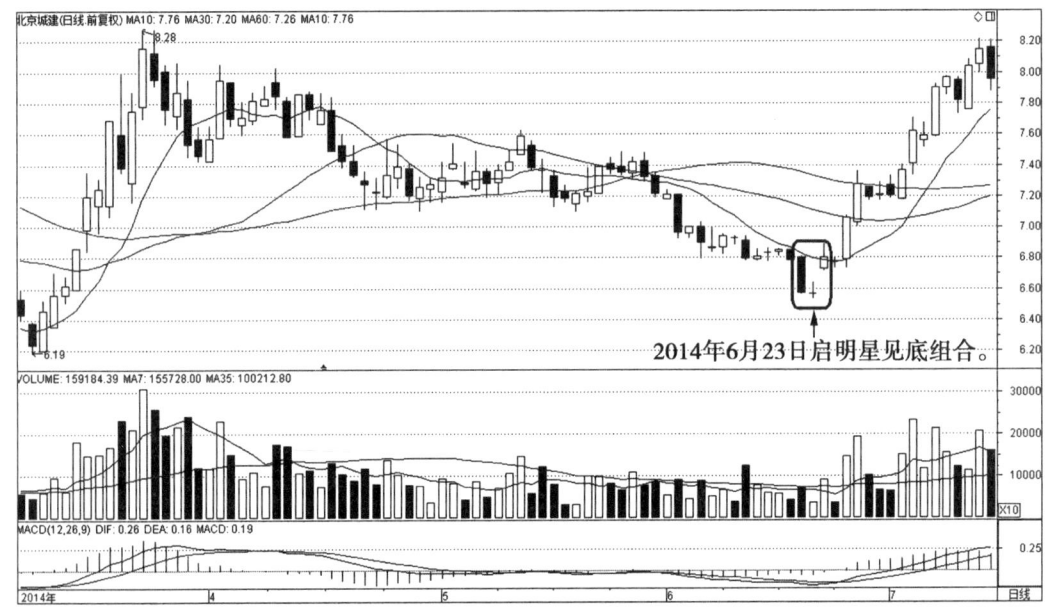

图6-1-16

有的启明星组合中的星线有两根，其见底的市场意义等同。见图6-1-17。

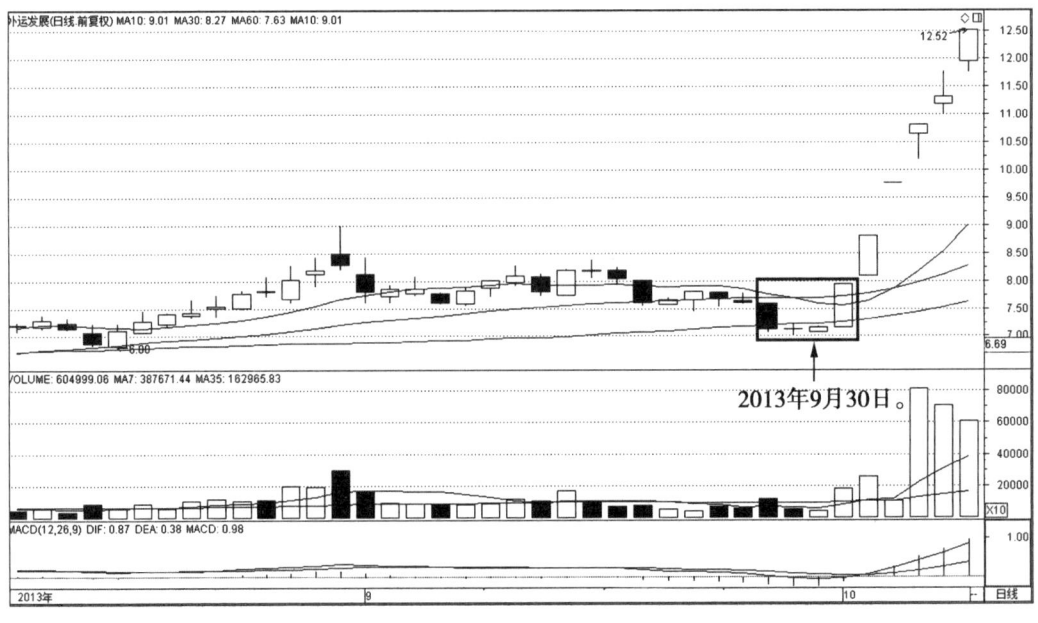

图6-1-17

上图案例是外运发展（600270）在 2013 年 9 月 30 日前两天出现大阴线后的星线，这一组合仍然是启明星见底的特征。启明星的出现彻底结束了股价挖坑的动作，随后的跳空攻击则揭开了主力挖坑诱空的真实意图。

下面的图例是上证指数在 1999 年 5 月 19 日见底后的行情走势，从局部大图中，可以看见其形态上的见底提示是阴阳大 K 线之间有两颗星线构成启明星。启明星出现后，市场走出了一大波行情。启明星中的小星线，可以是红色，也可以是绿色，可以有影线，也可以是平头，其主要意义在于"收敛、僵持"，随后的方向选择才是重要的。见图 6-1-18。

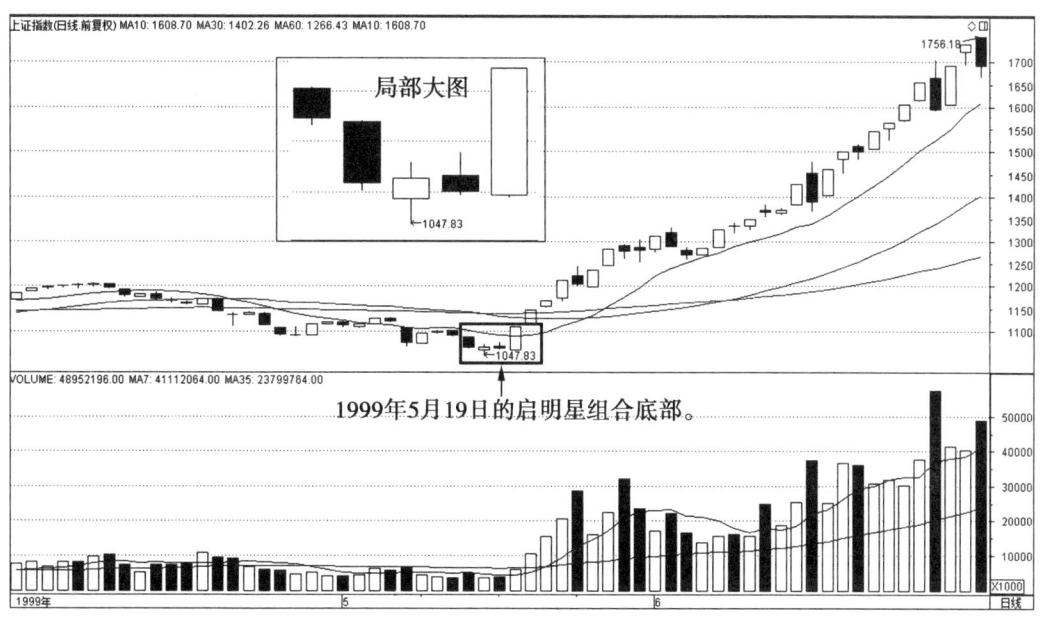

图 6-1-18

3. 揉搓星见底

揉搓星线是指并列的两根影线相反的小实体星 K 线组合，长上影一上一下或一下一上说明震荡幅度较大，是一种典型的"异动"，当揉搓星线出现在低位或循环低位，则代表股价见底或初步见底。见揉搓星线见底示例图。

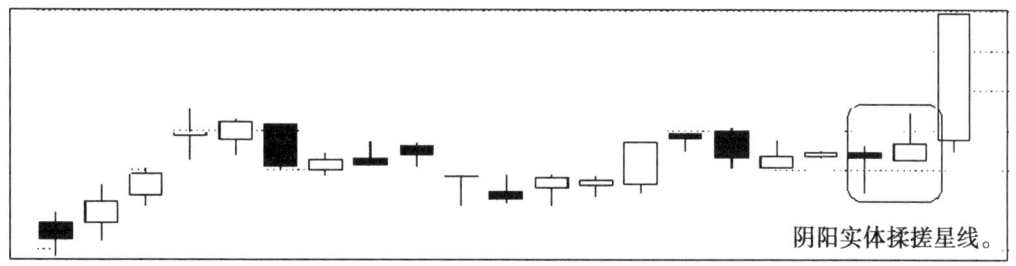

揉搓星线见底示例图 A

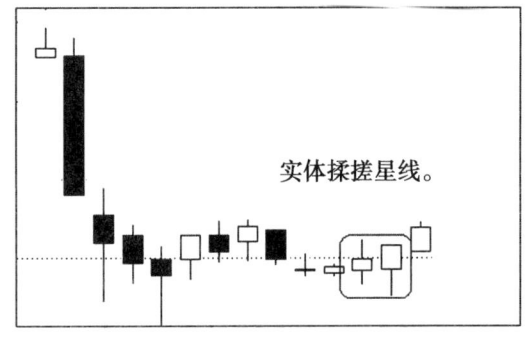
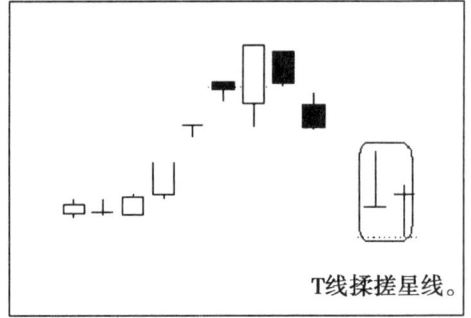

揉搓星线见底示例图 B

上海普天（600680）的走势图上，可以见到股价在循环底部两次出现揉搓星线，强势见底的可能性极大。当 2015 年 9 月 7 日第二次出现揉搓线后，股价强势攀升，用强势多波段的走势把股价送上绝对高度。股价在行进中途，也出现了一次揉搓线震荡行为，这是主力抖落前期获利筹码的一种经典方式，此后股价再度向上仍然可以加码买进。通过这个案例，能充分体会到两点，一是"再度"无价，底部也不例外；二是强者恒强，熊市也不例外。见图 6-1-19。

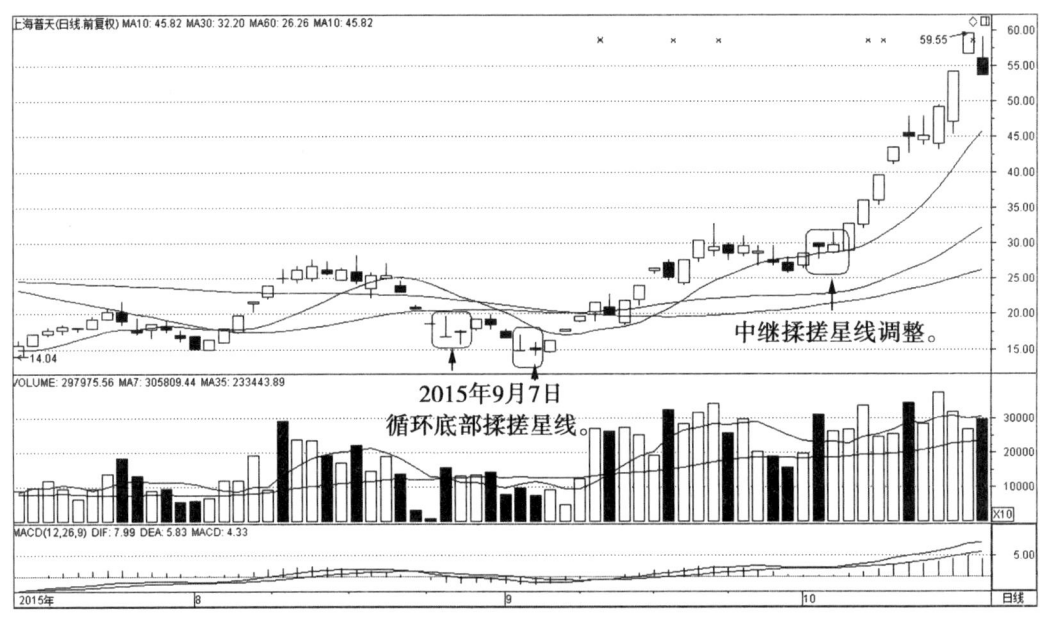

图 6-1-19

格林美（002340）股价在均线密集区出现三天大震荡，但收盘价较接近，三天的 K 线形成了两组揉搓星线，这是看好该股的主力通过盘中巨幅震荡吓出持仓者的筹码来获取筹码的行为，既然在一个好位置有主力资金异动，行为经典，那么拉升的时机就很临近了。随后股价强势突破小平台，两个涨停板完成短平快的短庄行情。见图6-1-20。

图6-1-20

先河环保（300137）股价高开高走再回落收长上影星K线，第二天，股价低开低走再收回收长下影线星K线，这一上一下较为夸张的行径让场外、场内的资金摸不着头脑，夹着恐惧，怀着憎恨，带着无奈出局，随后的拉升，强势拉升，多出来的也只有怨气了。揉搓线是较为经典的星线模式，只要位置得当，震荡越是凶狠，越要关注。见图6-1-21。

图6-1-21

大名城（600094）在2012年12月12日这几天的多大下影与上影的组合依然是揉搓星线的市场意义，随后的突破拉升值得跟进。股票走势中的"形态"只是一个"形"而已，只要它能体现后面资金的意图，偏一点歪一点，多一点少一点无关紧要，学以致用最在于"存乎一心"。见图6-1-22。

图6-1-22

4. 平排星线见底

平排星线是指三根以上的星线在一个价区推进形成一个星线平台，其市场意义在于控制股价蓄势或限价收集。处在低位或循环低位的星线平台，往往是见底的暗示，只要随后的股价往上，均有较好的介入机会及赢利空间。见平排星线见底示例图。

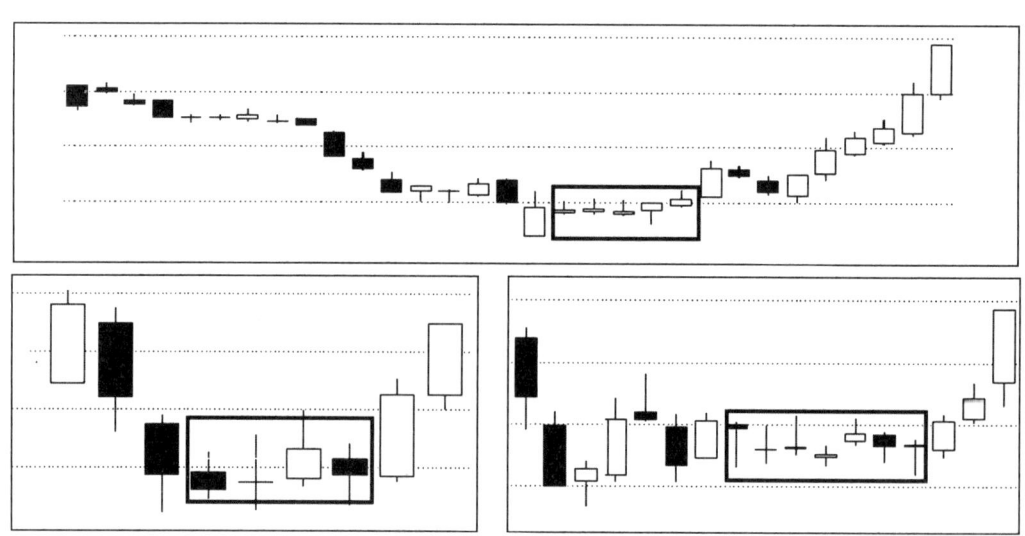

平排星线见底示例图

福瑞股份（300049）股价大幅杀跌后止跌并出现三阳控三阴积极量形态，说明有资金介入。2014年8月5日前后几天出现了星线平台，这是资金进场后的诱空蓄势平台，循环低点已经露出端倪，随后股价往上冲刺走出一波暴涨行情。见图6－1－23。

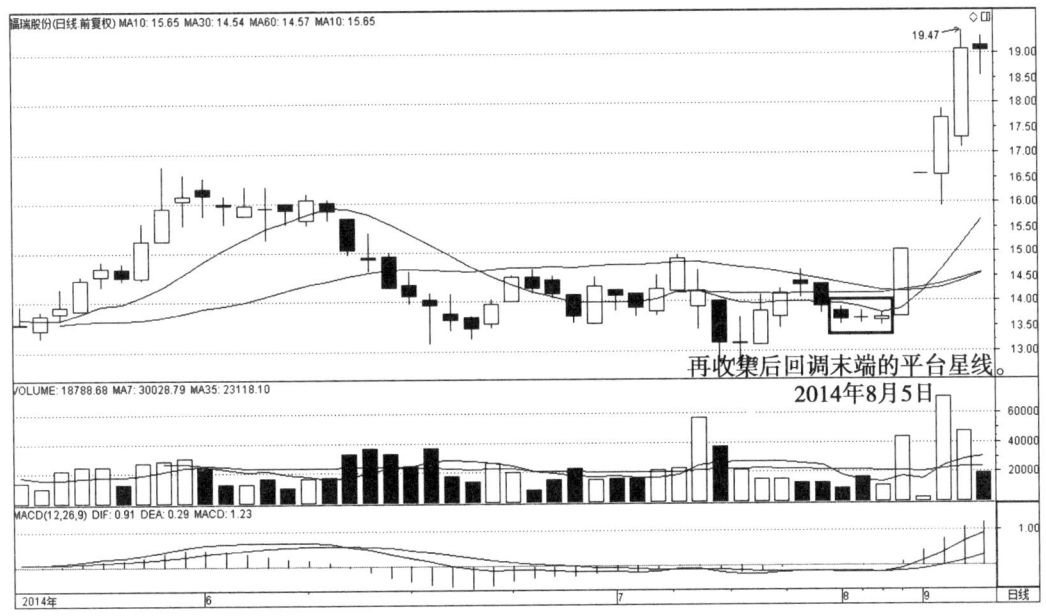

图6－1－23

国中水务（600187）股价止跌后，陆续有资金入场，股价首次站上10日均线，随后股价向下降到均线之下并出现星线平台。见图6－1－24。

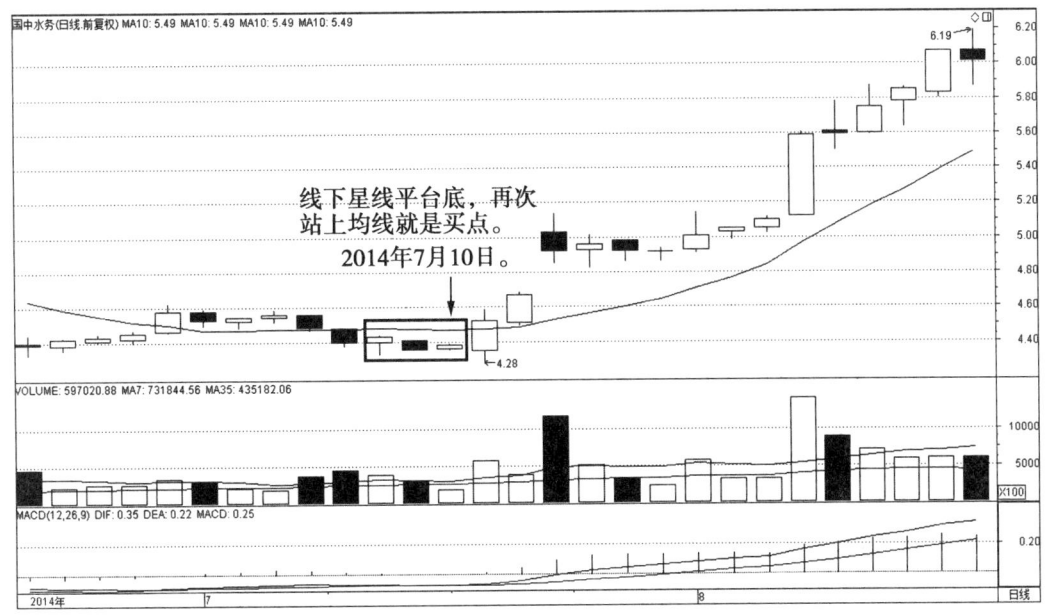

图6－1－24

2014年7月10日这一组平排的星线就是蓄势行为,蓄势完毕的股价最终要选择方向,一旦股价向上、再次穿过已经走平或上翘的进攻均线就是最无惧的介入时机。

嘉化能源(600273)2012年7月13日的低位星平台与隔日的大阳反转中多了一天大阴线,这说明,股价横了可以再跌,如果提前进去就有可能面临破位时选择止损出局的结果。尽管随后的走势反证了星线见底的性质,不过,对这样相当长时期才到来的星线底,最好还是等待其股价开始往上确认之时最可靠。见图6-1-25。

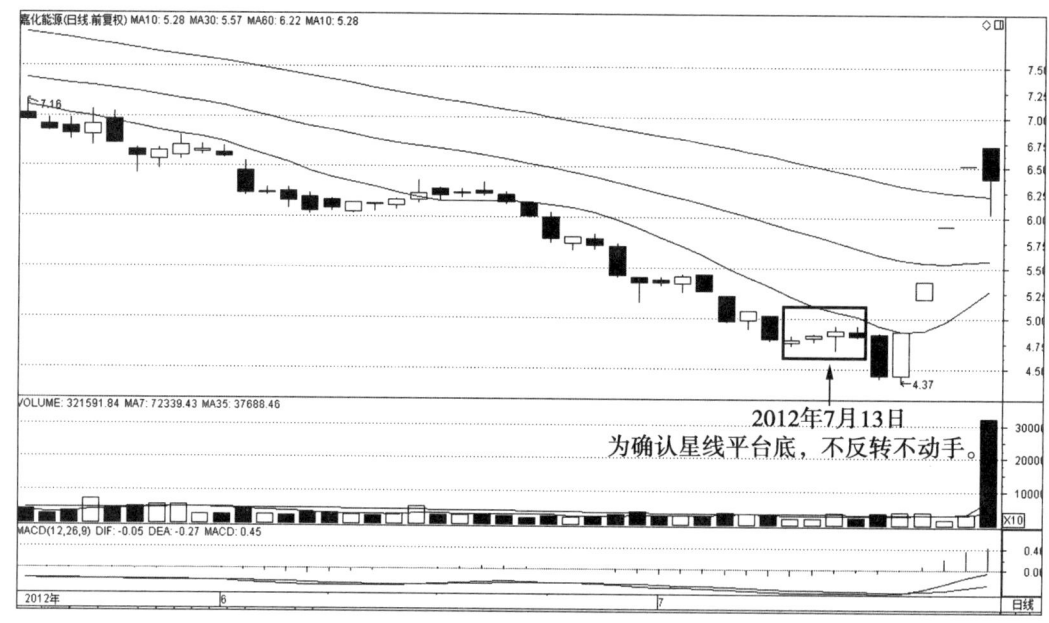

图6-1-25

小结:

本节讲述的底部星线形态只是星线底部形态的一部分,更准确说,是底部形态的极小部分,股价的底部不是一个形态可以轻易构建成的,它与当时段国家的政策导向,市场的资金投放,个股的主力资金介入程度以及人气都有千丝万缕的关联。只不过有些经典的星线或星线组合能够体现市场及主力与众不同之意图,这样的星线值得重点关注,也是谓之底部星线的核心道理。

第二节 现顶经典星线

一、单根现顶星线

股价向上走出一段行情或一大波行情后,在高位或相对高位会出现某一根星线阻止股价继续上升并扭转股价运势的情况,这根星线就是单根现顶星线。

1. 射击之星(天针)

射击之星是股价在高位出现上影线较长,实体较小的星 K 线,这是较为经典的单根现顶星线形态。射击之星尽管在盘中震荡幅度较大,但因它的收盘价与开盘价接近,所以定性在星线之列,其市场意义体现为:股价的最后诱多,盘中抛盘重,多出现放量滞涨的行为,股价若在一个大压力区或有一段大幅拉升之后,射击之星见顶或阶段见顶的概率极大。见射击之星示例图。

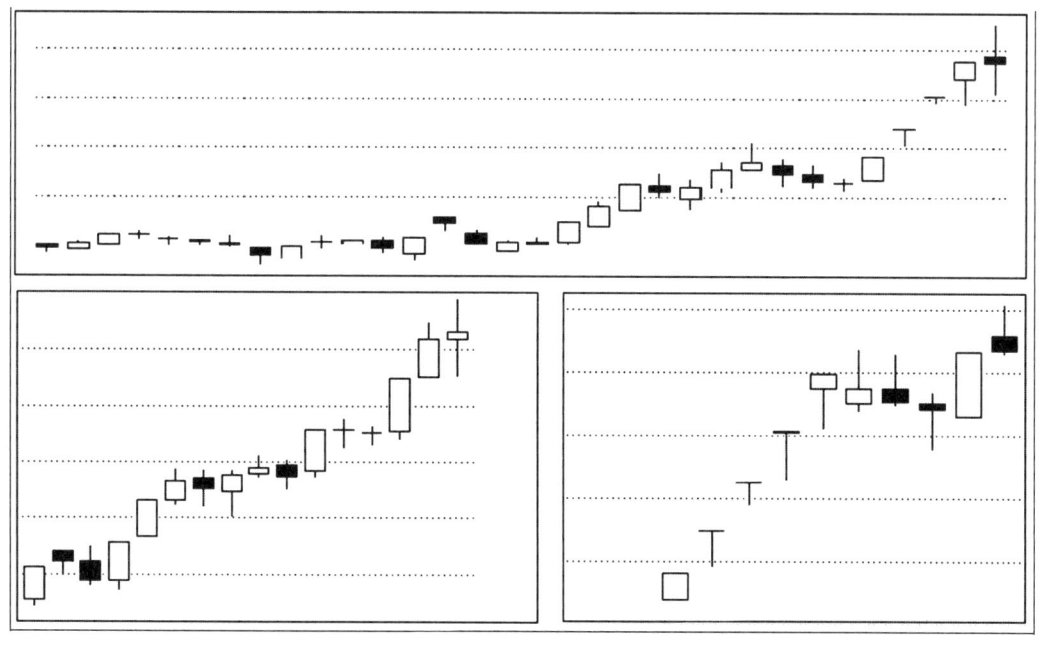

射击之星示例图

从瑞普生物(300119)股价走势图上可以清楚地看到 2015 年 6 月 25 日出现射击之星后,股价即进入暴跌时段,同样,该股在 2015 年 11 月 27 日出现长上影天针后,依然出现股价大幅回落。借此可以说明,当股价有一波大幅拉升或大幅反弹后出现射击之星时,股价将承受巨大的打压,这种打压力度来自于前期主力有大幅获利空间,后兑现利润的抛售行为。见图6-2-1。

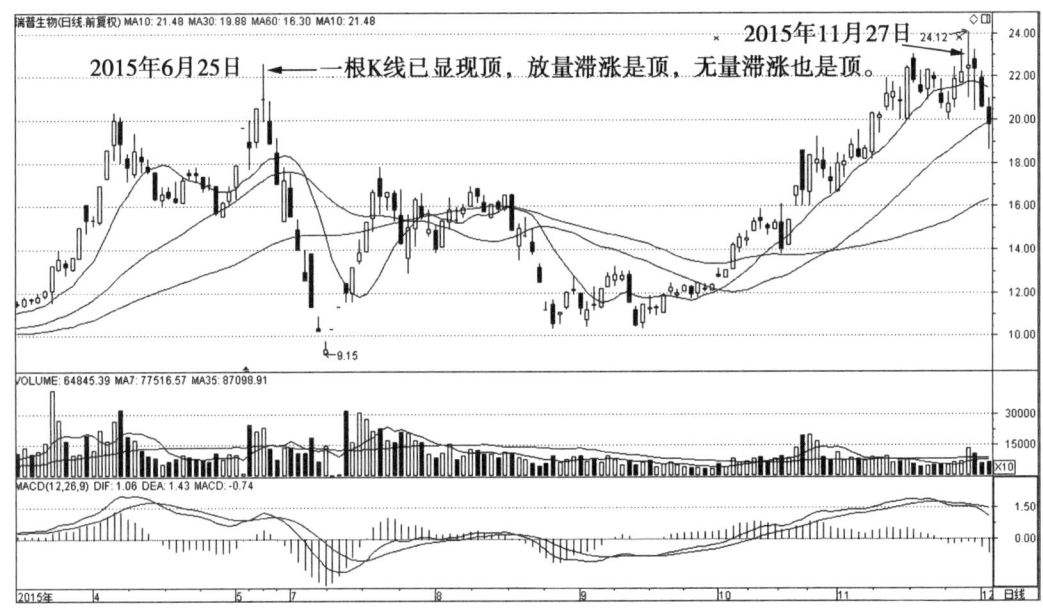

图6-2-1

振芯科技(300101)连续空板后的股价在高位盘旋反复诱多,反复诱多的依据就是同一价区反复出现长上影星线并且阴量肆无忌惮地冒出,这是射击之星见顶明示,是其危险的暴跌前奏,笔者称之为高位"三有顶部"。股价分别在2015年7月1日、2015年7月27日出现的射击之星现顶,均带动了股价下跌。见图6-2-2。

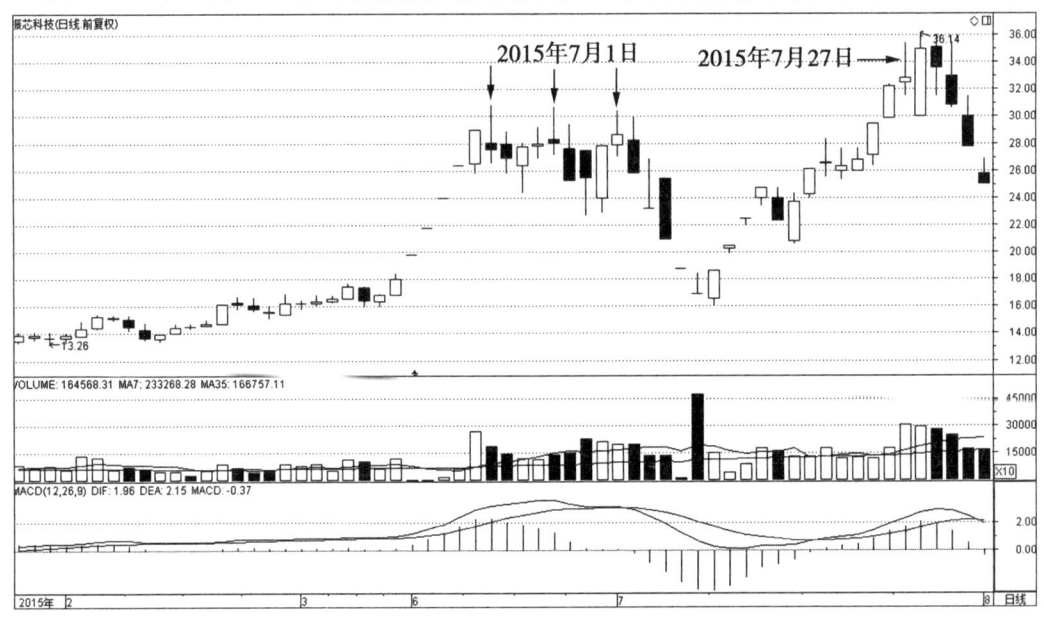

图6-2-2

2. 吊颈星线

吊颈星线是在高位出现实体较小、下影线较长的锤头线形态，形状与射击之星相反，现顶意义一样。其形成过程是股价上升最后，高开到位，盘中尽量抛售，收盘前实施诱多，勉强收回开盘价所致，当天成交量柱体在多数情况下较高大。吊颈线当天往往收在最高价区，有一定的诱导性，也是很经典的现顶星线。如随后股价低开或高开向下，要果断出局，一丝犹豫，一丝幻想均可能付出大代价。见吊颈星线示例图。

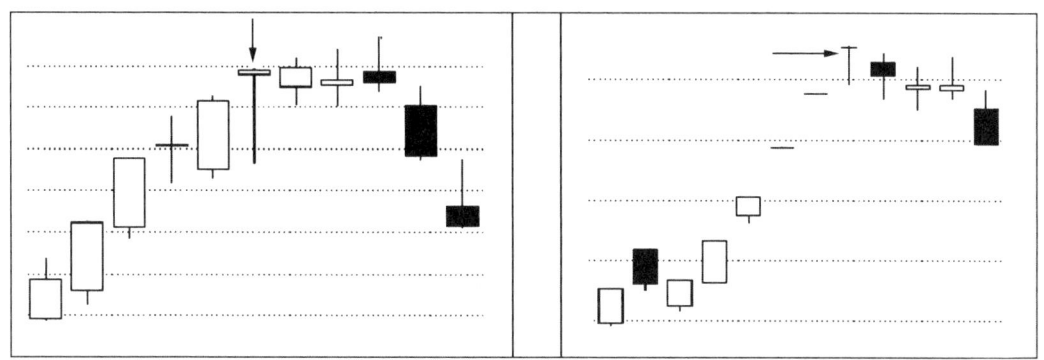

吊颈星线示例图

英唐智控（300131）股价在拉升末端的两个箭头处均出现跳空高开、下打，再收回的吊颈线，图中可见，吊颈线之后的股价即开始大幅度下跌。尤其是2015年6月2日的吊颈线出现后，股价逐渐下滑，然后C区生成，股价行至悬崖边上，再然后进入暴跌阶段。见图6-2-3。

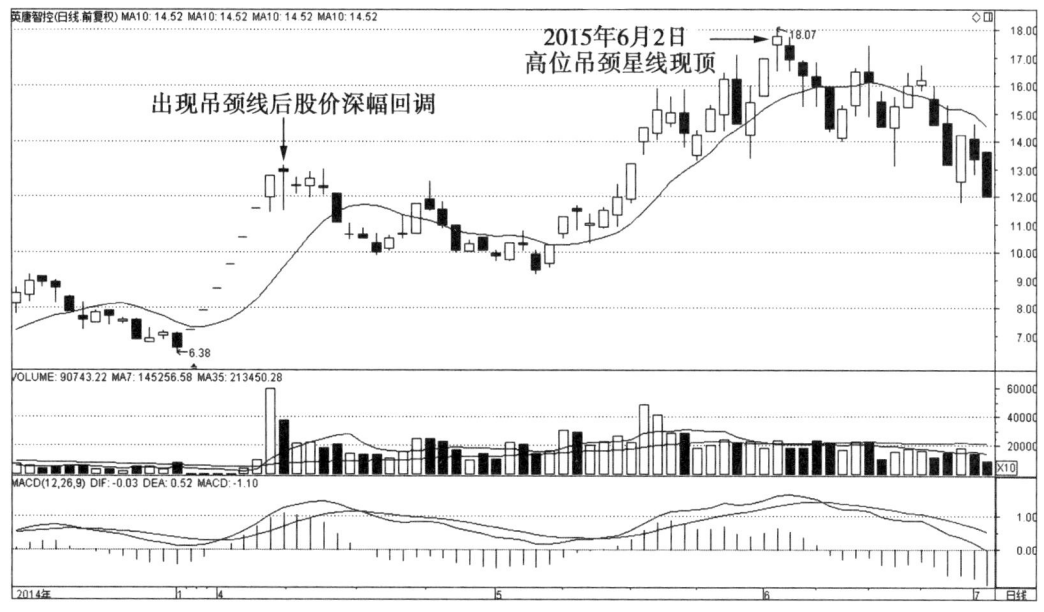

图6-2-3

中国核电（601985）上市即连续向上空板，该段时间，新股上市即暴涨已成常态，一口气涨3倍的股价在久违期盼中终于打开封板，盘中收回成为巨量锤头，这是明显吊颈星线。这个T板不可买进，短时间之内也不可以做任何买进行为，一是同期整个股市已经破位暴跌，此股打开诱多后补跌是肯定的事情。二是大盘股14元的股价已经非常高了，已经是一块烧得通红的铁，不可碰，不能碰。大盘下行，大幅拉升的股价一旦出现吊颈线，见顶毫无疑问。见图6-2-4。

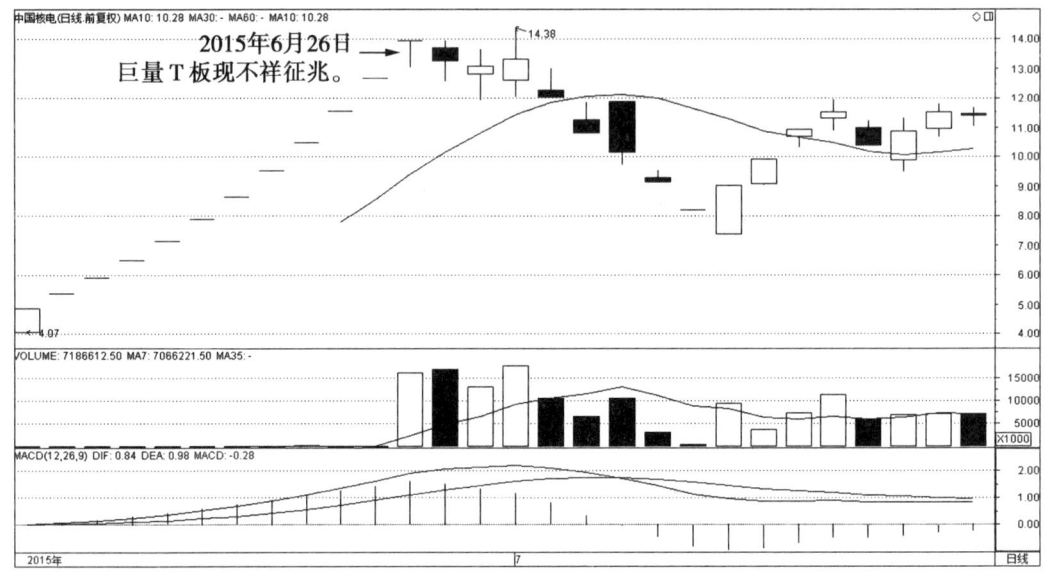

图6-2-4

下面我们再看看国联水产（300094）的案例。见图6-2-5。

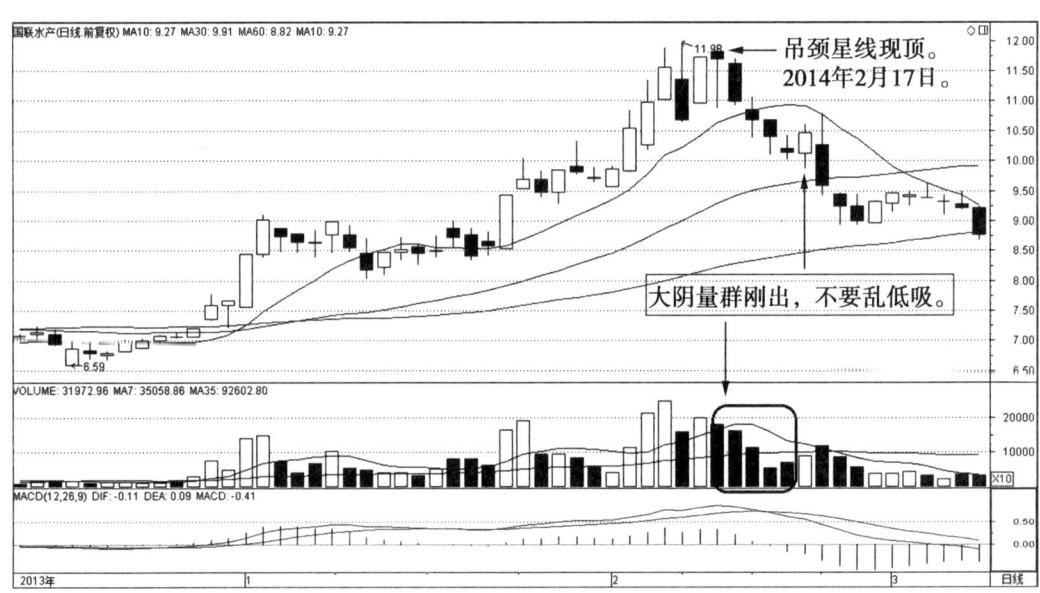

图6-2-5

国联水产（300094）股价在2014年2月17日这天高开，但很快下冲，最低至跌停，接近收盘时勉强拉回开盘价附近，这是一个阴线锤头，高位出现了带量的阴线锤头就是吊颈星线，这几乎没有好事，次日，该股低开低走，波段下跌已成必然，出局是唯一选择，越拖账户上资金就会越清瘦。

二、组合现顶星线

组合现顶星线就是由两根以上的现顶K线组成，其中至少有一根为星线。股价到了一定高度，有时一根K线不足以证明现顶，则需要考察次日的走势，借以进一步增强现顶的判断。

1. 孕线现顶

单一的孕线形态可以是见底也可以是现顶的提示，核心在于位置。孕线出现在股价大幅拉升后、出现在压力辐射区，则易生成现顶提示。见孕线现顶示例图。

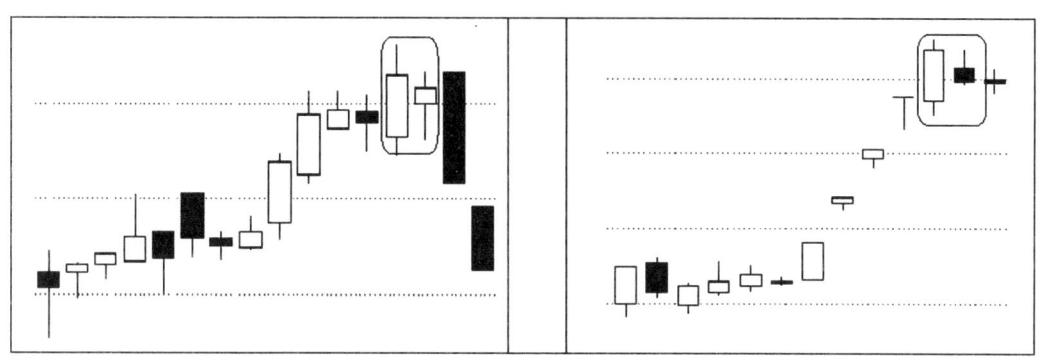

孕线现顶示例图

下面是用友网络（600588）的案例。见图6-2-6。

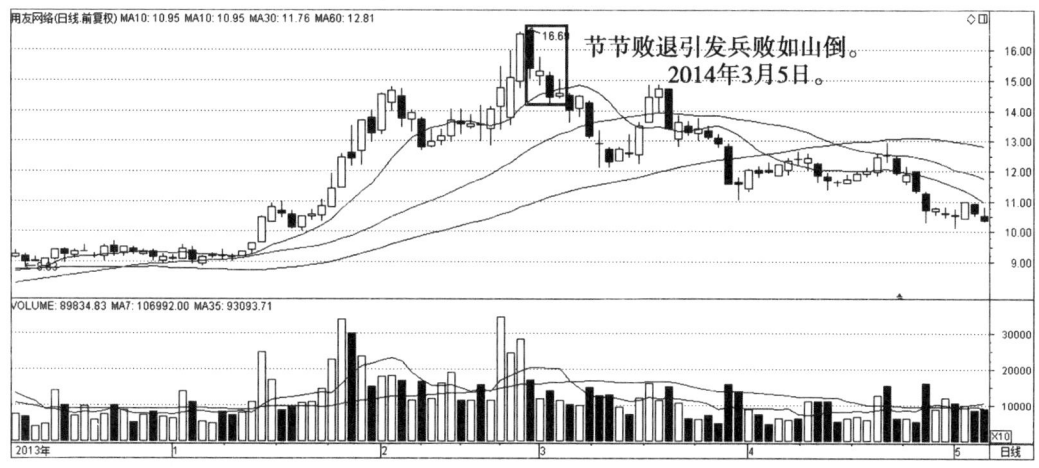

图6-2-6

用友网络（600588）股价在 2014 年 3 月 5 日于高位连续出现两组孕线组合，表示股价已经无力上行，大阴线后的小阳星是主力资金大撤退前施展的障眼法，此时的缩量是无意义的，表象止跌，实则虚晃一枪后会纵马逃跑。随后，股价破位再破位，引发兵败如山倒的效应。

伟星股份（002003）股价走势于 2010 年 9 月 16 日在涨停板后面跟随了一根缩头的小阴星线，能第一时间就判断这是孕线现顶，有难度，但持股者需要引起足够重视，毕竟它是相对高位的孕线。随后股价的破线、股价的破位，证明其孕线现顶的实质性。对于这种有些模糊的顶部，持仓者可以结合当时段整个盘面情况，参考个股自身给出的大分时图表提示，早一点做出操盘决策。见图 6-2-7。

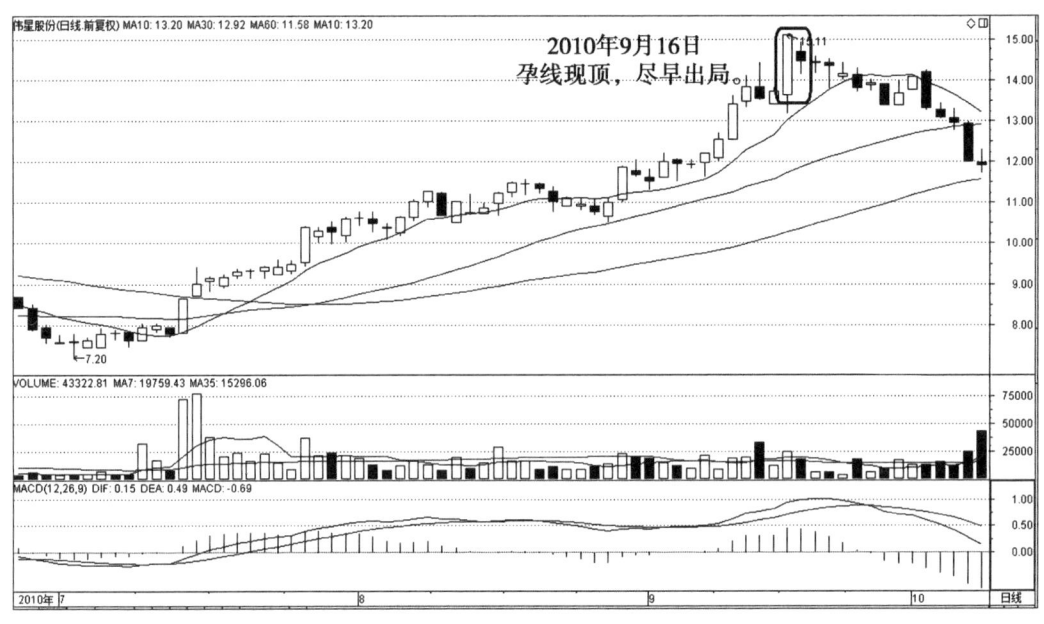

图 6-2-7

天津普林（002134）的股价从 B 区连续大涨，当股价再次行进到 2015 年 5 月的暴跌起始区时出现了一组孕线组合，时间是 2015 年 12 月 31 日。面对这样的位置，这样的孕线，就不要计较几分一毛的差价得失，持仓者必须当机立断出局，当然，前一天的大阴线在盘中进行时都已经是顶了，孕线只不过多了一次喘息的机会而已，孕线后的向下跳空则明白告之：回天无术。见图 6-2-8。

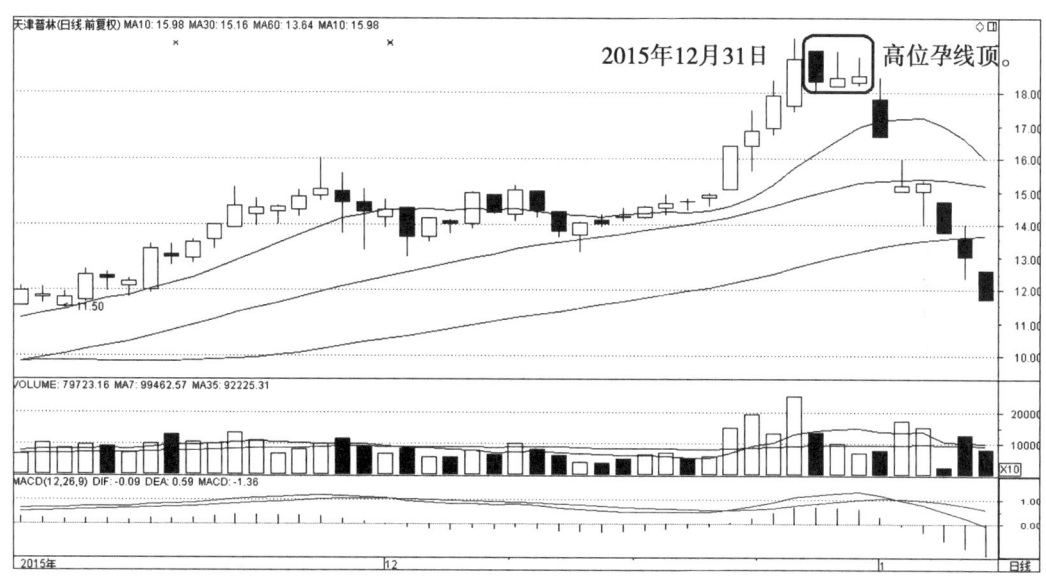

图 6-2-8

2. 黄昏之星现顶

黄昏之星是由一根大阳线与一根大阴线之间夹着一根小星线构成，小星线可以向上大幅跳空，也可以小幅跳空，不跳空也不影响其成为顶部的市场意义。黄昏之星是股价极其重要的顶部形态，它与启明星见底的位置、形态、市场意义相反，唯力道相同。黄昏之星现顶的道理是：股价高位实施再跳空滞涨为诱多，大阴线低开反扑是出其不意，意在锁定犹豫者、跟风者的抛盘筹码，这是出货意志非常坚定，也是杀伤力较重的表现模式，交易者当引以为重。见黄昏之星示例图。

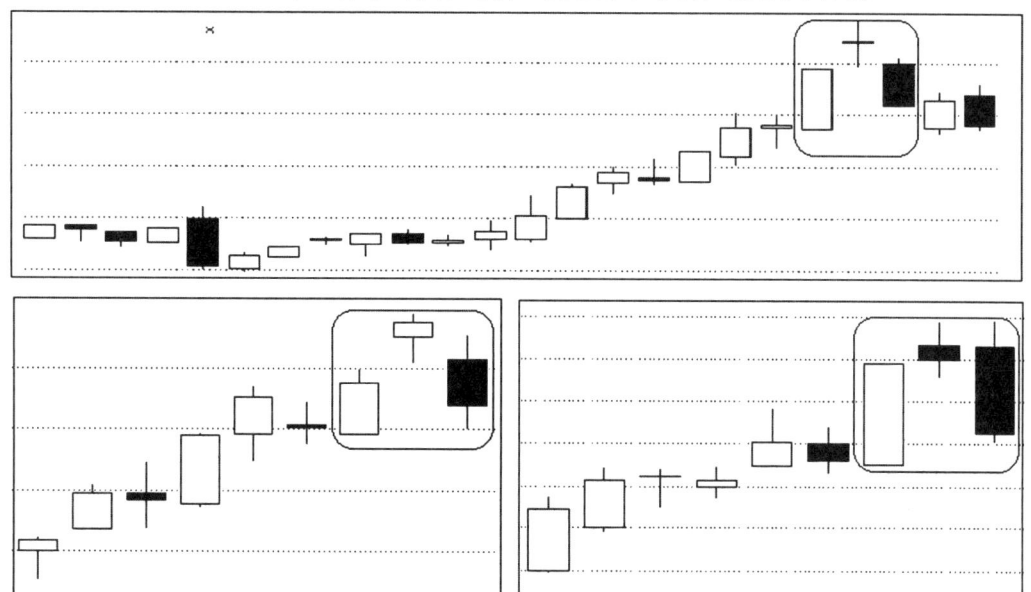

黄昏之星示例图

楚天科技（300358）的股价在相对低位有新的强势资金筑底后，沿着 10 日进攻线小波段反复上行，整个均线系统处于较为健康的顺上形态，然而在 2015 年 11 月 13 日，该股出现了一组明显的黄昏之星顶部组合，组合之前亦出现放量滞涨的射击之星单日现顶提示，黄昏之星则把股价走势彻底扭转，股价陨落是必然结果。巨量黄昏之星见顶后的缩量星线千万不要去碰，那是几颗个头小但威力大的地雷。见图 6-2-9。

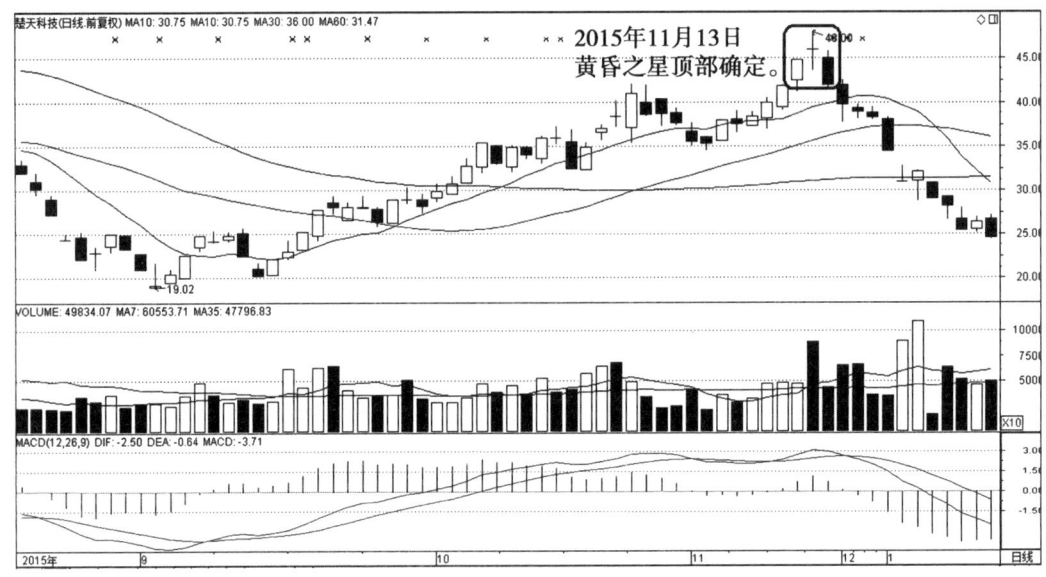

图 6-2-9

铜峰电子（600237）暴跌前也是出现了黄昏之星现顶组合形态。见图 6-2-10。

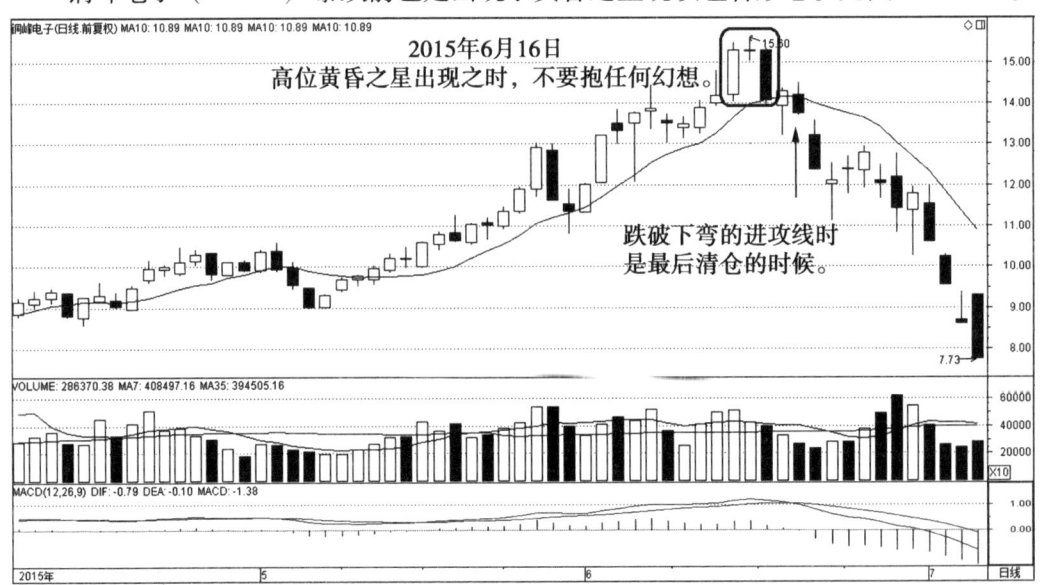

图 6-2-10

图中可见，黄昏之星的杀伤力的确够大。股价向上行进中的大阳线多数时间是代表积极性的，是好事，星线调整后继续上行也很普遍，很正常，不过，在"积极中"的"正常调整"后出现反向的走势就很不正常了，主力不正常时就不与之为伍，这个道理该懂吧？

3. 揉搓线现顶

揉搓线现顶与揉搓线见底的局部形态是一模一样的，区别在于股价当期所处位置与所在位置的量形态性质。大幅拉升后的揉搓星线多为顶，反弹到压力区易成顶，一部分在关键位置形成揉搓线调整后，股价能继续上行也须满足量能与整体位置这两大条件。见揉搓星线现顶示例图。

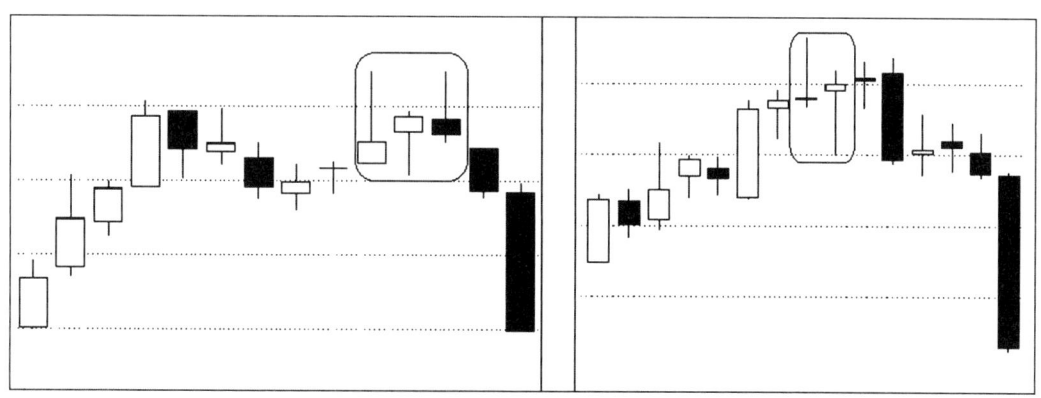

揉搓星线现顶示例图

南京港（002040）的股价经过几波拉升涨势已经露出疲态，2015年6月18日已经到了一个高位价区时，走势出现了一组揉搓星线，此时的揉搓星线极具危险性，其危险性体现在前几天已经出现反复上冲留下的上影线，这是最后挣扎、诱多的体现，表明的是资金维持股价的动能已上气不接下气，主力一旦松手，股价必下坠。见图6-2-11。

随后，股价低开低走，主力的手松掉了，不松也不行！这段时间，盘面上多股跌停已成常态，没跌停的就要提前防范之。盘面，集体走C区，C区集体甩出大阴量，整个股市见顶已是事实，任何小动作都可迎来麻烦甚至灾难。盘面趋势的能量在这个市场是至高无上的，任何人的任何言论在它面前都如同飓风中的一片叶子。鉴于此，三度操盘教育对认可、了解三度的投资者的终极忠告是：永远不要把自己凌驾在股市之上！见图6-2-12。

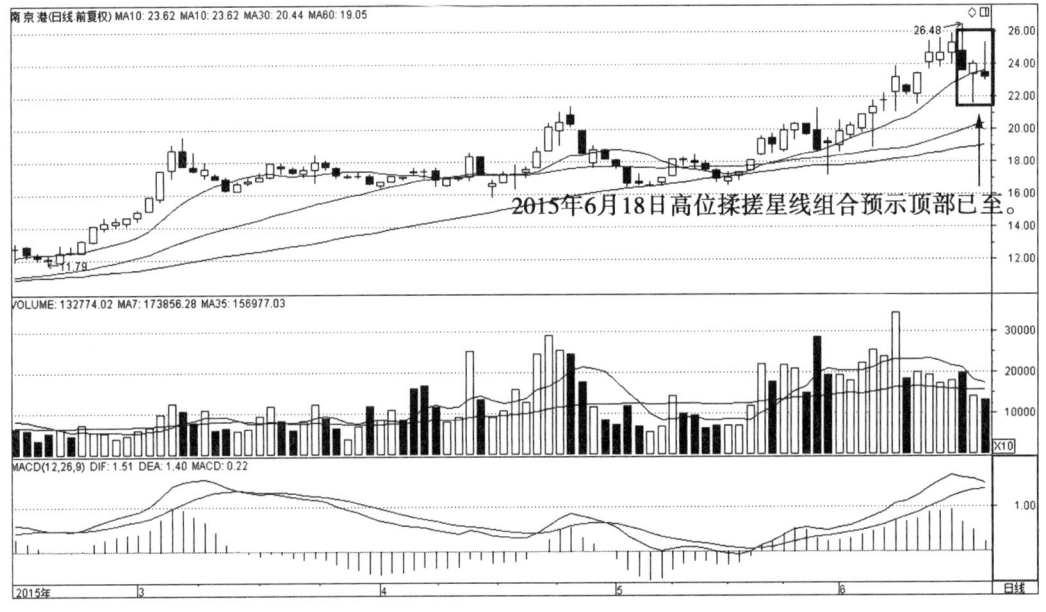

图 6-2-11

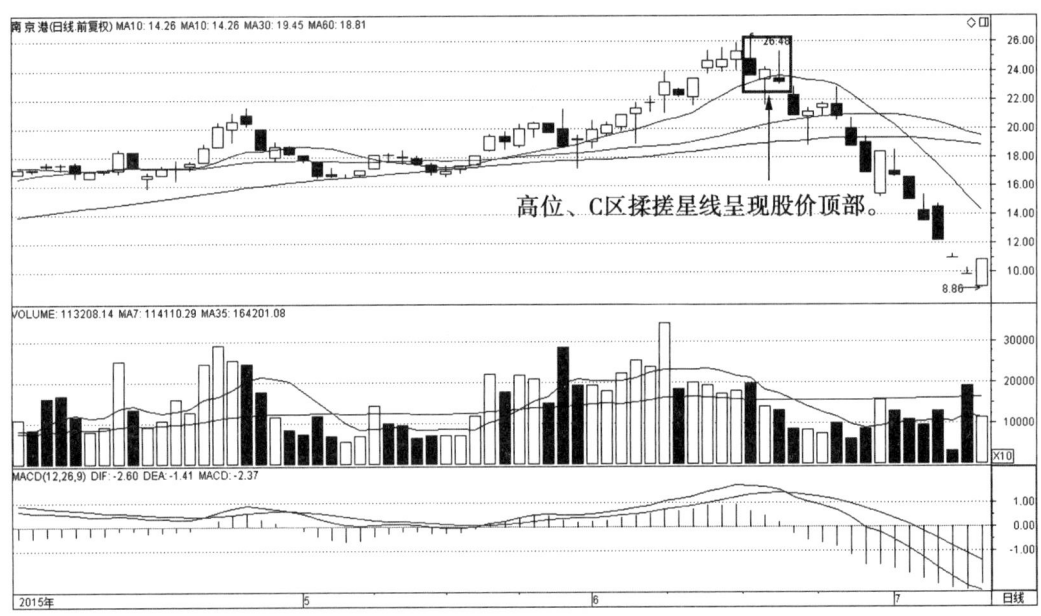

图 6-2-12

联创电子（002036）股价经过暴涨后，在高位留下了巨量天针见顶形态，2015年11月27日、30日佯装上攻，但图表上留下的是揉搓星线，结实顶部没有悬念，在相当长时期内，股价下跌是主旋律，途中带有浓烈血腥味的小反弹当视而不见，进去相对容易，可安然出局很难。见图6-2-13。

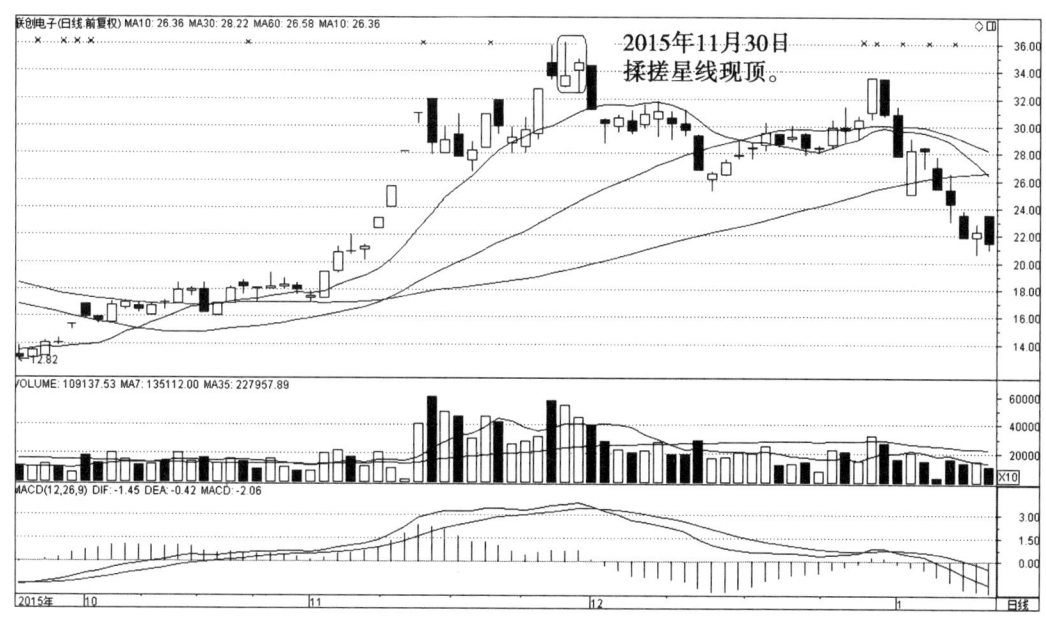

图 6-2-13

4. 平排星线现顶

平排星线现顶是指股价在高位区以星线横盘，貌似横盘整理模样，真实意图是争取更多时间出货，股价一旦向下破位，跌势就此形成。高位星平台与低位星平台意义相反。见平排星现顶示例图。

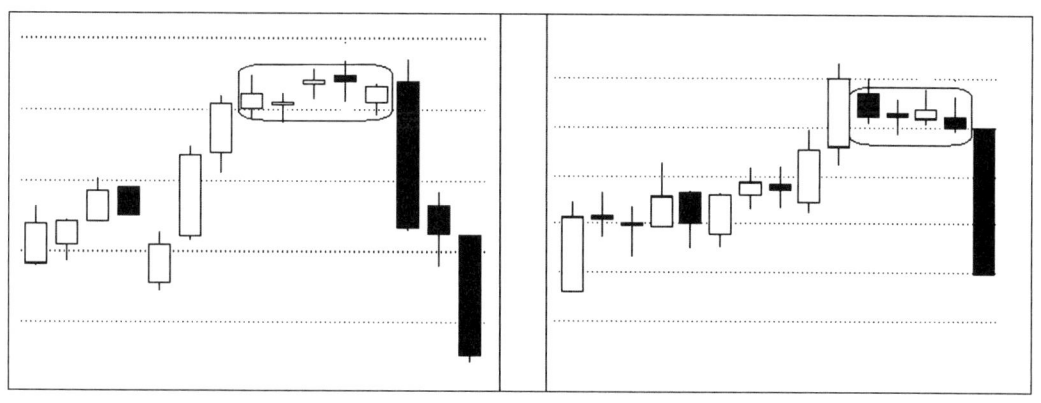

平排星现顶示例图

沃尔核材（002130）在 2010 年 11 月 8 日这几天横盘运行，股价高开不上涨、低开不下跌，在高位连续出现了几天的星线排列，这是主力稳住股价进行持续抛售的表现。抛售得差不多后，股价的下跌就只能任其自然了。大凡股价拉升后，出现均线系统过度散开，又在高位横盘，情况是凶多吉少。见图 6-2-14。

图 6-2-14

万向钱潮（000559）连续飙升后的股价再大幅跳空高开出现滞涨，滞涨区连续几天横排星线，这就是星平台现顶的模式，最后出局时机就是破平台、破C区进攻线的当天。见图6-2-15。

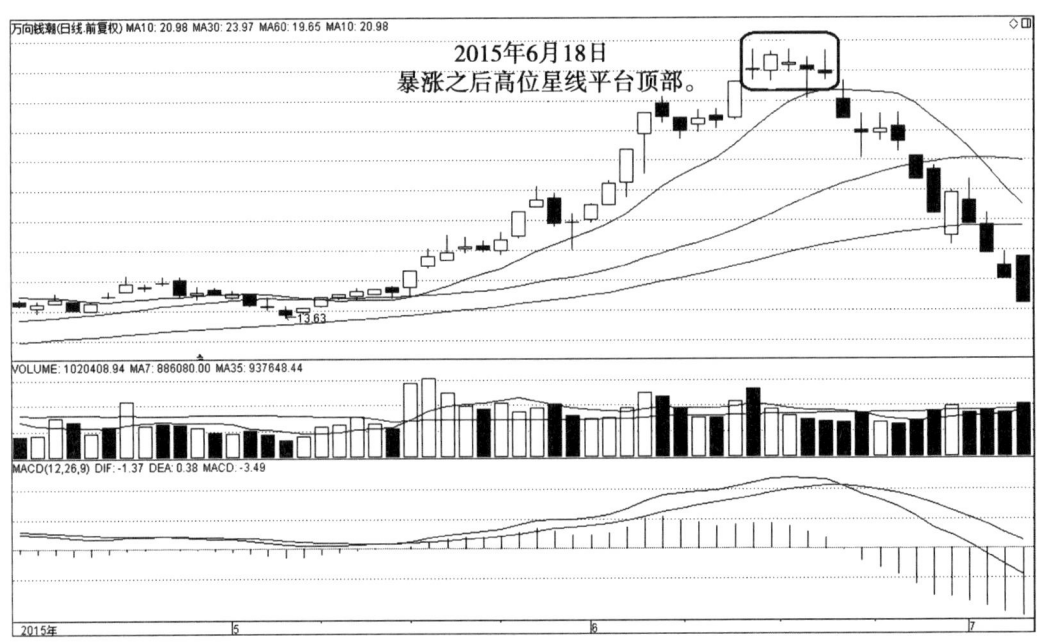

图 6-2-15

小结：

本章节就一些较为经典的现顶星线做了一些举证，包括单根星线见顶，组合星线现顶。仅就星线自身的形态而言，其见底、现顶时多数情况是一般样的，区分其截然不同的市场意义主要是依托位置、能量、涨幅、盘面等综合情况。关于位置、关于能量、有关盘面这些非常有益于实战操作功夫的知识点，需要投资者去逐一学习、认知、领悟、把握。

第七章 望星空

浩瀚宇宙，深邃无垠，日月星辰润泽地球；

浩渺星空，繁星闪烁，北斗指引方向；

股市宽广，是非迷离，风险势如猛虎，唯强势与经典方能为资金安全保驾护航。

本章节重点从"三度强势理论"的视角，以经典"星线"为出发点，列举一些强势经典行情案例；同时也列举"形似"而"意不是"的失败案例，其目的是经过对图表的对比、分析，辨明"是非"，达到真实、精准的判断。在经典案例的后边，罗列了部分友人、同学的来信来稿，目的是多视角体现三度理论的面貌，同时也让三度更有"人情味"，毕竟，股市相对其他行业要枯燥些、孤独些。最重要的是，他们借助三度交易体系进行交易，已是星光闪烁，崭露头角，相信未来投资之路定会风月无边，甚或超越"三度"自身，则善莫大焉。

返璞归真

去外饰，还本质，得自然。

见素抱朴，性空归真。

中原特钢（002423）这段图表走势可见其资金正在构建一个强势的W底部形

态,第二次底部是借大盘企稳回升之势进行补仓,一组补仓星线慢慢把股价推到近前高位置出现异动。2012年9月11日,南海再起风云,有备而来的主力这天则借题材之风发动攻击,股价跳过平台,早盘就义无反顾冲向涨停。中原特钢是一只极具代表性的股票,一是自身股性很好,只要在适当的位置一动,就会有好行情;二是国际上一旦出现涉及我国海事主权问题,市场反应最激烈的当属中原特钢。一个能量丰足底部大形态,均线归位恰如其分,股价起跳恰到好处,题材出现正当时,暴涨行情将会扑面而至。见图7-1。

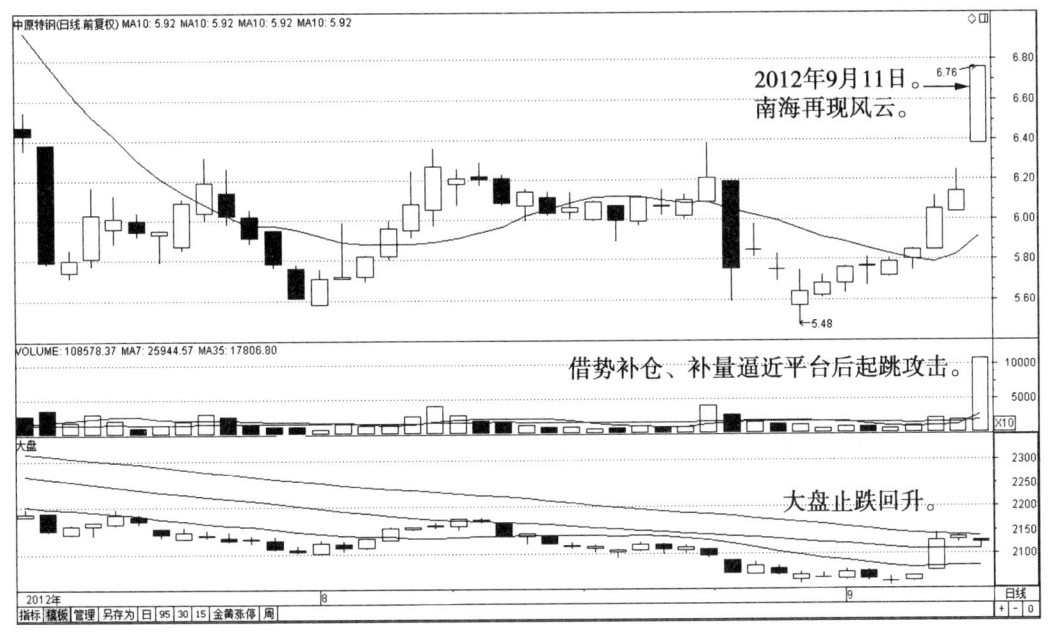

图7-1

第二日,股价继续跳空高开,强势更为充分体现,盘中震荡后顽强封停。接下来空板再空板,当空板打开放出天量,短期高点也就差不多了,操盘策略应是准备把筹码换成现金,等待机会再战。"低买高卖"这是最为淳朴的投资赢利策略,经过长年累月的磨砺,多数人会做到"低买"、愿意"低买",可是后来,越来越多的人不愿意"高卖",不能"高卖"。不愿意高卖是心中没有高点这个词,股市永无止境上涨是其愿望;不能高卖是不识得高点,对高点的依据不得要领,高卖也就无从谈起。见图7-2。

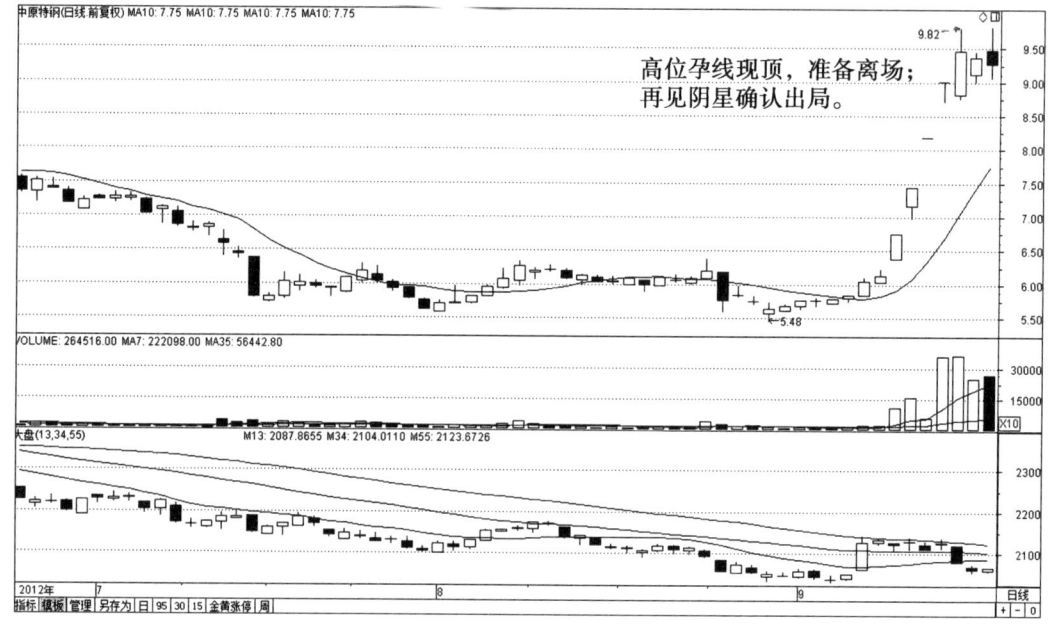

图 7-2

三度操盘教育之交易策略：

股价筑底是个漫长的过程，对于资金不多的投资者，过早介入多会有不适应之感，根据底部形态走势，选择几种经典底部接近尾声的股票进行跟踪，是一种相对讨好的手段。有强势能量介入的 W 双底，在股价再一次站上归位的进攻均线时，是为最佳进场点。结合大盘环境，结合个股质地择优挑选将事半功倍。

请看中原特钢的案例。见图 7-3。

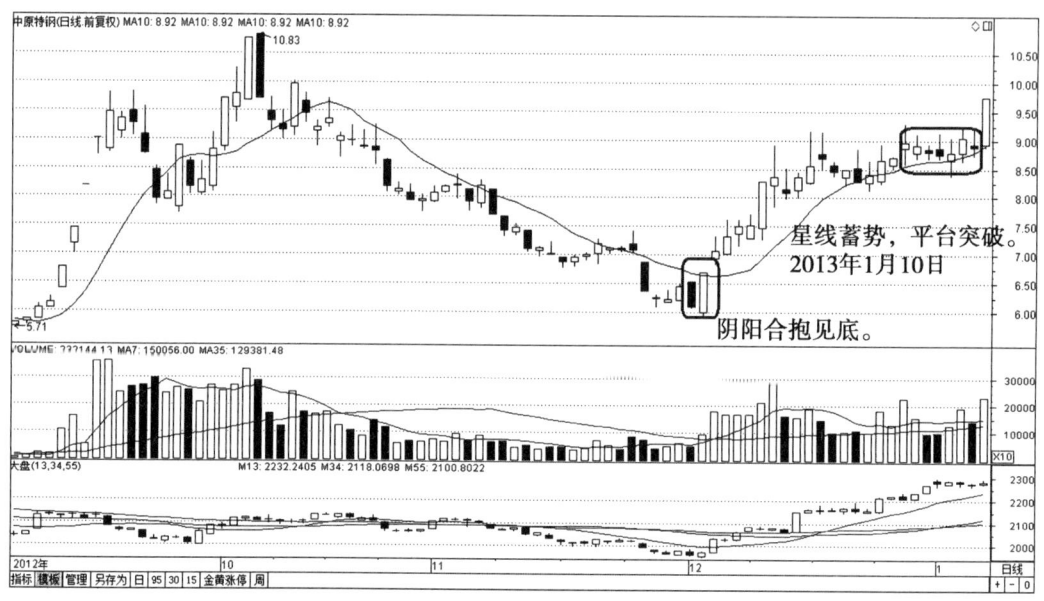

图 7-3

中原特钢从高处的倒灌顶部形态开始下跌，一直沿着下行的进攻线跌到前一波的起始区，遂以阴阳合抱的底部形态企稳反转，紧接强势资金的再次进场还原了强势主力的身影，大的操作机会即将再次出现。随后，股价在小箱体里推进，不跌也不涨，主力耐心地磨着获利跟风盘，耐心等待启动机会。在股价横盘末端，可以见到方框中一组更为收敛的星线，机会的脚步已经靠近，当高度关注。2013年1月10日，经过逼空星线蓄势的股价拔地而起，强势突破平台，启动位置区离前大压还有一段上涨空间，盘中定要毫不犹豫地追涨买进。

以前听"改革创新"课时，主教给大家讲了一个故事，这里拿来用一下：

猴子想变成人，它知道要变成人要把尾巴砍掉，于是猴子决定把尾巴砍掉。但是，在砍掉自己的尾巴前，它被三件事情困住了：第一，砍尾巴时痛不痛？第二，砍掉尾巴后身体是否能像以前一样保持灵活？第三，尾巴跟着自己活了这么久，的确不忍抛弃它。所以猴子到今天也没变成人。

快乐的猴子想变成心事重重的人的决定是否正确、变成人过后是否选择进入股市再受一茬痛苦姑且不论，问题在于，如果它选择要成为人就要舍弃，这个道理猴子是不懂得的，所以不奇怪了。而人呢？这个道理是懂的，选择就必须要舍弃！要承担对选择的责任。

人一旦承担起责任就如同肩上多了一根扁担，扁担放在身上，整个人就"大"了，大了的人就不要计较小的得失，更何况还是舍弃阻止自己蜕化的因子呢？股市的机会在事后看上去有很多很多，随便在某只股票的某个低点买进，在某个高点卖出不就很好赚钱了吗？但是，这是事后诸葛，俗称马后炮。而股市里就有那么少部分人，就能在某个低点买进后就赚钱。

这是怎么回事？赚的人都懂一个理，这个理是一样的：放弃看不懂的，选择看得懂的，去做自己精通的；舍弃似是而非的，舍弃弱势的，选择确定的，去做经典的，去做强势的。中原特钢的股价，在有强势能量介入，经过经典星线调整后，连续迅猛拉升，尤其到前重要阻力区表现得毫无惧色，一跃而过。主力意图与实力共振，股价一路升腾，直到高位的巨量出现，股价回头。见图7-4。

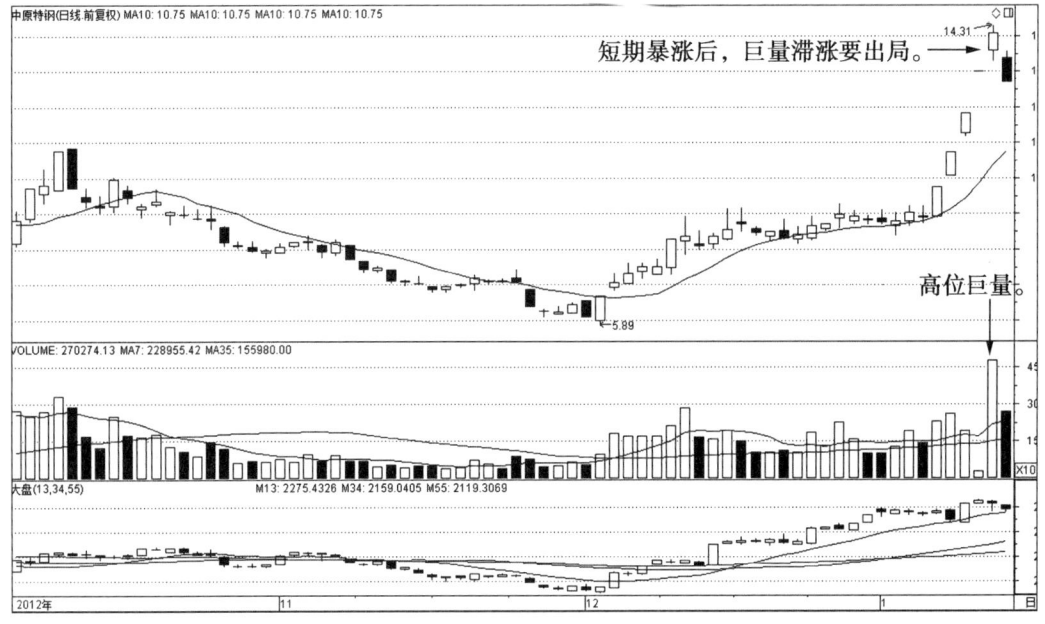

图 7-4

三度操盘教育之交易策略:

强者恒强是股市不变的大定律,强势股大幅回调后,只要资金再次进场就要关注;股价在出现星线、强势横盘期间要高度关注,在出现调整行将结束的信号时,可以介入部分资金,开始总攻时大胆介入。

还是中原特钢。见图 7-5。

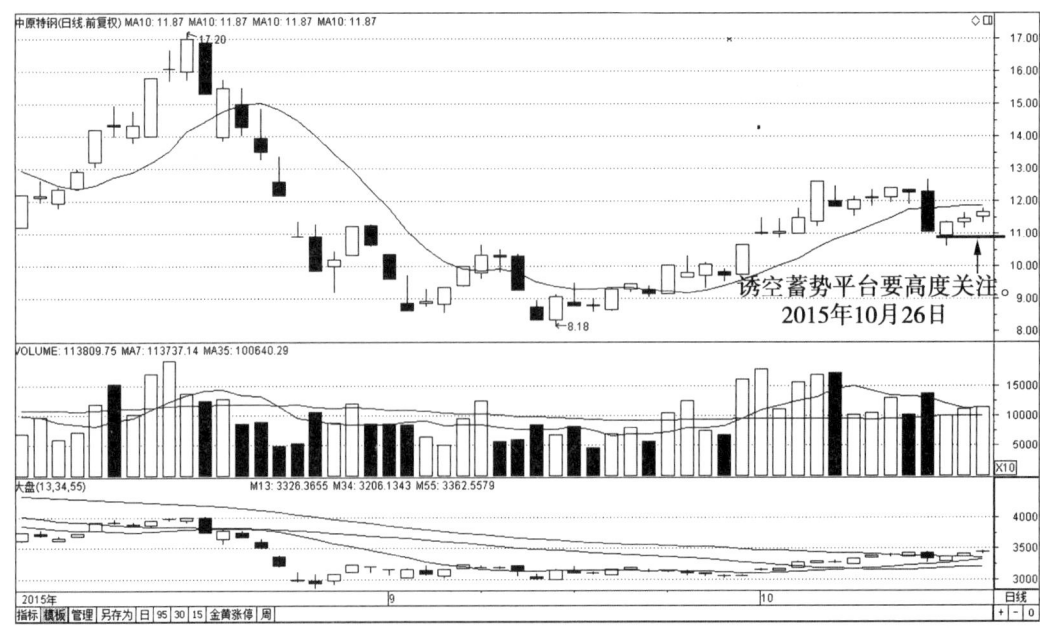

图 7-5

时间推到 2015 年 10 月 26 日这几天，前有一小波行情，股价回调至 10 日均线之下出现孕线止跌迹象，随后温柔放量，紧贴均线连续数日呈小阳 K 线平台，诱空蓄势平台构建进行时，当关注，或者，小仓位介入。介入底气，强势股再借大盘止跌上升之势星线补仓。

次日，股价强势上至均线之上，诱空蓄势平台后的"再度赢利模式"很轻松地指引交易行为。中原特钢的股价强势启动之后，马不停蹄地狂奔，一口气四个涨停板。还有没有第五个、第六个涨停板？没有！图表上清晰呈现：再次巨量滞涨、高位阳奉阴违星线组合、高位射击之星，"高卖"的理由足够多了。见图 7-6。

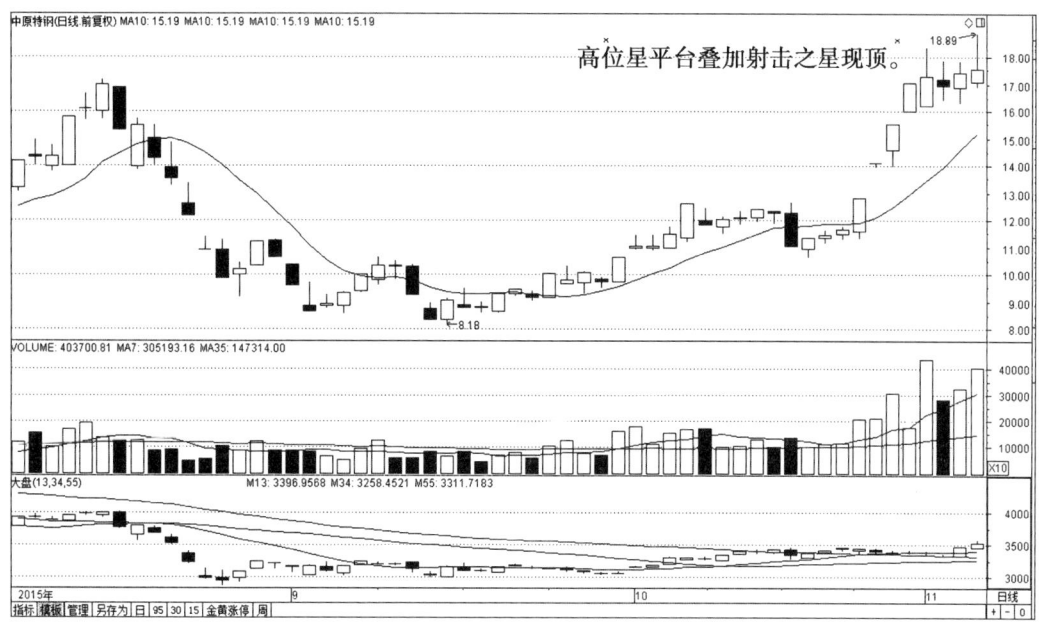

图 7-6

三度操盘教育之交易策略：

强势资金进场促使趋势走好的股价，有时的意外下跌会让持仓者感到恐惧，此时是走还是留很难做出决定。以前的经历是：留，股价会继续下跌，走，股价很快上去，似乎股价走势总是与自己作对。三度的一个交易理念是："不要走在庄家前面，不要走在趋势前面"，这是在启示"恰到好处"的交易策略，在是启示"合作、和谐、和同"的共荣模式。进场在诱空星线后的反转处，也是踏准了与主力一道向前、向上的脚步，对于这样的跟随者，主力的褒奖也会慷慨很多。而随后的相对高位，股价横盘叠加数度上影线是主力离场的语言，此时要听令出局，继续赖在里面是没有好结局的。

中钢天源（002057）股价从高点经过两波较为快速的下跌后，出现了一组止跌星线，然后股价走势出现小幅放量回升再开始两三个星期的横盘平台。2015年12月29日，10日均线上方再一次出现低开高走的星线，整个均线系统也再次归位于A区，这一天是否可以适当介入或引起关注？若次日股价向上或跳空高开是否第一时间买进？见图7-7。

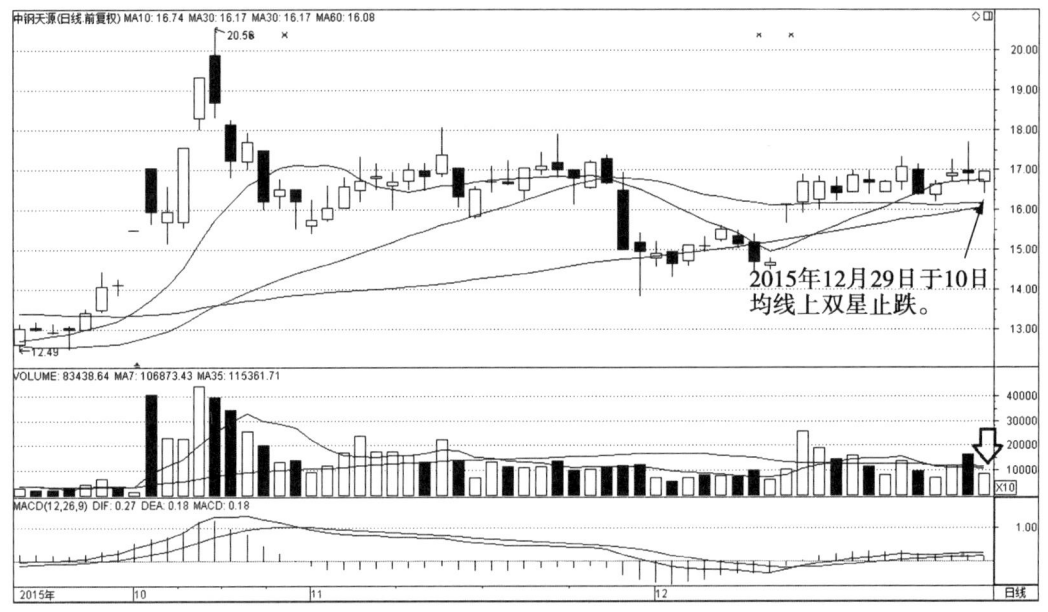

图7-7

该股接下来的走势是这样的。见图7-8。

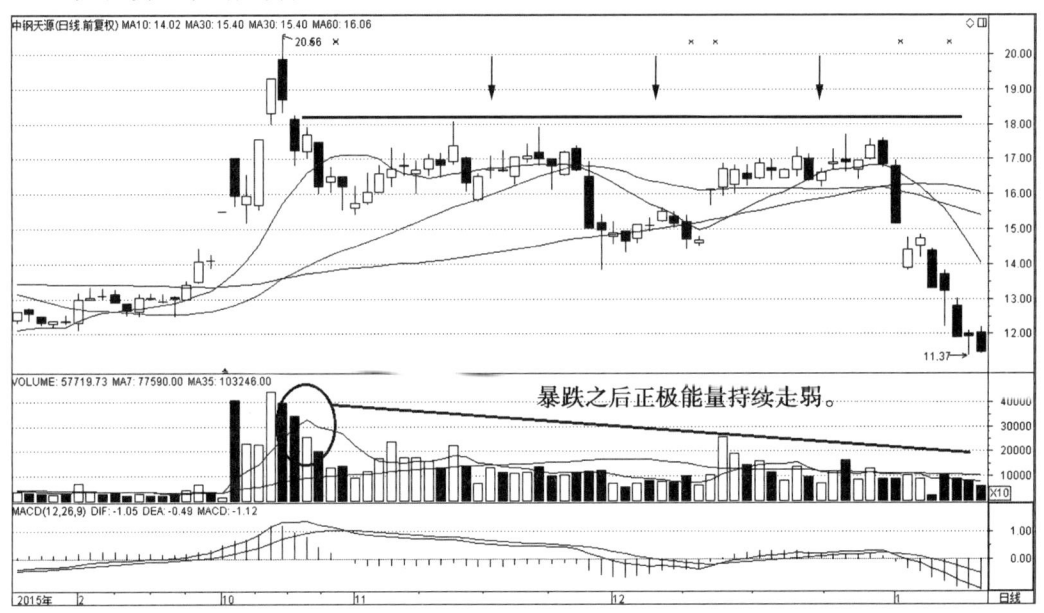

图7-8

图中可见，次日，股价小幅高开，早盘有两波有速度的放量向上拉升，但没有突破平台；第三天，股价再小幅高开，股价在盘中是逐波向下的，全天极致缩量；随后股价小幅低开，全天跌停，还是极致缩量的；再然后，股价进入波段暴跌，还是缩量状态。其实，以上这些描述都是多余，因为股价在明显顶压、明显大压之下，风险筹码没有得到稀释，无论放量、缩量都是一个"跌"字！

三度操盘教育之风险识别：

一只股票刚刚经历大跌，刚刚出现放量大跌，高位会盘踞着一大批套牢盘，这批套牢盘就是杀伤力极大的炸药，任何一包炸药掉下来都会把股价走势炸开一个大窟窿。"高压之下无形态"，这是三度教育常提到的一句话。大幅拉升后出现放量大跌之初期，不可随意低吸，更不可草率追涨，此时此地，任何局部小形态都敌不过"势"的力道，在颓势面前做多是极其不明智之举，当杜绝。

● 结缘三度：回归本质

亲爱的老师您好！

认识老师真是奇遇。

从2000年开户到现在，已经16个年头了，除了老八股与"5·19"行情之外的风风雨雨，我都基本经历过。期间从买第一本股票书开始，读了数百本书，参加过的股市沙龙、交流会、报告会、学习班已经数不过来了，下载改编、自己编写的主力与选股公式也过千，总是今朝对、明日错、后天大亏。各种专家在书上、在网络上展现得神乎其神，但其方法就是无法复制出来。在媒体广告里说的一套，我交费后就是另一套，可以说是兜兜转转几十圈，终不得入门。同一时间入市的"股友"绝大多数都已经销声匿迹，我抱着一份痴迷与执着，留了下来。

摸爬滚打十多年，我隐隐地感觉到，好股票一定是通过K线、成交量在诉说给市场，而不是那些通过价、量运算得出的指标，也一定是通过最本质的层面来表现强势行情的根源，只是我不得其法而已。经历多了，我也学精了点，要学一样东西之前，先听听别人的评价，最好是先找严格按战法执行的人，在了解真实的收益状况后才深入接触。

非常偶然的机会，听一股票群里人讨论一本叫《股是股非》的书（说真的，这个名字乍一听还真太普通了，其他书都标上什么"十倍、擒庄、股神"），群友说已经看好几遍了,并还提到他所认识作者的学生都经常抓涨停,且有几个月连续翻倍的纪录,我一听就上心了。我看股票书已成习惯,能让别人看多遍的股票类书,一定内藏什么好东西。买书回家一看,什么"震撼、惊喜、相逢恨晚"这类形容词已经没办法表达我那一刻的心情。

由于以前过分依赖指标,甚至购买过别人的指标或软件,都是亏多赢少,所以产生了对指标的厌恶,书中开篇就提到不讲指标,没有怪异的均线参数,已经扣动了我的神经。尤其当翻看到"缺口跨越缺口"这一章节的具体解析时,我再也按捺不住,内心在呐喊:这不就是我多年要寻觅的东西吗?职业的习惯催促我立即打电话找老师。当电话那头响起极为磁性的川音:"我是蒋文辉"的时候,我激动得眼眶里有眼泪在打转。老师你还记得吗?当时我只顾反复地强调,你所讲述的东西就是我迷雾之中一直要找的东西,但我一直说不清道不明,从没想过有人会坦诚又浅白地说出来,经您一点,我立即亮堂了!你静静对我说:"不急,不急,慢慢讲。"当时我就明白,此生不入三度门,只能是我最大的损失。

经过近三个月的漫长等待,2015年5月9日,我正式进入三度学堂。上课前,我们提前报到的学生缠着老师,将手中股票让老师过过目。我当时操作的是大唐发电与太原刚玉,老师瞄了一眼淡淡地说:"这种股票在三度系统里不会出现!"我是又羞愧又不服气,这两票已经赚了二三十个点了,却被直接忽略,那究竟什么才是强势?后来经过两天高强度集训,谈风险、辨形态、解变盘、明支撑、确定交易时机、剖析强势与龙头根源,以及之后的砍压自选股、重整看盘程序,才让我从来没有这么明白地认识什么叫"炒股",什么才是真正的"股道"!一对比才知道以前所学所悟都只在表象而已,市场的本质让老师简洁明了展现在我们面前!接下来一周的实盘辅导,只有两个词:震惊、服气!炒股多年,多多少少也知道,牛股一定在涨幅榜出现过,但总是不得其法去实施有效地发现、识别、操作,经老师细致指导、点拨,我才感慨:"哦,原来如此!啊?就这么简单吗?"自己以前所学,总是以为某个指标或某个形态符合标准、一出现,就会有教材中的大行情,现在回头看真觉得太可笑,也太可怕了!经过近一年的磨砺,等我渐渐理解到股市的根脉、通过盘面感受到市场风向变化,踏踏实实、信心满满稳定赢利时,自己也深深为曾经的自己唉气,当年自己选的股票真与垃圾无异。感谢老师真传一张纸,老师您是在用良心来传承三度最高理念,度可度之人啊!

犹记得学习归来,巧遇2015年小牛市的最后冲顶,反正拥有三度赢利模式,强势股好像信手就拈来，资金账户也在节节攀升，刹那间恍如神功已成，之后股灾1.0又侥幸避过，更有不可一世的感觉，那时已经忘却老师开篇第一课就给我们讲的是"风险"，结果股灾2.0、3.0来临，我已经忘记了盘面是什么，结构风险是什么，一味套图形、套战法，后面的结果可想而知，厚着脸皮找老师补课补漏，老师重新布置功课：必须画大量的课件、重温两本书的全部案例及文字解析，分辨何为风险与机会的大、中、小极；何为盘面领涨；何为市场大位置；在市场失去的信心一定要从市场中再找回来。

市场的本质是什么？只有强势的行情可以诠释它，就如盘古初开到现代文明，从来都是强者引领着整个历史的进程，社会如此、股市也是如此。三度人所关心的大盘，根本不是普罗大众对大盘的理解，而是只属于强者的大盘。只有强者才有一呼百应的能力并引导大盘攻下一个又一个高峰。包括我们以"三度格局"来实现人生梦想的人，不能只拘泥于形态、量能、热点，要在基本功非常扎实的情况下，深切地去体会强势、体会主流、体会龙头真味！龙头转换衔接，强势在哪，我就在哪，心手合一，跟着强势走，这才是基于市场的交易本质！

一年走下来，经过老师的谆谆导诱，同学们的互助，自己的一直努力，尤其在接受老师多次告诫"放低、放下、不放弃"之后，道路一下明亮宽阔了很多，感悟认知与实盘效果均同步上了新台阶。下面是我在学习与实盘中的点滴感悟"三字口诀"，希望能给看到《股是股非》的读者以及能结缘老师的同学们以微薄的帮助！

三字口诀："勤、忘、随"。

一、勤

初学三度，需要大量组建文件夹，归类经典图形的经典战法，将经典深刻印于脑海。通过重复作图就能理解主力的意图，在实战中就能形成条件反射，一举而中；对风险充分敬畏，先以小单做大量练习，印证自己所知的层面；对大形态储备、小形态蓄势、末端细节变异、盘面引导、风口燃爆等强势资金运作模式产生高度敏感，最终将各形态战法嚼碎消化为自用。比如我就将千张图表合成自己最能把握的买点形态：如能量缺口、强势影线、有效结点、关键量能，均用半步之间的策略跟踪与跟进。这些工作都需要付出辛勤，正如师言"在如此艰难的市场觅食，不勤奋哪有前途啊？"

二、忘

《倚天屠龙记》中张无忌阵前学太极，将招式忘掉之后，出手即行云流水。三度的学练过程也一样，要将功夫练上身，继"勤"字诀打下坚实根基后那就要"忘"，进入老师要求我们的"得意忘形"状态，此时不再被形态拘束而不自知，彻底抛弃那种以为将绝招秘诀背得滚瓜烂熟就可以抓到强势股的幼稚想法，时刻去感受盘面的脉动；这个"忘"是在功夫达到一定阶段后可以达到的行为。比如老师提炼的均线使用五定律里的"均线归位"，初理解均线归位一定要是多头排列或多头穿越，后来老师用笔一画一圈，才明白其实多头，错位，空头都能归位。

三、随

三度最高境界就是"意随盘面舞"，这也是三度的最亮烁瓦，盘面千变万化，那些想一招行天下的人，总会被盘面这只大手左右扇耳光。尤其是近几年投资手段多样化后的市场。太极拳推手讲究"听劲"，当做到"心到眼到手到"的三到合一，人安静下来，此时用超越身体的感观去"听"盘面，与盘面如影随形，无碍无滞。强势在哪，领涨在哪，我们就在哪无畏出击。听出了盘面，自然就可以身心愉悦。做到了"随"，那种股与人合一的酣畅感觉，真如琼浆下咽，浑身舒畅，股票也越做越有信心，越做手气越顺。不经意间，每段时期走出强势行情的股票就会在我们的账户上排列。

在此，借蒋老师第三本专著问世之际，表达我感恩老师真心地将"三度"精髓公示于众，惠及我们一干股海中沉浮不知何处是岸的股民，也感谢蒋老师在我们平时操作中遇到难题困惑时，不辞辛劳提点，如家人、挚友般循循善诱，让我们更坚定地在"行三度自在大道"进发。

广州：宝进

寄语：宝进！感谢你一直以来协助我尽心处理同学群里的琐碎事情，我深知，这些事情一定会影响到你自身的学习及进步！你以剑胆琴心群"大师兄"的要求给予每一位新同学力所能及的帮助，我想，这是你优异品格的一种体现。人啊，很多事情是因缘而起，因念而生，因爱而续，三度最后能赋予你什么，老师真的不知道！但是我深信，你的为人，你的处事风格应用于股事，也会如同你行太极一般行云流水。股事，你自身能好上加好那是最好；当然，不好也得好，这是必须的！

大浪淘沙

大浪洗涮沙石；大风浪净化刚强。

细水流山涧，激流入大海。

股价经过暴风骤雨般暴跌的梅雁吉祥以诱空后的大阳线止住跌势并蹿出地狱，这是强势主力用强势资金搏杀出的结果。随后，股价围绕10日均线震荡，在图中画横线的位置筑几天小K线平台，这是主力在用诱空星线蓄势。随着成交量的更为收敛，变盘时点也就越来越近。2015年8月4日，梅雁吉祥在"电改政策"利好出台刺激下，带领众电力股大幅高开并强势涨停，8月5日股价不容置疑的空板。8月6日股价跳过平台释放出巨量，这是主力在稀释前期获利筹码以及部分被套筹码，不但不应放弃，反而是要十分关切。次日，股价小幅低开，一直在水下震荡，下午交易时间快近半了依然没动静，迹象上似乎要进行调整。接近两点，就在人们昏昏欲睡之际，股价突然启动，如潮水一般的大单促使股价昂头向天，尔后横盘半个小时，数亿资金再次瞬间介入，巨单封停。运用三度系统"量能体叠加术"进行综合分析，龙头行情八九不离十。用三度交易系统"眼观六路""纵观全局"或"最强风暴"看盘程序监控可以发现，当天资金有两次可以倾巢而出的机会，其间的介入意志要绝对坚强，随后仍可积极参与。见图7-9、图7-10。

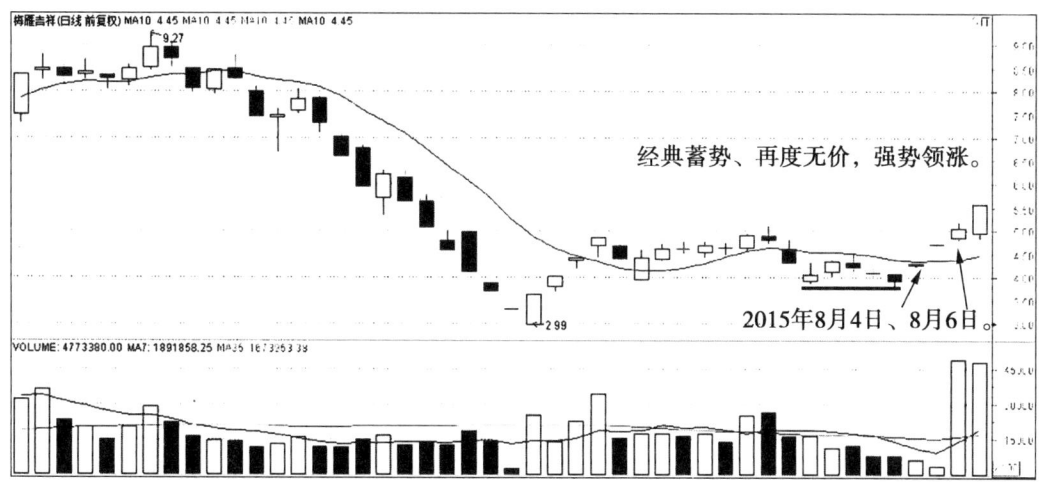

图7-9

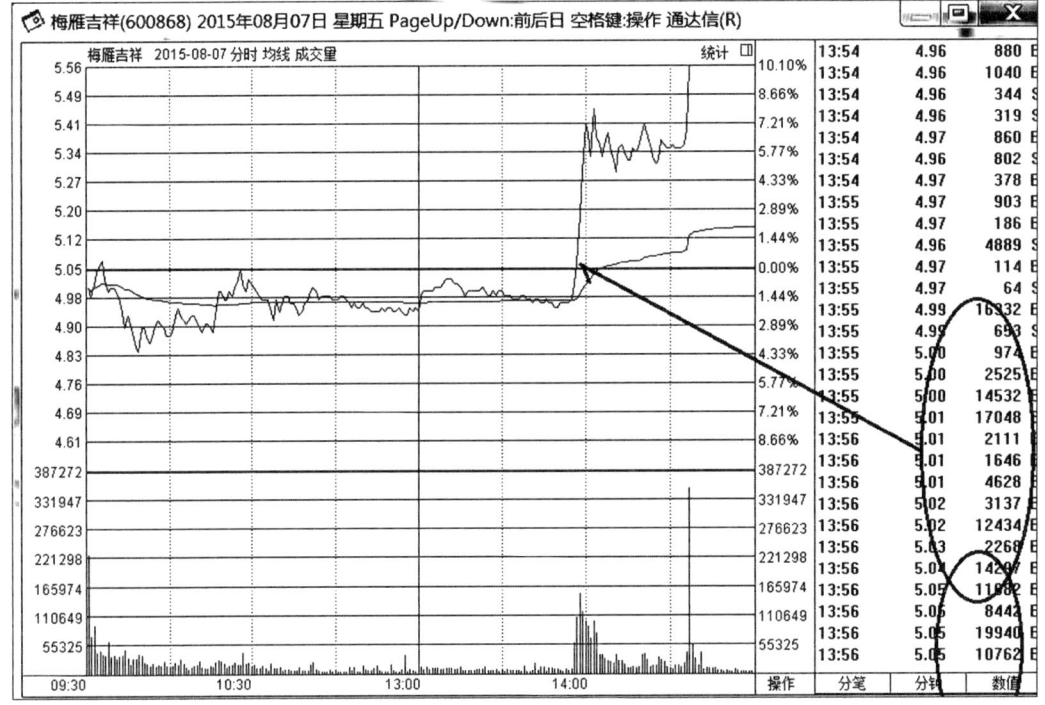

图 7-10

实战中，有三个问题，一定不能被其困惑：

选什么样的股票？

选好的股票怎么面对？

如何才能不错过良机？

选什么样的股票，事关投资格局、投资方向的大事，不能错，错了，一切的努力都会大打折扣甚至南辕北辙。

选好的股票如何面对，涉及技术细节，技术功底，不可疏漏与马虎，否则就会踏错节奏，乱了分寸，买点与卖点易混淆，赢利也就无从谈起。

如何才能不错过良机，涉及"取舍"的心态层面以及"资金布局"的事项。这里的"取舍"就是指有股票值得等待时，就要主动放弃一些机会，而资金布局则是指同步配合"取舍"的预留资金，避免出现中意的股票启动时没资金的窘态。

梅雁吉祥的股价每天高开涨停、高开涨停，整个架势如同疯子一般，不按正常人的推理与逻辑，涨得整个市场炫目至极，就在市场上找各种理由众说纷纭时，主力随手写下五个字——不疯不成魔，尔后留下高大的背影，一言不发，离去。见图7-11。

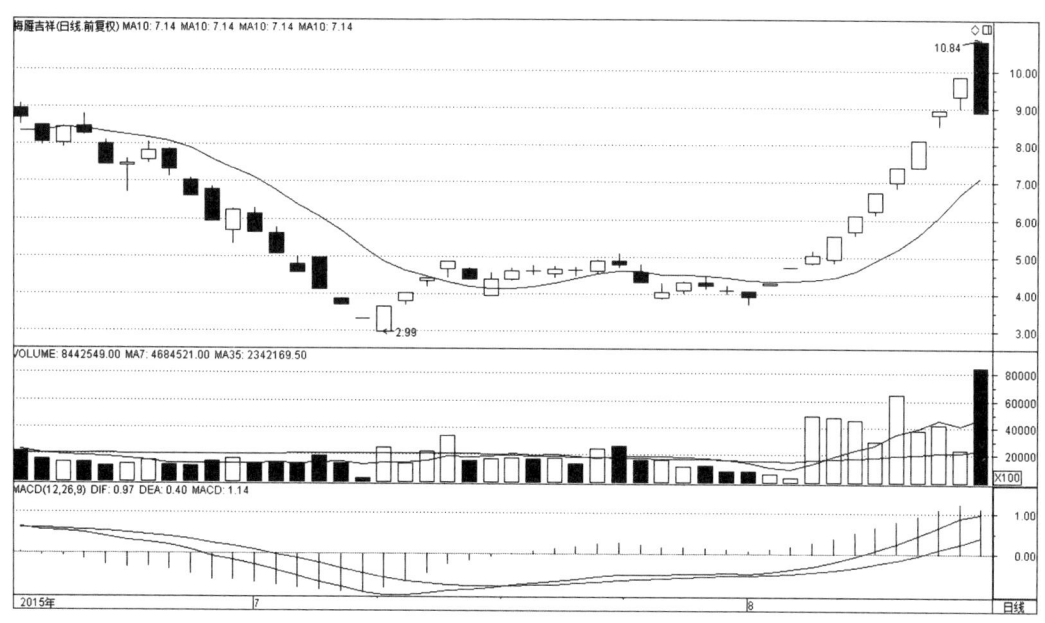

图 7–11

三度操盘教育之交易策略：

通过对位置、能量、题材、盘面表现、个股表现等能量体的综合叠加，可以精准判断某只股票是否为现阶段某个板块的龙头甚至整个市场的龙头，这是三度交易体系最高境界——意随盘面舞中的最高层次，即"以有限进无限"。这需要认知势道，更需要历练理念，还需要"放低"态度！世界万物相通，看不通是因为站的角度不够高。好的底部一定是资金铸成的，强势底部一定是强势资金铸成的，强势底部之上的强势异动要用高态度面对，一旦强势启动就要决意跟进、毫不手软地抢进再抢进。

在股市，有一种财富聚焦现象，一个概念板块，总会有一两只长时间表现活跃、异常醒目的股票，每逢相关题材有风吹草动，他们就见风涨，并且总是以跑的姿势去迎接每一缕阳光。这些股票里的主力，有能量，也有力量，有格局，也有同理心，是值得尊敬的，亦是值得跟随的。跟随这样的主力，对于交易者而言，不仅在操作上是一种选择，亦是对投资理念的一种浇铸，是态度。在股市里，每位交易者的出发点不同，视角各异，可以视作一桩生意来经营，也可视为一份工作来做；可以视为一份业余喜好尝试，也可视为一份事业来奋斗；更可以视为喜欢的事业一生陪伴呵护。无论哪一种选择，无所谓好与不好，都是一种态度，那么，面对自己的选择，可以拼了命在里面折腾，去开疆辟地；也可以一步一个脚印，步步为营，稳扎稳打。但是，不可以为所欲为，一意孤行，马马虎虎，破罐子破摔。如果有一天，突然惊觉自己的灵魂离开自己已经好远、好远了，对于惊觉者，那真的是一件异常痛苦的事情！

> 【2015-12-23】
> 四川九洲：关于公司2015年度利润分配及资本公积金转增股本
> 预案的预披露公告
>
> 鉴于公司当前稳定的经营盈利情况和未来良好的发展前景，为了促进公司的持续健康发展，回报股东，与所有股东分享公司发展的经营成果，在符合利润分配原则司控股股东提议公司2015年度利润分配及资本公积金转增股本预案为：以四川九洲截止2015年12月31日总股本为基数，以资本公积金向全体股东每10股转增10股。同净利润的10%向全体股东派发现金分红，现金分红的具体金额由四川九洲在2015年度财务报告审计后，充分考虑公司盈利规模、现金流量状况、发展阶段及当期资金确定。
> 本次利润分配及资本公积金转增股本预案需经董事会审议及股东大会审议通过后方可实施。

四川九洲（000801）在 2015 年 12 月 23 日诸多财经网站均出现一则关于公司实质性利好的消息，大致内容是公司经营情况以及未来发展均良好，股东提议高送转高派红，这些都是公司真实情况。

配合利好，股价开盘涨停，位置刚好过前小平台。开盘后，股价低走下杀，然后瞬间拉回再次冲击涨停板，不过，涨停板没封住，全天收盘为高开低走、悬在空中的大阴线。见图 7 – 12、图 7 – 13。

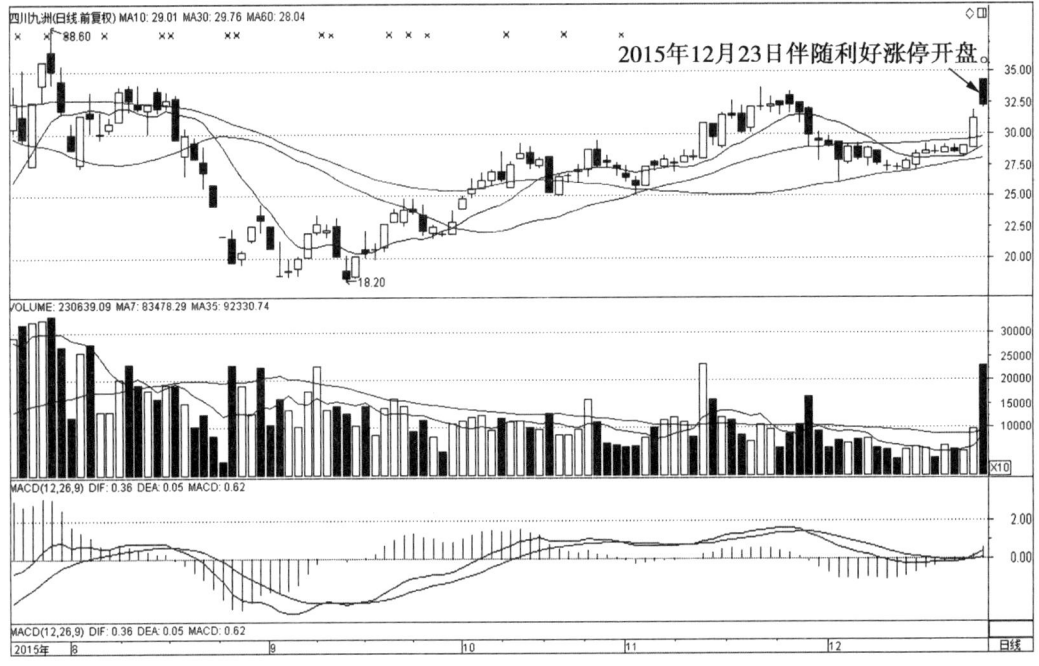

图 7 – 12

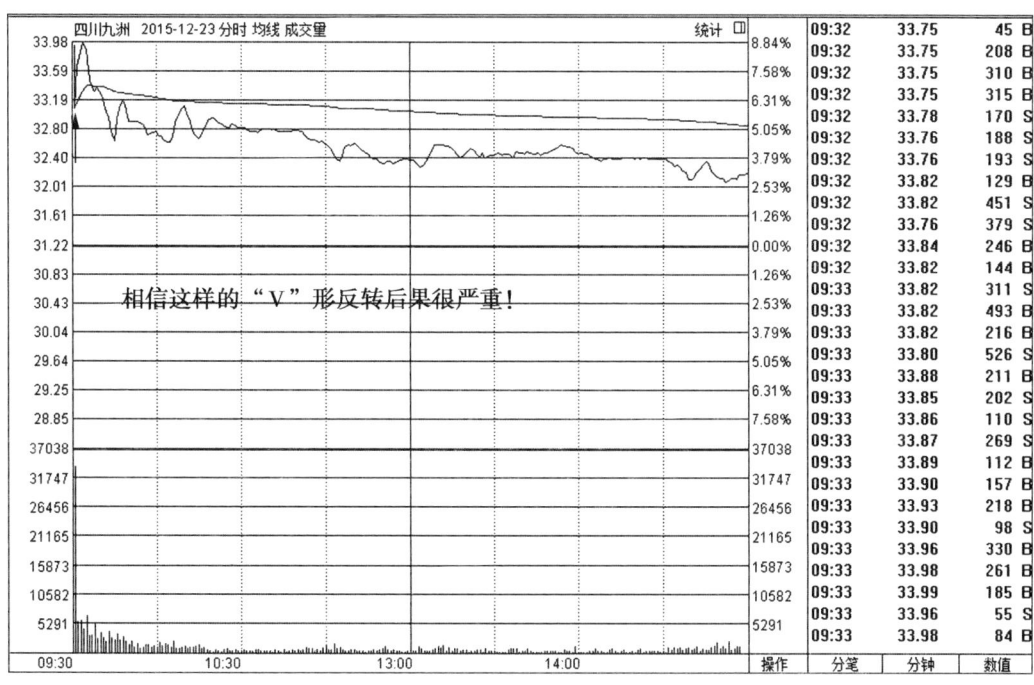

图 7-13

消息面有公司重大利好，股价又涨停板开盘，那么盘中有可能发生的三件事情需要探讨一下：第一件事，集合竞价挂涨停板价格排队买入，意欲当天挤进去，享受后期的大涨。第二件事，涨停板打开出现"V"形反转时追进或盘中出现止跌时买进，机不可失。第三件事，判断其高开低走为黑太阳洗盘，接近收盘尾声时提前打埋伏，等待次日的反转。

股价的买卖行为是对等的，因此这三件事情在当天都可能发生。

这几种操作模式在实战中都可以运用，使用得当可以买到好股票或成交价格更合理。但是，这样操作的原则是什么呢？如何防范买在一段时间的最高点？如何杜绝低价位买进后股价走向更低？没有操作原则，有利好的股价一跳就买进，长此以往，要在股市里赚钱，如同长年做青光白日梦。正确的原则是：好位置；起跳前有强势资金介入。有了原则，不正确的事情顺理成章不会发生，即使发生了，对资金的伤害也很小。

从图表上分析四川九洲股价当期所在的位置，该股处于明显的调整趋势之中，同时面临前期第二高点压力，压力来自暴跌起始区巨大套牢筹码抛压，所以，股价上行困难重重。从股价后期走势可以看到，股价高开低走之后继续低开，持续低走，短期股价再下一个大台阶，短时间要起来几乎不可能。见图 7-14。

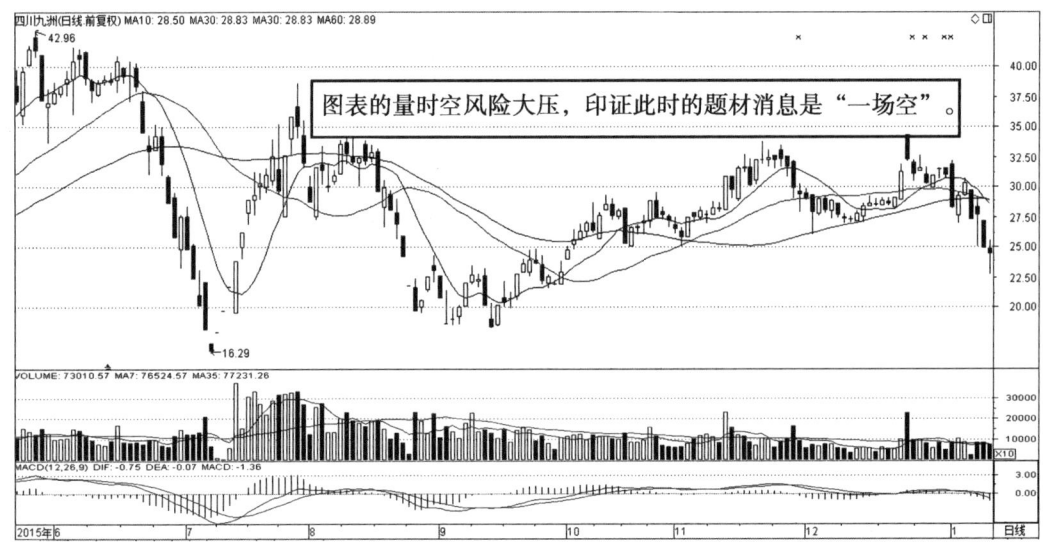

图 7-14

三度操盘教育之风险识别：

面对公司利好题材，股价多数会高开，面对高开的股价，一定要结合图表分析题材的可靠性以及有效性。位置、能量是印证的两大核心，时空、盘面是印证两大护法，不可不察。不满足，一律淡然视之。无数的经历告诉我们，投资者如过于依赖题材进行交易，受伤害的时间会更多一些。

昆德拉在他的《玩笑》中写道：世人受到乌托邦声音的迷惑，他们拼命挤进天堂的大门。但当大门在身后砰然关上之时，他们却发现自己在地狱里。乌托邦主义就是空想主义的代名词，不务实梦想着完美，梦想着公平，他们嘴里念念有词、不厌其烦宣扬着属于他们的价值。要想走上稳健、务实的赢利之路，就得当心股市里游荡着的乌托邦。

● **结缘三度：在路上**

有句话说得好：你是谁不重要，重要的是你和谁在一起。在股市中，选择什么样的理论和跟谁学习与交流的确很重要，这能改变、塑造你在股市中的成长轨迹，决定你的交易成败，这一点我深有感慨。

选择三度：

在多如牛毛的股票书籍和众多的方法与技巧中，最终我选择"三度强势理论"，以及理论缔造者蒋老师，是因为真正懂的人会用最简单的文字去总结很复杂的东西，阐述在于精而不在多，《股是股非》做到了。当面对面地接触三度，接触老师时，老师将股市中所知、所悟、所得的系列呈现，对股道的见解，对操盘术及心法毫无保留的给予，让我深有体会；三度有年翻几十倍的高手同学，有正在路上坚持悟三度而渐次进步的同学，也有"放不下，放不低"而不得其法中途放弃的同学。我是一名生产型企业的管理者，做企业、管理企业的过程、结果以及量化管理让我会对选择做出客观的判断。

专注三度：

专注是一种态度，就是集中精力去学习，去做事，是长时间的全力以赴，是一心一意的坚持。前面的高手师兄师姐们用行动与成功告诉三度的追随者们，在这里可以达到一份辛勤就有一分收获的愿望。专注的目的就是集中功夫读懂三度，融入三度，运用三度，尽早达到知行合一，而明确目标，制订计划是专注的开始。

专注贵在坚持，坚持每天对强势股进行复盘分析，坚持每天做笔记看书，按老师的要求做图例，持之以恒。要想成为理想的三度高手，这一步永远无法省略。"选择大于努力"，选择专注，让专注变得更为专一。我们无须再去识别体系中所谓"更有用"的知识点，老师已将三度强势理论淬炼得至真至纯而且简单高效，我们只需按三度的方法来学习、操练，去感悟，经历这个过程，渐渐就能得到三度精髓的渗透。只要我们多做图例，多看图多解图，"经典"自然而然就印在脑子里，而股市中的经典一直都会延续、重复着。

想学好就要找方法，而思考是方法的起源，思考就是问与答的问题，问图例一个为什么，问长上影的原因是什么，问连续涨停板之源头在哪里，问强势量能的根在何处……量时空赋予风险也有机会；均线归位以及变盘信号揭示恰当的交易点；主流，盘面，位置，量能，领涨可寻觅连续涨停板的彪悍……其实种种思考，老师在书上案例后的交易策略中均有得当的表述。

想学好还要善于总结，要想进步，必须及时总结。《百年孤独》里有一段话："生命中真正重要的不是你遭遇了什么，而是你记住了哪些事，又是如何铭记的。"遭遇多少次买错卖错，你想到了哪些事？记住了哪些？这些事情你又是以什么态度，什么方式铭记？通过图例以及实盘验证会发现大量时空是"强势顺上"最有力的驱动者，空头中的"风雨同舟"是最佳的交易大形态；关键位置异动，底部有量，是最舒服的巅峰超越。包括一字板、T板、缺口、单日强洗等形态若结合强势盘面作总结、匹配，就会参悟到高层次的强势。我们要做的就是通过三度已有的模式来求证做对的方法。得到了正确的方法，操作时才会坚定执行，才能正确地面对。面对自己已经在怪圈里打转找不到出路的现状，怎么办？用"三度"利器就地掘墙，穿透死胡同，侧畔就是光明前程。

"意随盘面舞""五星合一"是三度强势理论的最高技术境界，这种境界的铸成需要时间、需要过程，更需要实践的检验。"小资金去练，专一于盘后，专注于盘中"这是老师送我的一句话。

专注者，得成；专一者，必成；非此二者，无成。

刚开始的几个月，偶尔也会做到连续涨停，但复盘始乱终弃，没有合理的方法；盘中的手忙脚乱，使自己始终成为股市中的搬运工，让专注与专一成了一句空话。"表格化复盘方法，每天做该做的事情，同时还要把事情做精做细。"老师在学习群里的提醒，让我顿悟如何精细化复盘，如何精准盘中交易。

感悟三度：

强势是最安全的，这是三度的操作大理论！老师已为我们提炼了"强势"的精髓，三度已为我们搭好了股市中稳健赢利的舞台。连续涨停板体现的是"主流"强势，用异动收集是"量能"的强势，均线密集顺畅是"筹码统一"的强势，经典变盘信号与位置是"盘面"的强势，领涨是"意志"的强势。专注强势！这是我们要反复操练的事。当量变到质变时，行情启动之初就是我们的阵地。

金无足赤，人无完人，老师也坦言，三度强势理论也有他的弊端。如果运用不当，只管领涨，不管强势，只看强势不看盘面，这样丢三落四、断章取义，就有可能天天长上影！三度注重整体与局部的关系，局部要强，整体也要强。三度关注强势更关注风险，关注形态更关注位置；关注图表技术也关注政策题材。"相信三度，不迷信三度，相信老师更要相信自己"，三度赋予的诚实、踏实、务实精神一开始就扑灭了我们的癫狂！

老师无论是写书还是育人，对技术都是毫无保留，根本就没有怕别人学完学好的小农意识，因为藏着掖着的都还在路上。老师不但传授操盘技术知识，也引导学习方法，更在灌输着股市中的道，如何以道御术。老师在互动中始终保持着修己安人、广交知音的心态，这方面，在如今社会，好难得！

老师！您请保重，也请放心！目前，我已在习悟三度的路上，进展比较好，未来的路上会有玫瑰，也有荆棘，这样才是正常的世界！

"世界很奇妙，信则有不信则无！"我相信自己，相信三度，相信成功！

上海：华旺

寄语：侠肝义胆，柔情云天，实至名归二师兄！

世界属于年轻人，更属于有想法的年轻人，尤其是属于有想法还有行动的年轻人。股市有点不一样，刚进来的年轻人容易吃大亏，想法越多越遭罪，越是忙碌越倒霉。你年轻又有想法行动也多，硬是在大风浪中反转过来。事实说明，你自身有不可阻挡的成功力量，这些力量用在股市，同样可以成就实战的辉煌。如果前进路途中小遇荆棘，你可记得你当初的豪言：

有心人天不负，复灯复悟，三万资金可翻亿；

有志者事竟成，专注专一，盘面龙头终归吾。

天道酬勤

耕耘赋写收获，勤奋播种希望。

至诚感神，勤奋动天，谓之天道酬勤。

群兴玩具（002575）主力在股价走势的B区强势投入短期资金之后进行强硬洗盘，2015年3月13日出现孕线止跌星线，这又到了高度关注点。若股价继续横盘继续关注，若股价继续向下回调，短期也要关注，若股价随后上攻，跟进。见图7-15。

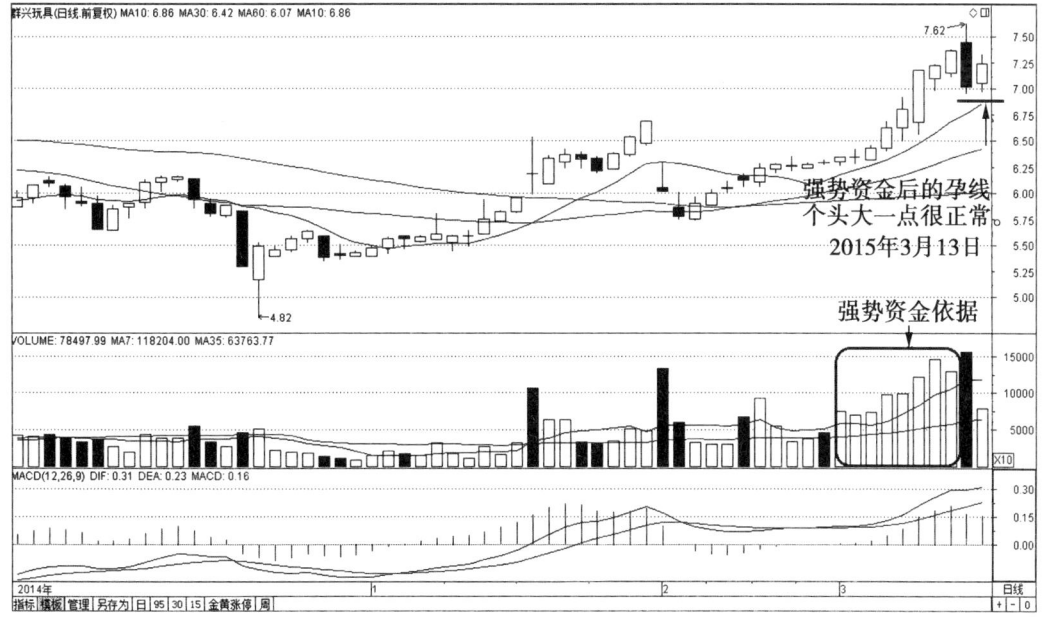

图 7-15

股价随后的走向选择了第三种走势，高开，向上意图明了，盘中又多次呈现有速度的拉升，当天强势封涨停板。见图7-16、图7-17。

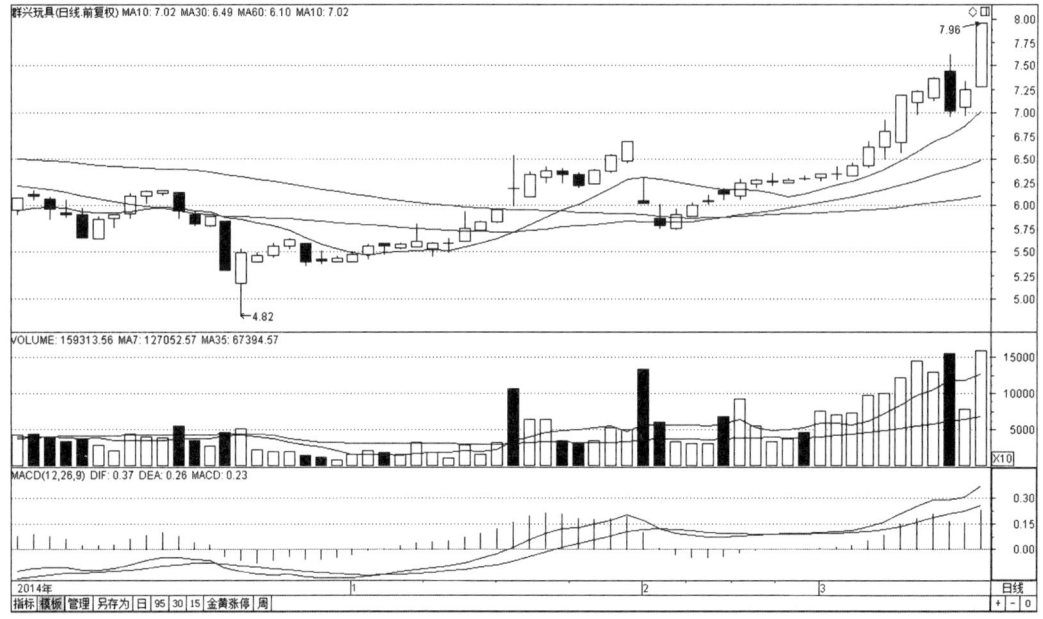

图7-16

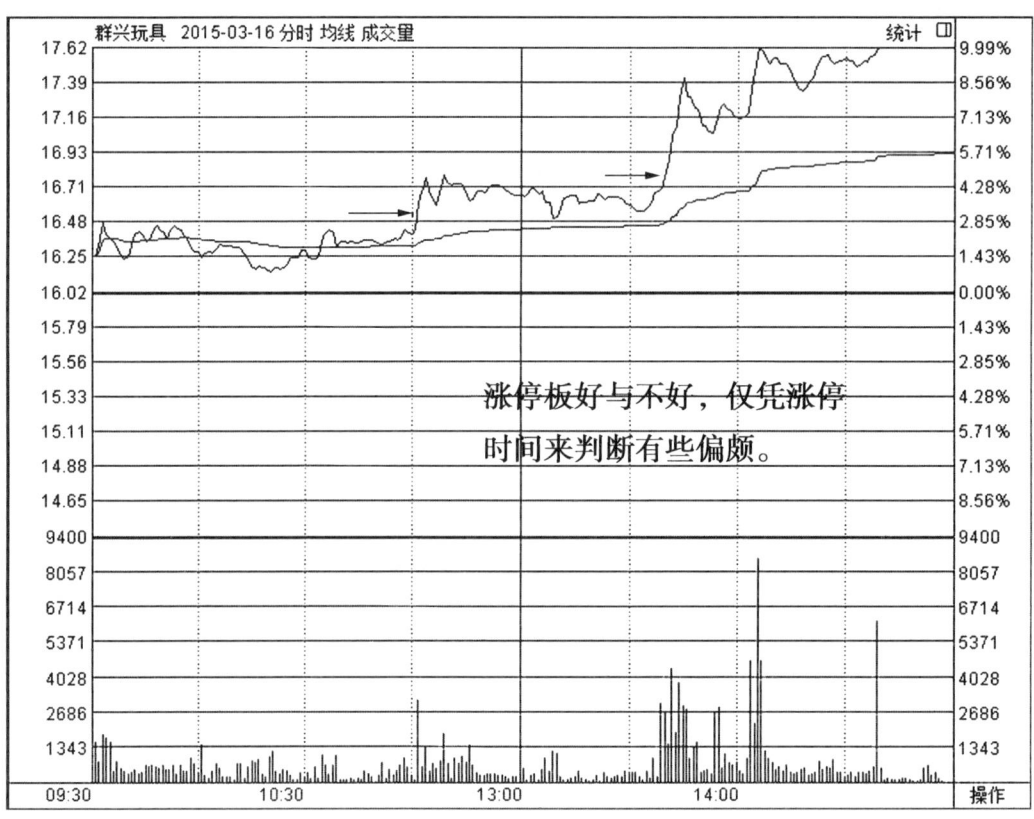

图7-17

对于有依据的跟踪,一旦走势与预期吻合,就要第一时间跟进,因为所有的情况已在盘后分析得头头是道,观望与犹豫只能成为拖累。此股拖到下午下半场才封住涨停板,这样的封板模式不代表不强,强不强在于能量、位置、盘面以及个股质地。

群兴玩具的股价自从高开并强势突破短资入场的高点后,每天竞价均高开,稍微下沉就上冲,如此操盘模式延续到第八天,直到第九天低开下沉再也没拉起来,而拉不起来应在意料之中。股价"突然低开"已经示弱,盘中一波比一波低就是真在走弱了,即时图上的画线就是卖出点位,下午盘就该全面出局了。见图7-18、图7-19。

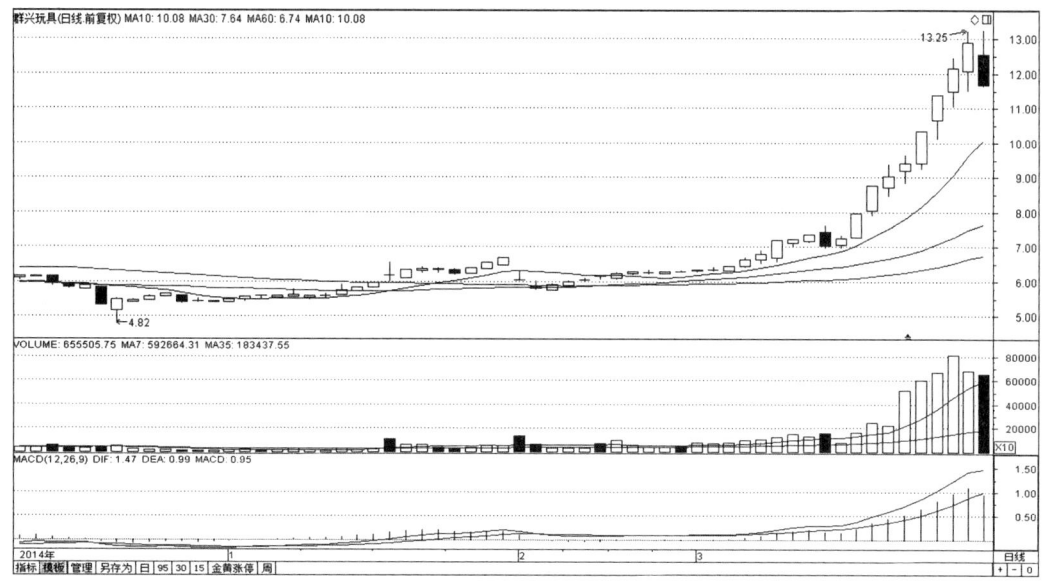

图 7-18

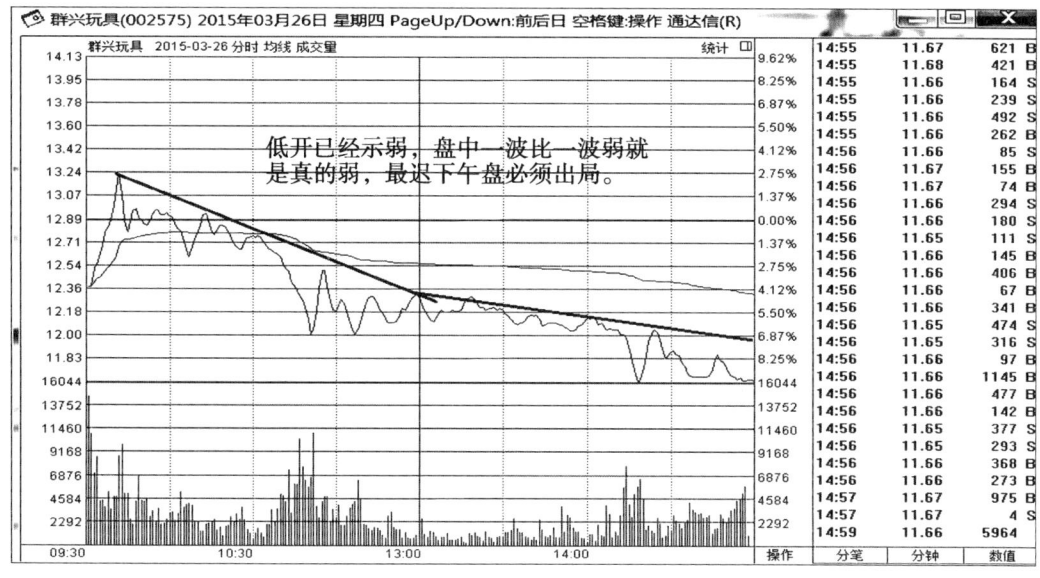

图 7-19

三度操盘教育之交易策略：

关键位置的异动要引起重视，重要位置的超短资金的重磅投入是暴涨行情的核心理由之一，不要跟丢了。强势资金入注后的孕线止跌是经典的变盘暗示，机会往往在静谧之中蓦然爆发，实战中不可不察。行情有一段大幅拉升后，一旦见顶形态出现，变向基本确定时即可锁定利润出局，最迟收盘前完成筹码处理动作，等到某个死叉、某个破位出现时，天已经黑一大片了。

鸿利光电（300219）的股价在2015年12月28日这天大幅跳空高开，伴随高开的是一组某龙虎榜数据，数据显示，前一日股价涨停是数机构看好公司的发展并投入大量金额交易所致，这是真实存在的。

> ○五机构买入鸿利光电
> ------
> 25日龙虎榜显示，鸿利光电（300219）获五机构净买入2.15亿元，占当日总成交比例41.55%。当日LED照明板块涨幅居前，鸿利光电封涨停。
>
> 点评：机构表示，公司在不断做大做强主业的同时，积极布局"LED+云联网金融+车联网"生态系统。其中，LED是21世纪最具发展潜力的战略性新兴产业之一，以其先进性和产品应用的广泛性，特别是对节能减排的贡献，受到政府的高度重视。预计到2018年，全球LED照明市场规模将达到360亿美元，渗透率达到54%，四年复合增速为16%。

高开的股价在开盘价附近溜达了一小圈后，盘中迅猛拉升又一次冲向涨停，然而终究差一口气，最终轻飘飘下来了，这也是真实的收盘状况。见图7－20、图7－21。

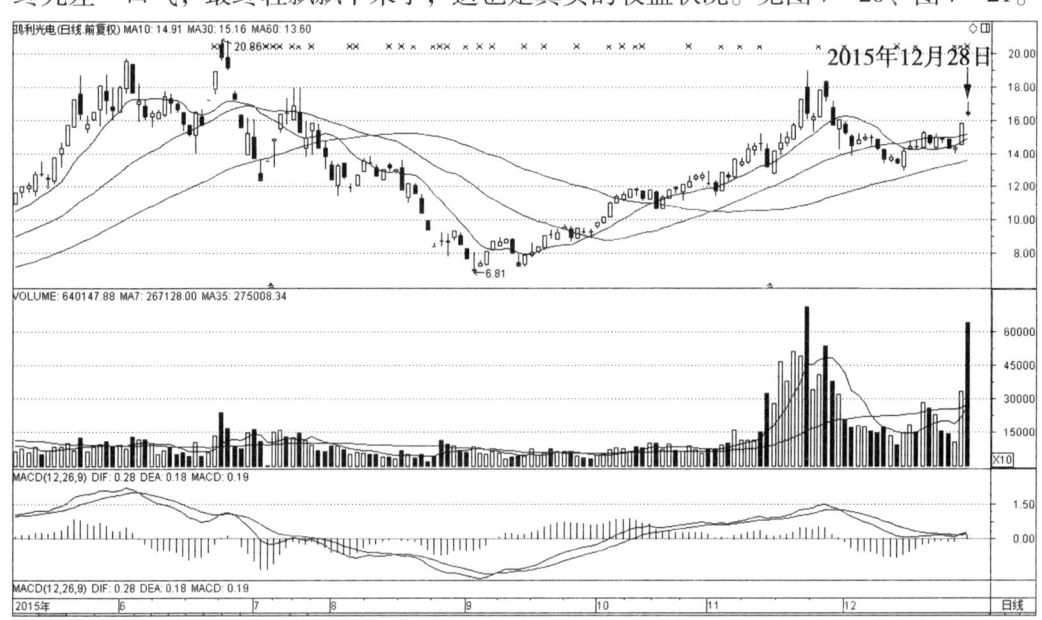

图7－20

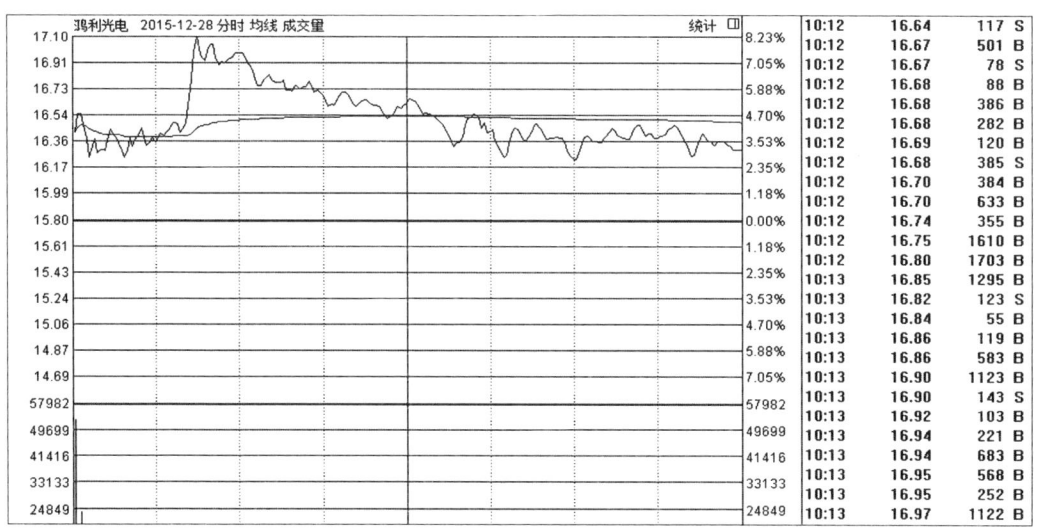

图 7-21

这口气差在哪里,不是差在主力资金不足,也不是差在市场跟风不够,也不会差在即时图不强势,也不是差在大盘不好,而是差在主力根本不想封涨停,差在自己看不清危险,差在轻信他人的"点评"。

我们从图表上来分析这只股票更真实的情况:

1. 股价正处在两个明显顶部的趋势压力之下;
2. 股价正处在前一个顶点压力辐射区;
3. 量形态已经出现"三阴控三阳"的负极能量。

接下来看看该股后来的走势。见图 7-22。

图 7-22

交易安全边际没有，交易动能没有，即将面临再一次顶部局面，仅凭谁谁买进，而再追涨没有"务实"的依据。前日买进，今天锁定利润才勉强符合短线操作赢利模式。随后，股价勉强挣扎两天，一头栽下开始再一次暴跌。

三度操盘教育之风险识别：

在明显趋势大压、明显短期顶压、量形态处于负极能量状态下出现的盘中异动拉升，只需一秒即可否定，在此状态下的任何利好消息，任何评估、任何推荐，均要眼明心净，置之不理。

● **结缘三度：天道酬勤**

时间飞逝，一转眼从老师那学习快一周年了。这一周年里可以说自己是经历了冰与火的考验，流过汗水、泪水甚至血水。在人生的路上，有一条路每个人非走不可，那就是年少轻狂时候的弯路。不摔跟头，不碰壁，不碰个头破血流，难以练出钢筋铁骨，难以长成搏击长空的双翼。一年来，经历过市场残酷的考验，包括忍辱、痛彻、再生，终于还是用"三度"这把利剑杀出了一条道！老师，目前学生运用三度系统已经在持续稳定赢利了。

老师请允许我表达我发自肺腑的几份情感：

感恩！三度创始人蒋老师"厚德载道"，让我有机会系统学习强势三度理论体系；

感恩！三度大家庭中朋友的帮忙和鼓励，让我更加努力学习和更快进步。

感恩！证券市场提供的多种投资机会，让我有机会通过努力，实现自己的财富梦想。

"三度交易系统是在引导与呈现如何发现强势、跟踪强势、获取强势的方法与步骤。"这是老师您在课堂上给我们那期同学阐述三度的开篇话。发现强势、跟踪强势、获取强势，现在看起来并不难，但刚开始的气浮心躁也让自己前行的步子异常艰难，现在回头看看，全是因为对老师的教导未入心，未对老师反复的告诫引起高度重视。一年刻骨铭心的经历，让我知道要融入"三度体系"，达成较好收益，需要脚踏实地走好三步——问学、问道、问心。我把几点归纳一下，望老师给予指正。

问学阶段，必须要搞明白强势图表、强势主流、强势盘面即变盘点。这要反复研读老师的课件资料，反复拜读老师的《股是股非》系列书籍。关于强势图表，是促使我们明白"主力为何拉股价"这个生死攸关的问题,其中涉及"三阳控三阴"的市场要义。其次,要搞明白主力在建仓后、正式拉升前发生的两种强势经典的资金运作行为,即"再收集"与"超常规短资的最后投入"对实盘的重要意义。还有,主力大幅拉升股价之前的多周期共振等"异样表现"的变盘前奏也必须要弄明白,明白半步之间的交易策略,做到把厚度、力度和速度融入自己的每一次操盘过程之中,让自己与强势五步如影随形。关于强势主流,涉及我们要去领会市场绝对优势资金介入在哪个大板块、大题材。方法就是老师说的:"从强势中才能发现强势。"把握了强势主流就会让资金进出从容。至于强势盘面,"可意会不可言传",欲要使投资策略打开一个更宽阔的境界,这时候要从盘面去探究,因为"盘面终将是顶级高手最后冲刺的屏障,也是三度强势交易系统的最高烁瓦,是三度操盘的最高境界"。符合强势图表、强势主流、强势盘面的时候,快马加鞭追击领涨龙头,只要能做到,强势及暴涨行情就可以收入囊中。强势三度体系就能让我们简单而又奢华地畅游股海。当然,没有强大的交易心法也是无法驾驭的,这就需要"问道"。

问道阶段,具体就是要参悟股道的戒、定、慧。戒,落到实处就是:量时空风险恶劣的坚决不理睬,不冲动;量形态未还原主力身影的一定要等待;暴跌之下无形态,空仓最符合股道;不符合强势交易系统的坚决不做。"不要问牛鬼蛇神从哪里来,要到哪里去!"这是老师对非强势交易系统股票的操作告诫。定就是对规则的绝对遵守和对经典的虔诚等候。慧在戒定之后自然就生成了。

问心阶段,历经恐惧、贪婪、希望;历经牛熊更替,我深深明白股市的第一特性是风险不是财富。当一个人不学习、不总结、不反思,他对股市认知就是很有限的,那么股市的风险对他就会是无穷大,反之,就可以把风险大大降低。具备一定知识之后还必须向自己的交易历史学习、向现在的市场学习,努力奉行切断亏损、让利润奔跑的交易原则,要把知识变成经验最后形成智慧,必须用真干实干来体验。只有经过实战检验的法则模式才更值得去做,才能成为"绝活"。

都说条条大路通罗马,但是每一条路都必须坚持走下去才会到罗马,去罗马没有捷径!当自己静下心来去复盘,去比对,去整理,去粗取精,去伪存真,就可以发现真理,有勇气去实践真理。辛勤耕耘是每个成功者的必经之路,除了自己验证过的方法,其他先放弃,什么股评说的,什么消息股,什么大师看好,那些都是噪音,一概屏蔽。这就是"舍得",舍得的更多智慧,在三度系统的体现就是舍弃不强势的机会,专注于契合盘面节奏、符合强势三度领涨特征的标的,如此就不会恐惧，就能做到大道至简，在趋势渐明将明之时介入，也就可以沿着三度的中正大道一路奔行。

厚度、力度、速度、度度可度人。

问学、问道、问心，问问皆惊醒。

老师，再一次向您致敬！

在此，也祝愿三度大家庭的新老战友们：行三度自在大道，明道理逐浪乾坤！

东莞：久华

寄语：在功利面前，"技巧"的速成已然是一种时尚，取巧，已然是被追捧的捷径。靠"巧"垒扶起来的墙被狗尾巴草拂倒的场景时有发生。天道酬勤，天道忌巧，当洞悉了"奋斗"的本质后，每一滴辛勤的汗水都可酿造醇美的甘汁。蹲下去深情抚摸自己脚印的人，定能逐浪乾坤。

运筹帷幄

胸有成竹，秉承处变不惊

谋略周全，帷幄决胜千里

财信发展（000838）股票名称刚由"国兴地产"更名而来，公司更名，要么是企业易主，要么是业务发生重大变化，要么是公司有重大变革，总之是有新的力量介入，可以适时关注。

股票走势是底部横盘，横盘期间正极能量合格。在2015年12月1日至12月7日这几天，主力资金借大盘企稳回升之势进行补仓，尤其是12月7日这一天，经过前一天上影线试盘后，股价已经有强烈上攻之意，而目前股价位置离前期大压力区尚有一段空间，此时就可以适当跟进了。见图7-23。

图 7-23

股价次日就以连续空板逼空脱离成本区,空板之后又以实板连续暴涨。见图 7-24。

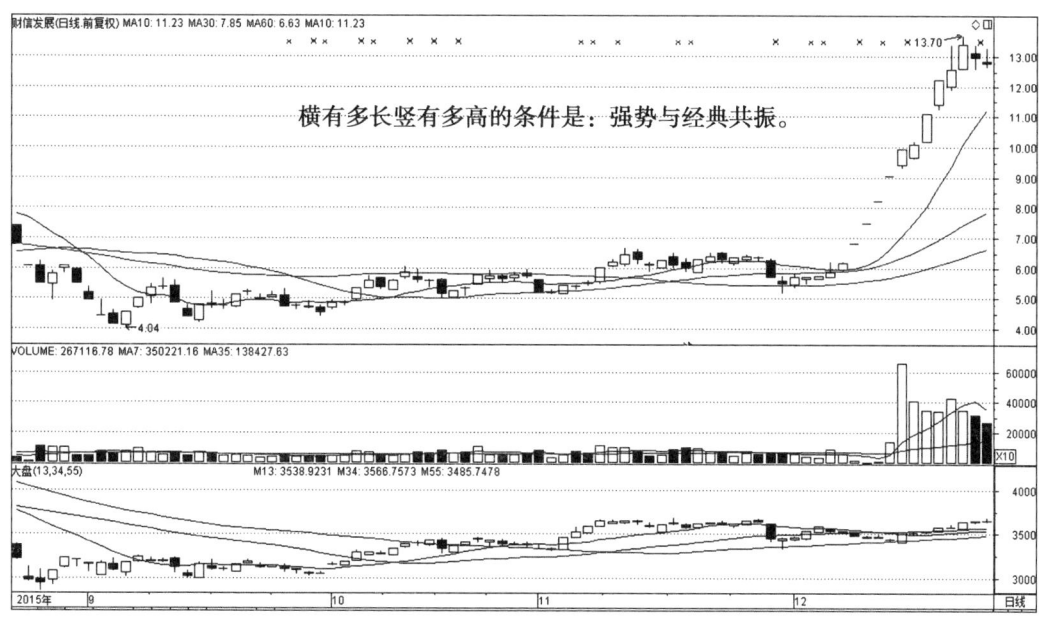

图 7-24

此时有几个人能够有勇气,或者愿意多出价格再买进去呢?然而,下次这样买进时,股价怎么就稀里哗啦往下垮呢?这样的几个空板后还可以大涨,怎么很多时候出现一个空板就没有行情了呢?是的,这就是市场,市场行情可以包含技术,包含形态,包含位置,但不能反过来推理,因为股市还有时机,有势道,还有盘面,等等。还是这样的观点,买卖需要从技术形态入手,但技术形态解决不了所有问题。

三度操盘教育之交易策略:

借势星线补仓的个股较多,适当位置借势补仓的个股不多,契合盘面补仓的更少,因此目标股通过一定的方法是可以收集到的。目标股有上攻欲望或在盘中攻击时均可参与。至于多个空板与一个空板后是否还有行情,取决于位置、热点、能量、盘面的综合叠加的结果。符合条件,多个空板后仍可小仓参与;不合条件,一个空板后也不参与。

舒泰神(300204)股价于2016年5月5日在均线密集区的中大阳K线上出现了两根很工整的蓄势小星线,这两颗小星星看上去异常可爱。这样的股票走势是否可以放进自选股进行跟踪?如果跟踪,怎样才不会把"机会"错过?见图7-25。

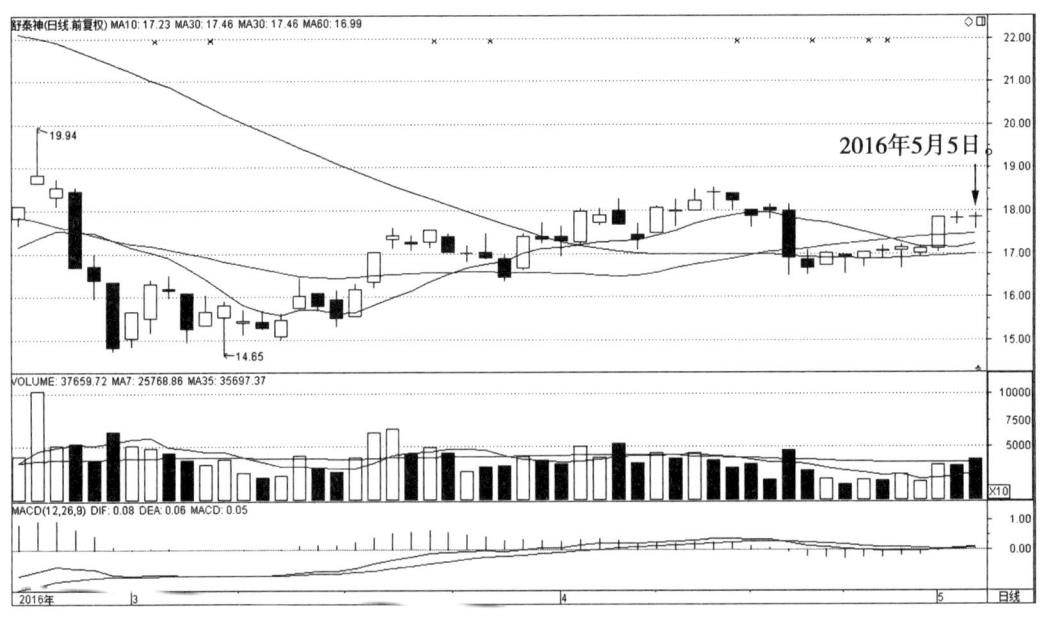

图7-25

5月6日,股价开盘不久,就激情冲向天空,不过很快无功而返,股价还是老老实实从哪里来回到哪里去。股价收盘如同一把锐利的小尖刀,不露声色但寒芒毕显。盘中出现这般走势,是因为前期能量不足,能量不足,拉升的诚意就不够。从图表上很轻易就可以躲过这样的假蓄势、假拉升、真跌落。有超多的大堆阴量出现代表筹码大量出逃，中大阳线无量，说明是诱多而非逼空，诱多后的蓄势是风险积聚，那么随后的拉升还是诱多，是请君入瓮。后期股价回落一段也是情理之中的事情。见图7-26、图7-27、图7-28。

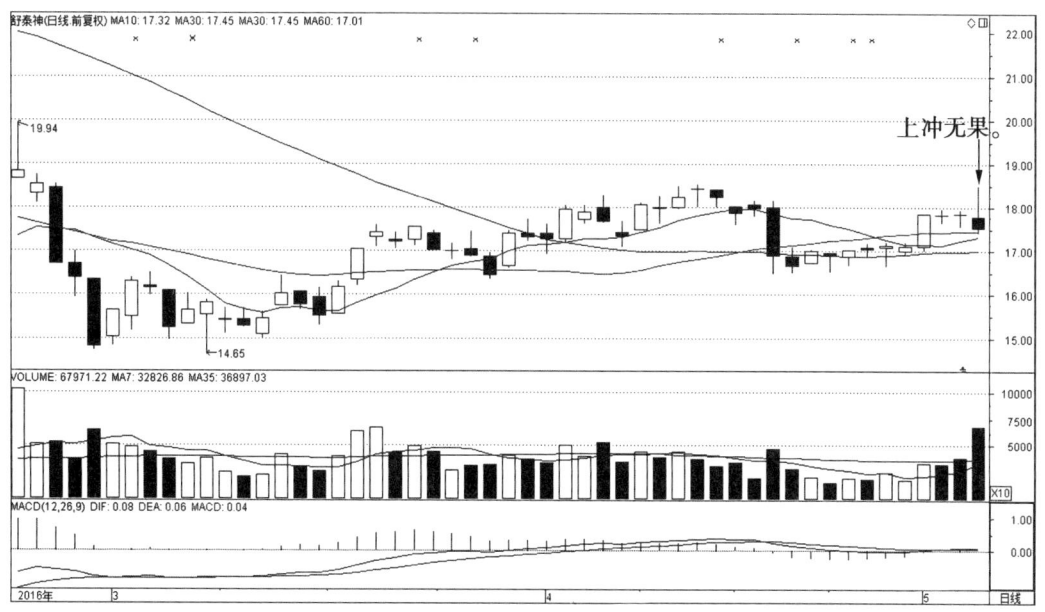

图 7-26

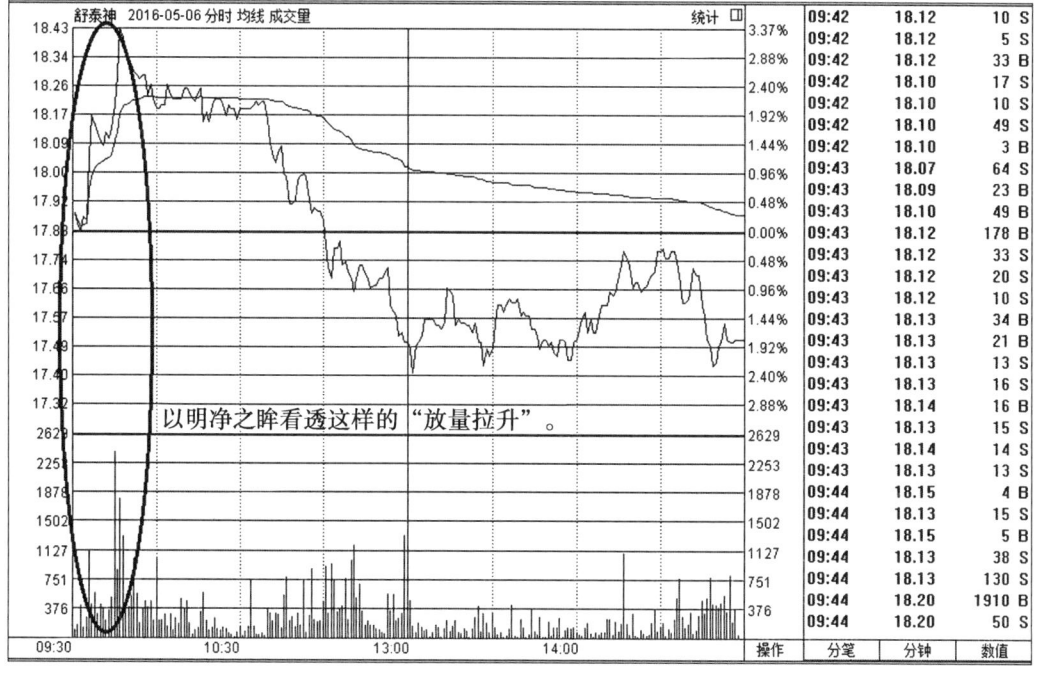

图 7-27

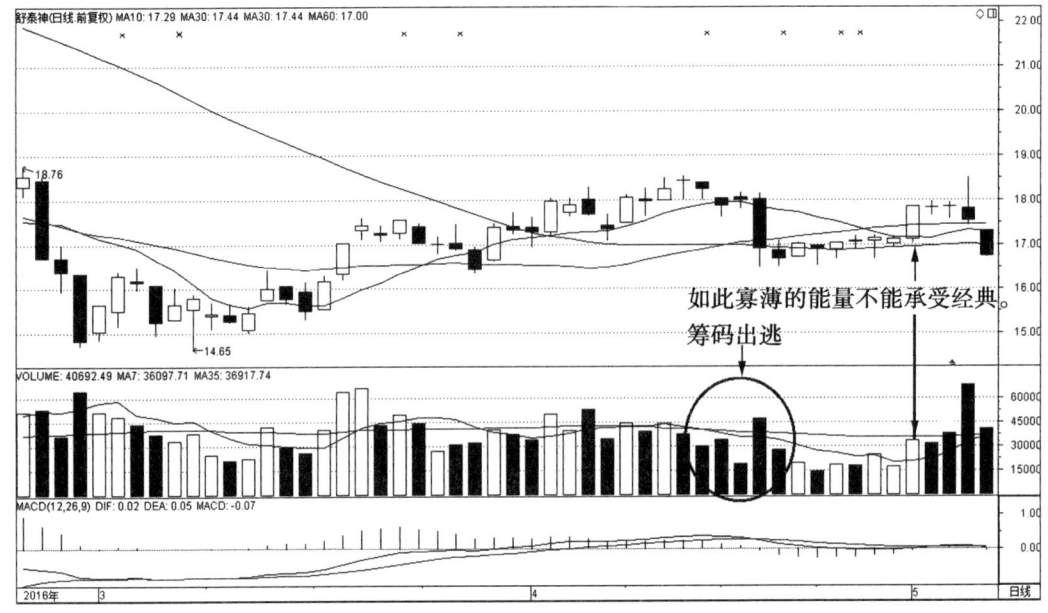

图 7-28

穆罕默德说:"贪得无厌的人,永远是穷人。"所谓贪,就是不该得,不可得而总想得到,得到后还是不满足,心无法填满。永远得不到满足,就永远沦为精神上的穷人了。古人说:贪如火,不遏则燎原;欲如水,不遏则滔天。贪欲得不到遏制是很危险的,如烈火燃烧,如浪涛翻滚,人常在火里窜,哪有不引火烧身的!在股市里同样不要过多滋生贪欲,不要总想贪图便宜买到地板价,也不要贪求卖到天价。主力没进场就老老实实攥住资金等,股价有见顶形态不涨了就卖,把最低价与最高价的特权送还主力,其他的事就好办多了。

三度操盘教育之风险识别:

衡量股价横大平台是否是在筑底,正极能量的多寡是极其重要的一项指标。三阳控三阴筑底性极大;三阴控三阳股价再下台阶的概率大。衡量股价在大阳线上横星线小平台是否为逼空蓄势,一看时空大位置,二看短期能量。位置安全,能量足,逼空蓄势概率大,反之,诱多情况居多。对于各类星线的具体把握、判断,如果结合《股是股非》讲述的要素逐一核对,星线也可以发出耀眼之光,资金也可天天向上。

● **结缘三度：伴我前行的明灯**

　　老师好，遂宁一别，已有三月，甚是想念！先给老师汇报一下这三个月的情况。交流回来后，重新梳理思路，抛弃以前选股陋习，综合老师教的知识，收获颇丰，禁不住喜悦先向老师报喜，感谢老师！没有老师的指导，我一定继续在"乡村公路"上徘徊。自己浸淫股海十余年，也算是资深股民，自认还略有小成。多年沉浮股海都是靠自己的钻研，一直认定股市的道路只能靠自己的摸索，基本不看各类炒股书籍。但是自从2015年以来，股市经历大起大落，三次股灾改变了很多人的思想，同时也改变了我。继续抱残守缺势必被市场所淘汰，就在这样一种惊涛骇浪的背景下，我接触到了老师的《股是股非》系列作品，通读以后有一种醍醐灌顶的通透感，自此便与老师神交。2016年初，欣闻老师近期有授课，联系后急忙前往，有幸聆听了老师的系统课程。七天的理论结合实战操作时间虽短，但是老师对中国股市的深刻认识，对股道的洞悉以及精湛的实战，还是深深地改变了我对股市的认知，也与老师有相见恨晚之感。课程结束后，多次与老师沟通交流，更让我这个股市行者对前方有了更宽广的认识，前进中的思路与目标也变得更加清晰，更重要的是，在投资理念和实盘技法上都有了一个跨越性的提升。

　　老师！回忆年初去参加你的课程，在跨出飞机的那一刻，看到成都的天空阴沉沉的，淅淅沥沥地下着雨，眼前景象迷离，让人恍恍惚惚，似真似幻，心生遥想。犹记得第一次看到交易厅的屏幕滚动切换，红绿此起彼伏，梦想财富的心也紧紧跳动相随，那一刻我就决意要干这个行业。然而这个行业似乎并不太喜欢我，很长一段时间对于我来说，想要在股市取得成功，希望很渺茫。尽管现实之中让我体会到走向期望的状态很艰难，但依然在忐忑中带着兴奋和激动期待每一个交易日早点到来。年轻总要付出代价，虽然我拼尽全力，但是失败依旧降临。失败的打击让我一度短暂离开这个市场，但股市的魅力却再次吸引我来到这里"不断独行"，靠着"赖皮式"的执着一留就是十几个春秋。还好，经过十多年的摸索，自己也逐渐总结出了一些操作方法和套路，也取得了一些成效，但始终有难以"圆满"的缺憾感。我也一直在反思自己在实操过程中的短板和漏洞，希望能完善自己的操作技术，但始终不得其门而入。直到这次接触了老师的书，参加了培训，眼前豁然开朗，就像小心翼翼行走在夜里，突然看到了一盏指路明灯。老师对股市高屋建瓴的视角，历经波澜的实操战法帮助我得到全面提升，一直面对的瓶颈与僵局被老师一举击碎，好比一个习武之人突然间被打通了任督二脉，晋升到了另一个层次，至此

功行圆满，剩下的只是淡然应对股市的一切风云变幻。

老师您的"三度理论及其经典战法"，凝聚了丰富的实战经验，是环环相扣的体系：三度中的所有理论及各种实盘盘面技法，毫不夸张地说已经竖起了多面旗帜，值得投资人深入学习研究。老师再三强调"唯有强势的才是最安全"的，这是具有绝对高度的投资理念。三度实战系统通过量时空对风险过滤、通过量形态还原主力身影、通过量价异动让均线归位衡量强势行情的最佳介入机会、通过经典形态锁定介入点、通过两点印证确定题材的有效性等等趋利避害叠加术，可以有效规避因趋势判断错误而出现的下跌风险，规避因盘整而造成的囚徒困境，并在强势趋势成立时获取良好的交易机会，赚取高收益。

市场中只有秉承处变不惊、从容应对的心态，再加上灵活应变的策略，顺应市场的操作方法才能立于不败之地。目前，市面上各种炒股理论派别林立，投资者在选择时往往有难以入手之感。以我个人的实践来看，老师的理论历经实战，具有务实性、高效性，既顺应市场、贴近市场脉动且极具哲理性，可以有效应对市场的变化。经历无数实战锤炼出来的"三度"投资理论，有如画龙点睛的神来之笔，初入市的学习者可以从中了解股市的运行规律与操作技巧；老股民则可以用之提升理论与实操水平，完善个人的操作技能；而已经有了自己成熟的操作体系的高手们则可以视之为淬炼投资心态与对市场哲思的修炼指南。

读万卷书，不如行万里路；

行万里路，不如阅人无数；

阅人无数，不如名师指路；

名师指路，方能正确参悟。

投资之路常常有一段难以摆脱的黑暗，如能找到前行的指路明灯，必能事半功倍，一路顺遂！明灯的指引太重要！正是有了老师的理论支持，让我重新修正投资的理念和方法，也让我一次次稳中求胜。学习回来的第一个月，即3月底4月初就成功斩获了同时期表现较好的游族网络、棒杰股份、爱迪尔等股票，手中打理的市值在红彤彤的攀升。在此要特别向老师表示感谢，您的谆谆教诲让我重新建立了自己的投资理念和核心交易规则，才能像现在这样悠然应对股市风云变幻，在此，也愿更多的投资者能够阅读到《股是股非》大作，能学习领会蒋老师的"三度"投资理论，从而提升操作水平，早日在投资之路上扬帆远航。

广西：青铜

寄语："圆满"是什么，我还不知道，"圆满"的滋味是什么，我也没体会到。读书行路，阅人拜师，都是一个人走向未来路途上的必经事情，也是整个饱满人生一直要持续的事情。之后才是眼界、心胸、格局。你在秉承处变不惊、离不开你的诸多阅历，很高兴，三度理论可以帮上你向前走得更稳、更快、更踏实。

专心致志

志高远，专一诚心；

专注心念，匠造卓越。

海德股份（000567）在2015年2月11-17日这几天出现了借势补仓星线，同期大盘从底部也走到了均线系统之上。海德股份在后期一直沿着10日均线不紧不慢攀升，也不出现犀利的拉升段。在2015年4月17日这几天，往下跌落的股价很快止跌，并搭建了一个星线平台。从趋势看，尚好，能量也未外泄，暂定诱空蓄势星线平台，若往上，则成立，就抓住机会，只不过仓位还是要适当减下来，毕竟前期涨幅已经不小。见图7-29。

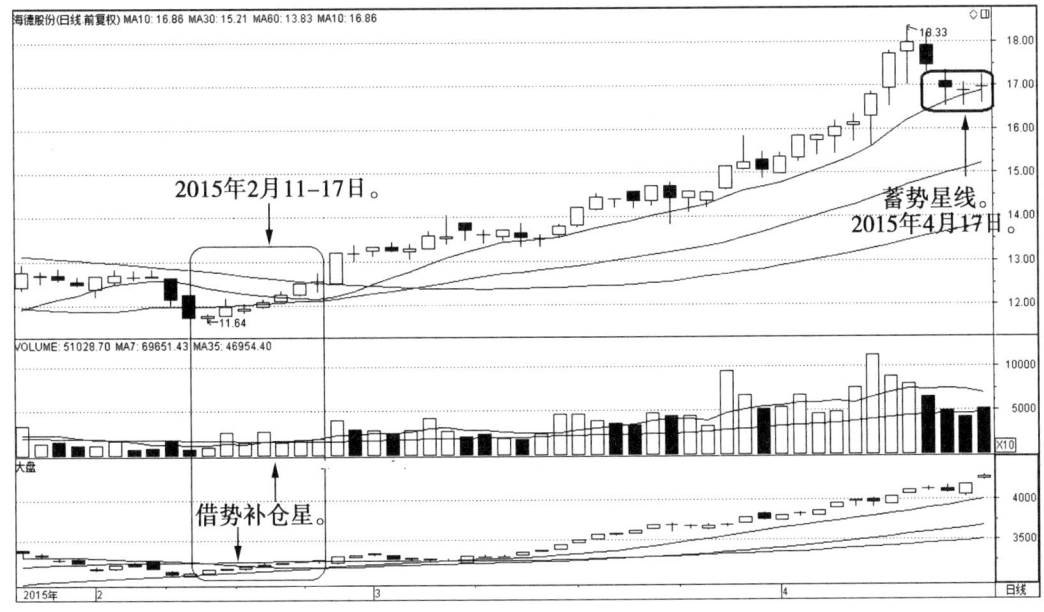

图7-29

股市的善变许多人是不太适应，多次不适应就变成不喜欢，不喜欢却不离开，不离开又不愿意去适应，转来转去脾气就上来了，买了就跌我就偏不卖，越跌老子越买！卖了就涨，我就不买，再好老娘也不买！就这样与市场对着干，把自己的情绪放在股市里暴晒，脾气是来了，福气走远了。问问你自己，还待在股市里干嘛！这样的脾气是小家子脾气，真有大脾气，玩转手里的资金，打出几副好牌。股市里，尽管人人都希望智商高一些，不过，情商高一些在股市里会更有前程，尤其是"顺势而为，知进懂退"的这份豁达。

海德股份随后股价是跳空向上的，机会当抓住，前期涨势不犀利的股价，经过诱空洗盘，诱空星线蓄势后，股价反而激进起来了。像这样前期慢涨，后期进入快涨时，顶部就不会太远了，个股是这样，大盘也是这样，事物的极端转换也是这样，万物的破灭同样是这样。见图7-30。

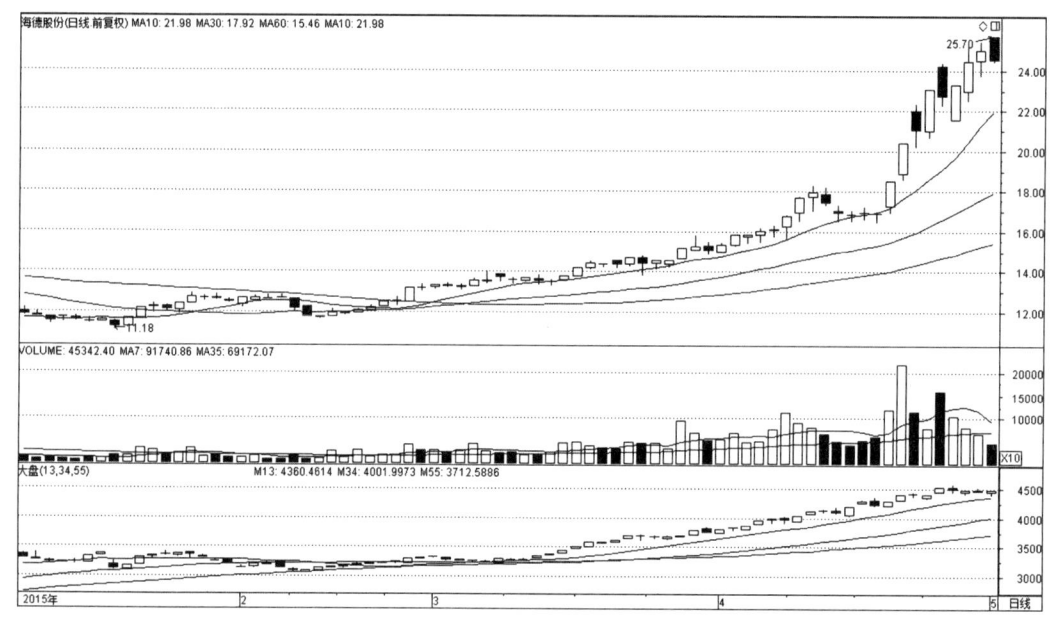

图 7-30

三度操盘教育之交易策略：

赢利有多种模式，操作习惯就两种，稳健与激进。能量足，趋势崭露头角，买进后可以一路持有，稳健赢利的幅度也是可期的。等待、搜寻经典异动后择机介入是激进者的最优选择。两种模式各有其优、其弊，重点是期望值与行动要匹配，选择稳健的就不要眼馋暴力拉升；选择激进就要严谨、严格而不能随意草率。海德股份经前期缓慢爬升后的诱空再回头，是股价即将进入冲刺段，激进操作可以介入，同时也要意识到，冲刺后就会开始消退，勿久留。

富瑞特装（300228）股价有一波拉升后的回落，止跌后的股价从2015年6月9日至12日做了四天的星线平台，行情有跌不动要向上回升的迹象，实战中可否适当低吸打点埋伏？随后若股价再次站上10日均线是否可以买进？见图7-31。

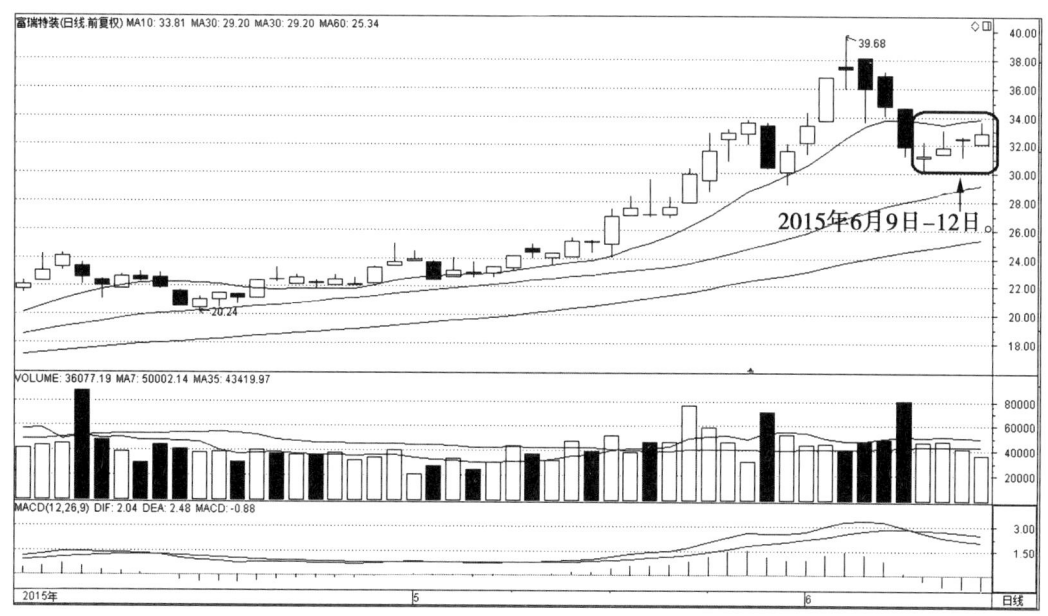

图7-31

次日股价还真的高开在10日均线之上，开盘还往上冲了一点，几分钟后，股价转头往下钻，收盘又回到均线之下。如此一收盘，股价回天无术了。头一天打埋伏如果动作不麻利者、当天鲁莽追进者，后续若仍执己意而不悟，账户在相当长时间巨亏是必然结果。

富瑞特装这样的星线平台不是诱空蓄势平台，不管是连续阳星还是阴星都不是诱空蓄势！

巨大阴量甩出来就是主力资金已经出逃的核心依据，"C"区是该股能量逐渐减弱的事实依据，低吸追涨都不可取，而后期股价几番佯攻是主力最后清仓的诱多。主力清场后的股价可以横盘，可以下跌，但绝对不会往上。见图7-32。

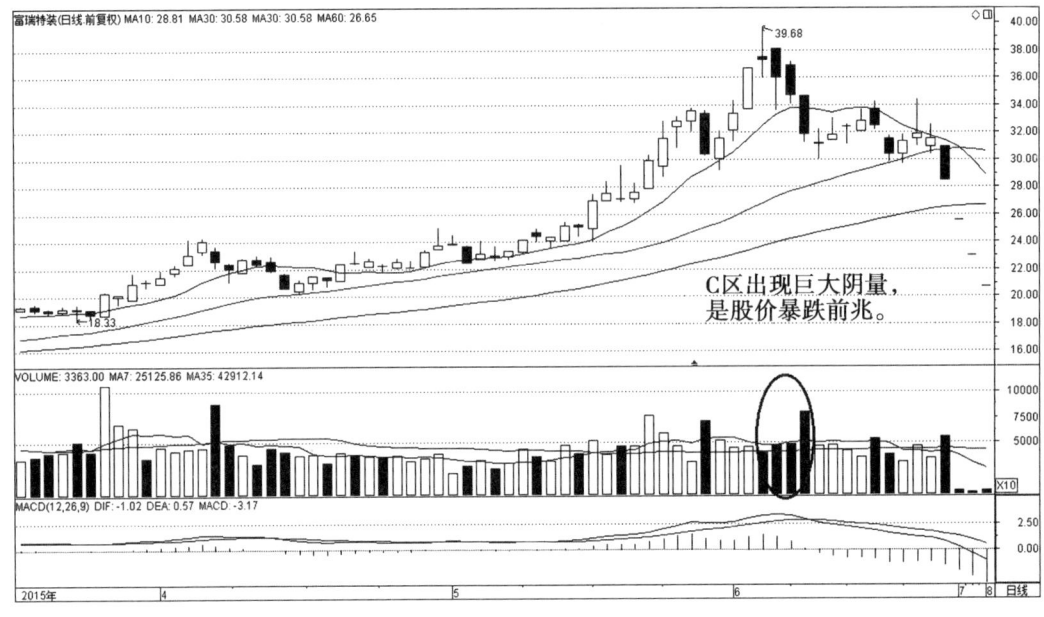

图 7-32

三度教育风险识别：

不是所有的星线平台都是积极蓄势，不是所有蓄势后的星线平台一定会有行情。面对星线平台，要纵观全局，位置、能量，均线系统都是参考的重要依据，有众多阴量甩出来的星线平台，股价上冲仅是脉冲，不要跟着脉冲一起冲动，冲动就会付出代价，在"C"区有大阴量的星线平台往往是做空蓄势平台，坚决远离。当然，做空赢利是另外一码事。

● 结缘三度：温暖修行

蒋老师您好！

时间过得好快！听您讲解三度体系，论道股是股非，仿佛就在昨天。因为错过，我整整迟了一年才听到老师面授课程，幸好我没有错过一辈子，这样我才有在这个市场分得一杯羹的可能。今天再看老师微博，回眸又读到老师这句话："99%成功来自舍弃中专注"，心灵为之再次震撼，泪眼有些模糊。

从遂宁回来已半年了，半年中不断地研习老师的书和课堂笔记，由于前期时间每天做着很多杂事，一颗心始终没有静下来。由于什么都不想放弃、总想得到更多，所以交易也始终有飘在半空中的感觉！前段日子，生活、工作中也出了些事情，逼迫近段日子强硬把自己关在家里，面对K线图、面对老师分析过的实战案例、老师说过的话又回荡在耳边，交易上也有了些成功的喜悦。如何科学、高效看盘、选股，怎么抓涨停、怎么抓龙头、怎么分析热点板块，这一切都有了更清晰的思路，每天盘后的选股，盘中的操作也开始变得顺畅。

共鸣老师这句"99%成功来自舍弃中专注"，我想说，生活中每一次成功需要的正是这舍弃中的专注，舍弃之后自己才能做到全心地专注，舍弃之后自己才会获得有绝处逢生的感受！人生中我们经常要面对选择，我们每一个人在心里都有对成功的渴望，但是我们通常也都不愿意选择任何一次舍弃，殊不知新的开始都是从舍弃开始，成功离不开专注，专注源于舍弃，感谢生命中我能有此觉悟，感谢老师的一句话点亮了我的内心，感谢生命中我遇见了值得我专注的事，感谢蒋老师！

去遂宁前我一直在做外汇与期货，从来没有操作过股票，做外汇与期货在盘中需要时时盯紧、熬夜，比较累，梦想着有一天可以动动手指买进股票，当天离开电脑也可以赚钱，取道老师学习股票知识后，自觉得股票、期货、外汇三者相比较起来，做股票最复杂。琢磨庄家主力的意图，就如带兵打仗要琢磨敌人的所思所想，所以老师能把股票做到如此炉火纯青让我仰重，而老师对期货以及外汇交易的点拨也让我受益匪浅。遗憾的是回来后就急于股票操作，急于赚钱，这样的心态带来的必定是亏钱的状态，"以前那么多年都熬过来了，难道夯实三度基本功的这两三个月都不愿意熬吗！"老师在电话中语重心长地告诫瞬间让我温暖，也很快让我回归冷静。冷静下来后，我决定重新温习笔记、认真做老师布置的文件夹内容，每天各种图形在睡觉时就会浮现出来，老师曾这样教导我们："在股市里行走一定要诚实，诚实的要义更在于放低后的务实精神，人一旦务实，心就自然明净几分，心明净时就是通透之时。"这样又过了两个月，再面对股票市场，盘面的感觉不陌生了，也能看出强势庄家的运行轨迹了，操作也开始上道了。在对的时间做了正确的选择就会迎来春暖花开的景色，三度的强势交易体系逐步让我尝试到了做股票的乐趣。每每用三度模式做一次交易似乎就是做了一次庄重修行而心生温暖，因而心里更是由衷的感叹三度的威力，三度的魅力，三度的"度人"之功德。

很多时候，人在没有退路的时候才会逼迫出自己所有潜能，当然，必须要有这个潜能是根本前提。我一直很用功，我现在能做的就是做好交易。如果在交易这条路上能非常优雅地走出来，那就是上帝多给了我一个机会。在家这段日子，通过三度理论即三度模式的启迪,我在交易上确实有很多顿悟与进步,也许说出来老师只是会淡淡一笑,但对于我已是提升了,所以才会看到老师那句话有这么深的感受。老师一路走过来肯定也有很多的不容易,别人看到的只是光鲜,其中各种滋味只有自己知道。记得老师在课堂上淡淡说了句很重的话:"明知故犯,吊儿郎当,说明你们现在还亏得起!"这句话对我震动巨大。一个决定以交易为生的人,怎么要等到亏不起时才明白道理呢?"低头见禅,简单是佛。"是老师的大广精神开化了我曾经面对交易的杂念与妄念,上了您的课后我才有胆子做股票,这几年做交易磕磕碰碰始终没有放弃,应该是冥冥交易人生之中,让我在等待注定要遇见的贵人出现吧!

老师!非常感谢您这一次能让我回来复训,复训后的感触实在太深了,每天的进步都可以用"神速"来表达!老师给予的知识、给予的光明、给予的鼓励、给予的力量都让我在股市的"心"有了方向。有了方向,对未来我不再惶惶不安,从而更加坚定去完成交易。遇见老师,走进三度,我心明亮,方知唯有简单与诚实能在股市永存!

老师,谢谢您!"三度"授予我们的不单单是一门交易技术,更深远的是,影响我们一生的心灵感悟!老师百忙之中请多保重身体!

南京:炎烯

寄语:做事就要选择,选择就得面对舍弃。主动舍弃就是在凝聚力量。有K线的地方就有交易,要交易就要修炼,修炼最终要的结果都是一个"静"字。身静至心静时,就是春暖花开时,反观自己不足的同时,也要发现自己诸多优点喔!

大巧如拙

大直若屈,大巧若拙,大辩若讷。

不自炫耀,不造异端,顺应自然,守拙得静安。

光洋股份(002708)股价在2015年11月3日-11日期间,用小阳星慢慢往上挪动,逼近前期平台高点,位置在均线系统第三结点附近,成交量明显得到增强,同期大盘也在回升,这一组星线属于借势补仓并促使均线强势归位。实盘中,这样的走势一定要关切,关切此等模式,就是关切股市里的丰厚财富。《股是股非》三本书均在全方位解读"财富"的长相以及它的来龙去脉,"三度理论"是将思维引导进入"财富圈","三度实战赢利系统"是在抛砖引玉,用一些方法去获得经典强势的行情。三册系列书各有其主旨又能纵横贯穿。见图7-33。

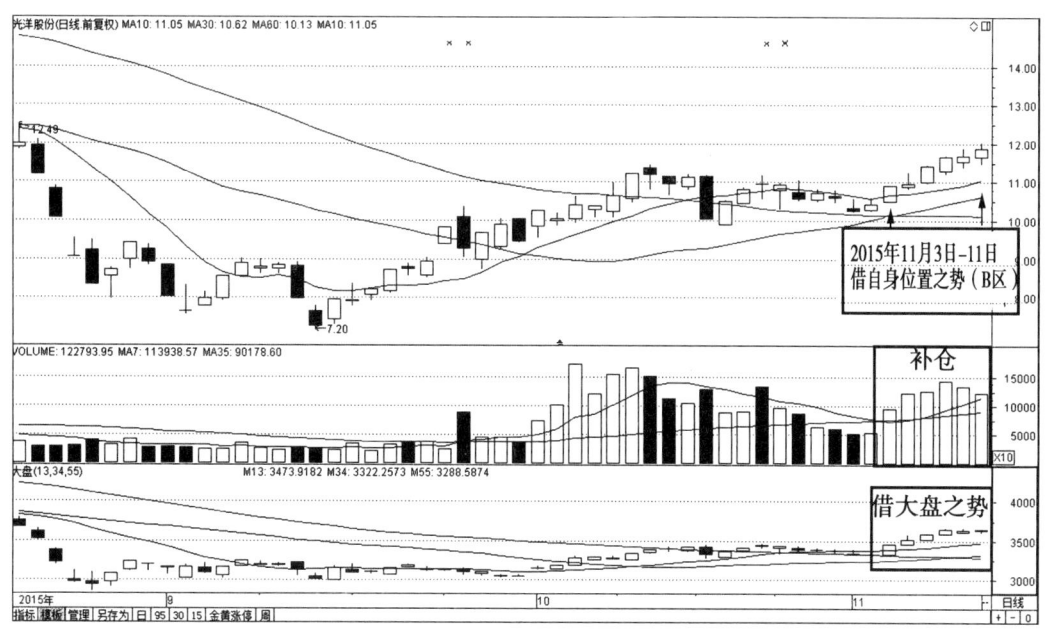

图 7-33

2015年11月12日,光洋股份股价小幅高开在前平台之上,上攻意图已经显现,股价在盘中以强势两波封住涨停,竞价、盘中均可介入。通过高要求挑选、严格甄别的好股票,一旦往上进攻,当勿有一丝杂念买进,光洋股份的股价在当天即使出现冲高回落或高开低走的态势,也是落在强势B区位置,还有什么可担忧的?加之同期的汽车板块已经有所表现,操作的底气更强一档。11月13日,股价用涨停板开盘,但涨停板开盘就被打开,全天震荡下行,几乎收在最低价。这个位置震荡与否、调整与否都是合理的,因为股价正好在前期较重的套牢盘处,实施行为由主力定夺。见图7-34。

图 7 - 34

成就股市奇迹的因素很多，丰厚学识、丰富经验、高强敏感度、快速反应、得体理念，都必不可少。除了这些因素，还需要有坚毅之心、沉稳作风，并且有分寸，有原则。

坚毅的心可以让我们面对挫折时不会选择自暴自弃，不放弃就永远有机会，这是人生前行最重要的修行。

沉稳作风是"临事有静气"，遇到一丁点事情就觉得天要塌下来，越是慌张越没主见，什么事也办不好，身稳、气稳、心稳则势稳，势稳则大利。

有分寸，这是历经磨砺、历经沉淀、历经熏陶养成的处事状态，看起来似乎要求很高，其实只要多为对方着想，把自己稍微放低一点，分寸自然出。有了分寸，也就有了然于胸的清澈。

有原则，就是要抵御千般诱惑，有底线，有规则。能做纵情去，不能做固若泰山。当知有所不为且有所不为，君自高远。

光洋股份的股价继续低开，不过是低开高走，这是股价止跌的动作，是股价要回头的征兆，这个点位出现这样的形态也是要关切。随后，股价强势反转再度涨停，强势行情在盘中、盘后均可以确定。高开下打洗盘、低开高走止跌、紧接强势上攻，三天形成一组变形的启明之星（也是"单"形反攻），这样的强势股于中继走势中出现经典组合，一经出现，开仓、加仓均可以依次执行。随后，光洋股份的股价相对干脆，走出了连续5个涨停板的行情。最后一个板打开收巨量锤头星，这是天锤见顶信号，紧跟后面的一组星线是即将跳水的最后诱导行为，早点离开避险是当务之急。高位星线平台后的向下再向下一跳，一切的痴心妄想也该结束了。见图7-35。

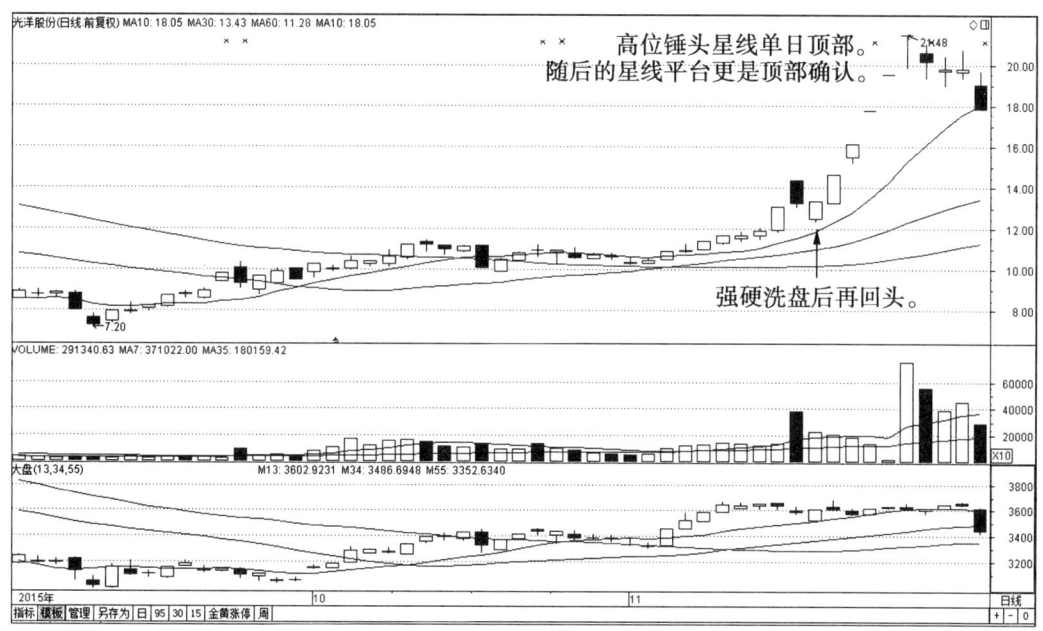

图 7-35

三度操盘教育之交易策略：

颈高即前高是一个很关键的位置，这里的一举一动都要引起足够重视，星线补仓以及前高附近的黑太阳都属于异动行为，跟踪随后的具体表现，结合个股自身的股性及具体表现，机会不难获得。同时，把个股放在整个板块来分析，交易底气更足。

深深房A（000029）股价在2016年4月21日与前一日构成了揉搓星线组合，近几日成交量也得到温柔释放，量区里整体上满足三阳控三阴状态，当天盘中往上或临近收盘是否可以介入小仓？答案是不可以，因为左边是一个三有顶部再紧接一个暴跌缺口，这是一张开的巨大虎口，任何轻举妄动都会被吞噬。见图7-36。

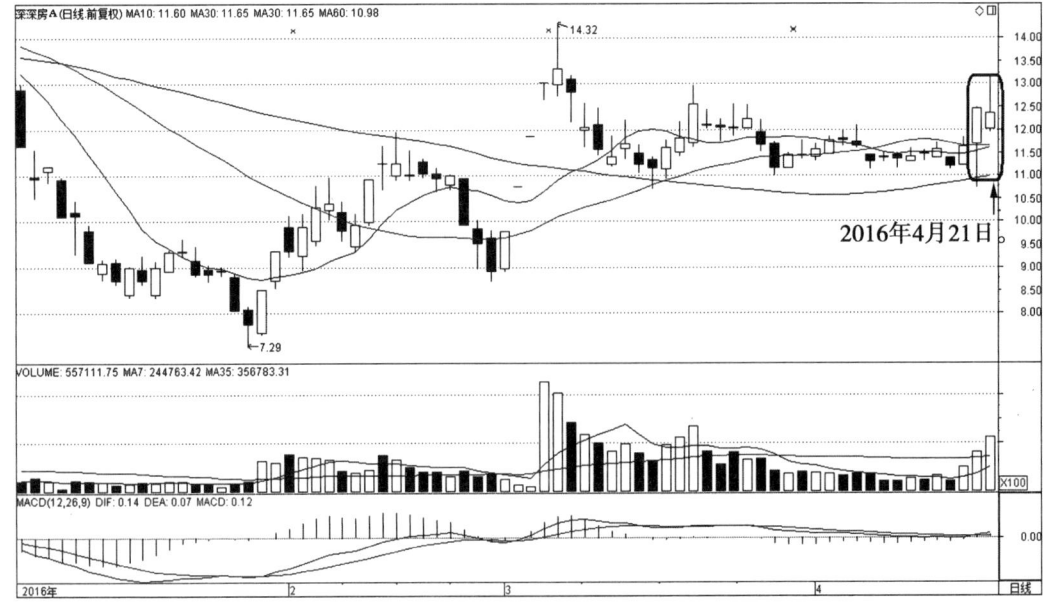

图 7-36

随后深深房 A 股价低开低走，继而又开始搭建平台，股价貌似止跌、蓄势。其实不然，趋势大压已经形成，能量弱无气息，这样的缩量只能表明市场人气衰弱，稍有风吹草动，股价下行不可避免。见图 7-37。

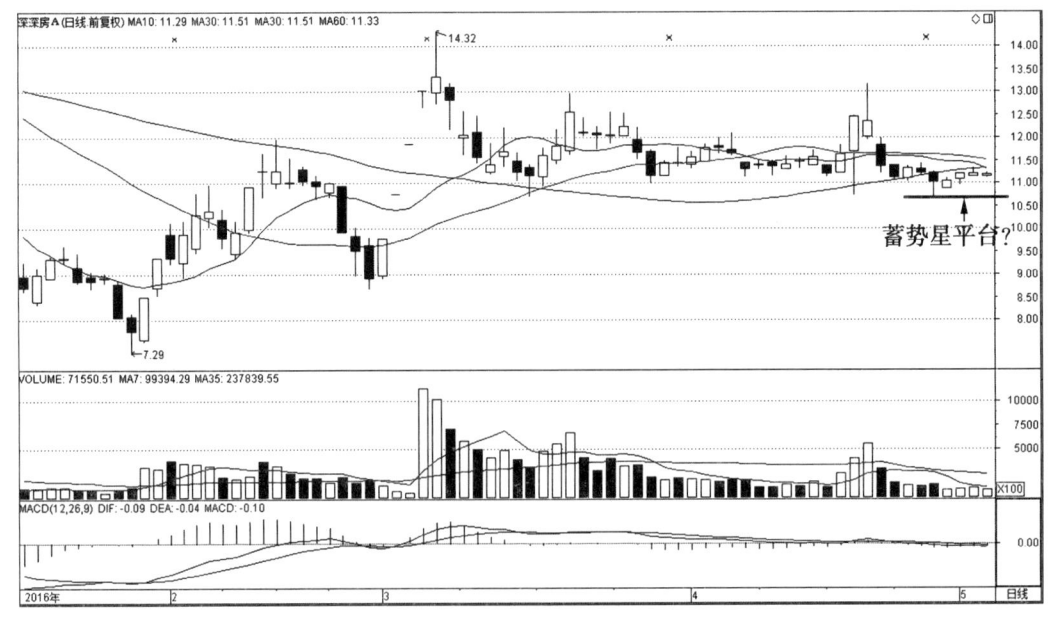

图 7-37

同期位置得当、能量充沛处于诱空星线平台的股票，鼓足勇气就会往上走一段行情，而深深宝这样的股票只是一步一步后退，实战中与这样节节败退的股票为伍，资金恐怕也会一波波缩水。见图7-38。

图7-38

三度操盘教育之风险识别：

处于趋势大压、明显顶压的星线平台没有关注价值。在下行的趋势中，股价放量滞涨是上攻受阻或主力诱多，不可有交易念头，应耐心等待，直到位置得到扭转，趋势之中的强势得到体现。

● **结缘三度：顿悟**

尊敬的蒋老师：

您好！学生回来后看到股票就会想您，想您说过的话，想起您看股票时气定神闲中透露出的霸气和自信的模样！

蒋老师，真的很感谢能在而立之年遇到您，也很感谢士惠大哥，是他极力引荐我认识您，让我有幸走进三度精彩的世界！三度颠覆了我的投资思维，给了我最需要的帮助！不瞒你说，以自己的投资经历以及取得的小成绩，我是带着将信将疑的态度前往课堂的，而离开的时候，茅塞已开！我信了，是骨子里头的相信，相信三度理念，相信三度的超强操作性，相信世间真有如此高人！您给我指明了更宽阔的方向！我相信，决定去遂宁学习，是我投资生涯中做到回报率最高的一次交易！

系统听完你的课程后，我回来又认真看了两遍书，感受完全不一样，认识两本书的价值上升到了更高层面。书中的系统很完整。K 线，均线，量，形态，股市里最原汁原味的东西，您都很经典到位总结了其中的规律，呈现了无与伦比的精彩。配合技术体系，您还融入了交易心法，高深的东西你能娓娓道来并直抵内心。细细品味，无数次被感动、被走心！蒋老师，你是世外高人，而且是有大爱的人，能把如此具有说服力、战斗力的操盘精华毫无保留分享出来实属不易！能成为您的学生，真的非常幸运！

老师，下面我就跟您汇报一下学习归来后自己的感悟。

首先，是关于题材与形态的认知。之前做股票，我是不看股票题材的，总觉得自己没这能力，也不愿花心思去研究基本面，认为看图表上的 K 线、均线、量、形态，就够了，所以很多时候做的股票就是不涨或涨得慢。但老师您教导我：股市最重要的两大支柱一是资金二是题材，主力会借题材之风，借力使力，达到四两拨千斤的拉升效果，市场永远是集题材与资金于一体，怎么可以厚此薄彼呢？而更为重要的是，您告诉我怎么采用技术手段去对涨停板位置、能量甚至时机进行观察分析，确认哪些股票得到了强势资金对题材的认同并且第一时间介入。是的，当技术形态和题材一致的话，主力拉起来就会非常轻松，价格才会沿着阻力最小的方向发展。从这时候开始，我的思维向强势贴近，也更趋务实了。

第二，就是看盘程序的重新建立。经过老师优化的看盘模式，能让我第一时间全面发现强势的股票及其板块，同时能让我随时监控到主力发力的瞬间！通过个股与大盘的"巧妙"匹配，就能发现哪些股票拥有我们强势的"精气神"；三周期图能进一步观察股票的大运势以及健康调整。一幅图能清晰同步看到这么多的信息，真的非常有用，规范优化后的看盘程序，对于我而言价值连城！

第三，对均线归位和经典形态的理解。老师，您对均线形态的分类和经典形态的总结，能帮助我发现其内在能量的方向，是上还是下，或是震荡！这方面对股票和期货都一样有用。之前我对均线归位一直存在误解，认为不管均线是否密集，60 日均线在均线系统最上方时，是做空的良机。但是在期货市场里，一次次的大阳线就是从 60 日均线之上冒出来的，我一直不得其解。2016 年 4 月 7 日，我找到了答案。股票齐刷刷都是从三均线密集的地方涨停起来的。我陷入思考。为什么均线密集之后这么容易起大阳呢？原来，均线密集代表市场成本趋于一致，是庄家不费力拉升的好机会，期货也一样。从 4 月 20 日起，白银连续拉升两周，不就是在绝对低位、周线均线密集的结果吗？还有，大形态是市场较长时间运行才形成的大组合，是为数不多具有预测性的、最真实的东西。老师将经典的大形态：三角形形态，箱体形态，底部形态，特别是颈部形态（最重要的形态）结合案例全面讲解，使我方知成功的大形态原来需要更强势的条件与细节，否则就只是一个枯朽的架子，稍微风吹草动就散架。通过学，自己很好地提高了分析判断能力！真是心中有大形态，到哪里都是大格局！

第四，关于强势的体现方式！还记得自己在第二天下午听到您解读游久游戏及其他几个牛股的时候，我屏住了呼吸，因为其中的几只我也有操作，但买点不精确，持股的底气也没有，赚了一点零头就跑了。你从三度体系的"势道"与"精气神"等方面论证了牛股与龙头的起因，经过、结果，对照历史与现在的行情，吻合度居然出奇的一致，老师的观点给了我巨大的震撼，让学生拍案叫绝。原来的我，大盘一跌，就去睡觉，连跌几天，我更是不想看盘。三度的思维方式出乎意料但又在情理之中，老师还讲解了从"点、线、面"三个层次去精妙寻找潜在的强势股票，我当时的感觉仿佛是在窒息的空间里待了好久好久，突然吸入了最最渴望的氧气！毫无疑问，蒋老师，是您点醒了我。如果我能早一两年知道这些，我的投资业绩真的要比现在好几十倍都不止！

专业干金融近十个年头，听过数百场的讲座，从未听过这些！原来，股市里面除了散户在跟风，庄家之间也会跟风，都在想尽办法借力使力。老师，这是我需要加强学习的地方。

老师，没事我就看看您的书，每看一次，就会成长一次，就会想起课堂上语重心长的您、闲暇时风趣乐观的您。学生觉得特别幸运、幸福，满满的感动！老师，您一定要保重！学生祝您天天开心，身体健康，全家幸福！

上海：兆良

寄语： 有人曾说：世间本无如来，心中有则有，心中无则无。希望与信仰能创造很多奇迹与神话这一点放之四海皆同，关于"顿悟"，今天的顿悟可能只是明天的开始，想去悟，愿去悟，主动悟，你就是"高人"。

披荆斩棘

勇者不惧荆棘，志存高远。

克难攻坚，乘风破浪定关中。

奥维通信（002231）股价很清晰走出了强势顺上的大形态格局，股价于2015年3月9日双星止跌后，又见到更多的资金进场，同时股价被控制没涨多少并出现星线平台蓄势。2015年3月20日，股价在平台末端出现了进攻星线，超常规短资入场后的蓄势接近尾声，变盘就在眼前。见图7-39。

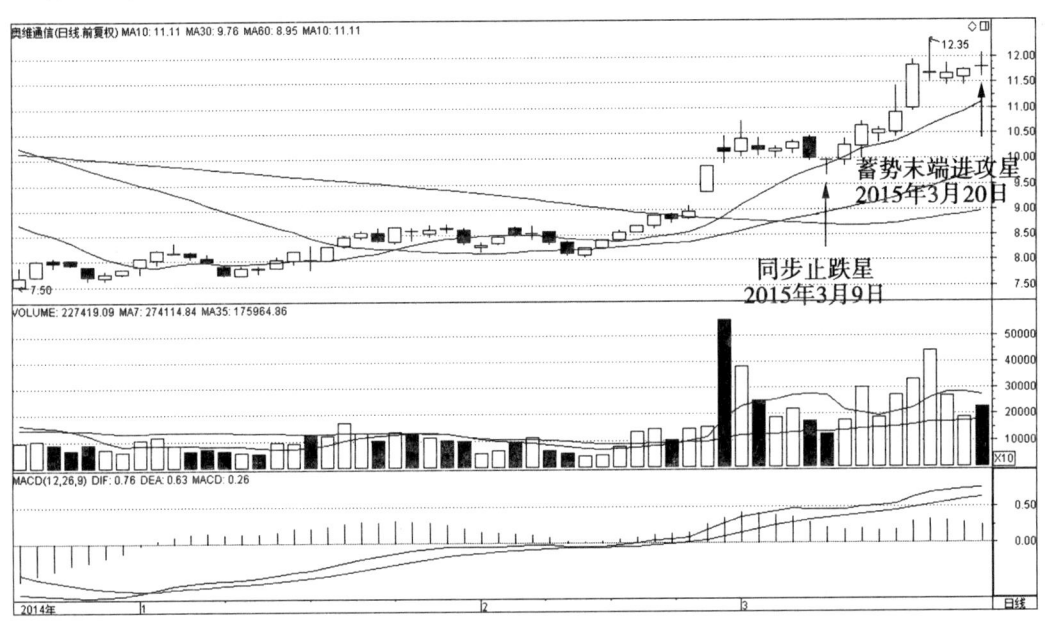

图7-39

次日，股价高开，总攻的大旗已经竖起，股价在盘中上冲、下落、涨停、打开，意图很明确，能震出去多少是多少，能再缴多少算多少，当天股价巨量突破上市7年以来的高点，同期大盘也如火如荼，市场赚钱效应正当时，面对这样的走势格局，第二天仍然可以抓住机会大胆介入。随后停牌没有给丁点机会，复牌的股价即进入空板暴涨。该股复牌为何可以大涨特涨，除了其他原因，最核心的理由就是它停牌停在该涨处。见图7-40。

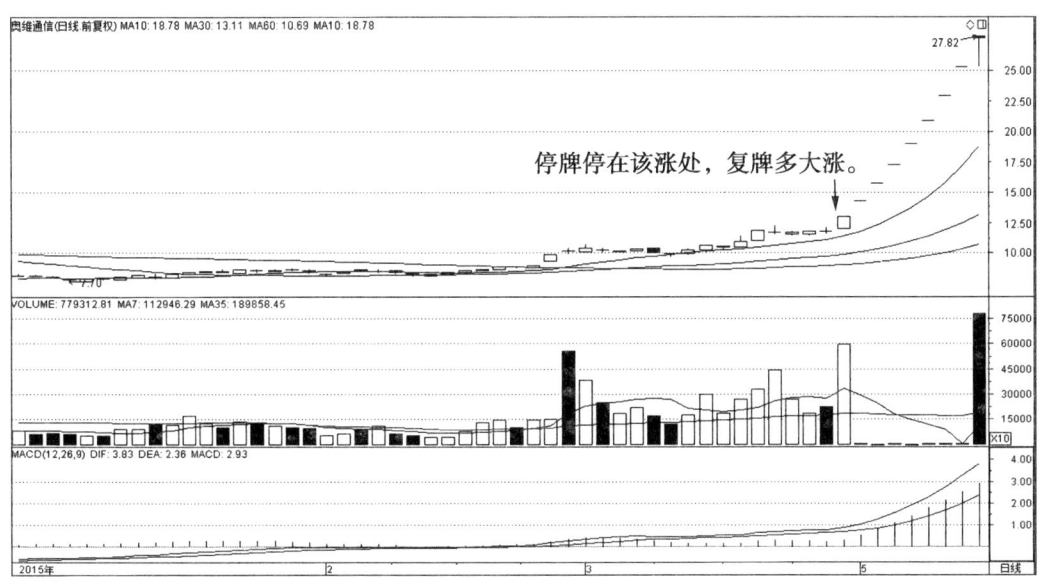

图 7-40

三度操盘教育之交易策略：

超常规短资投入是股价后期大涨的核心因素，结合自身位置，结合经典"力度"，实时实施交易，收获多会丰厚。突破后的暴涨行情是很有诱惑性的，然而很多时候的巨大亏损也是从追进突破开始的，即使个股看上去很"完美"。因此，要界定突破的有效性，除了个股的自身结构，也要结合盘面结构，盘面是指导各种行情的"无形"大手。

下面的案例是天龙集团（300063）。见图 7-41、图 7-42。

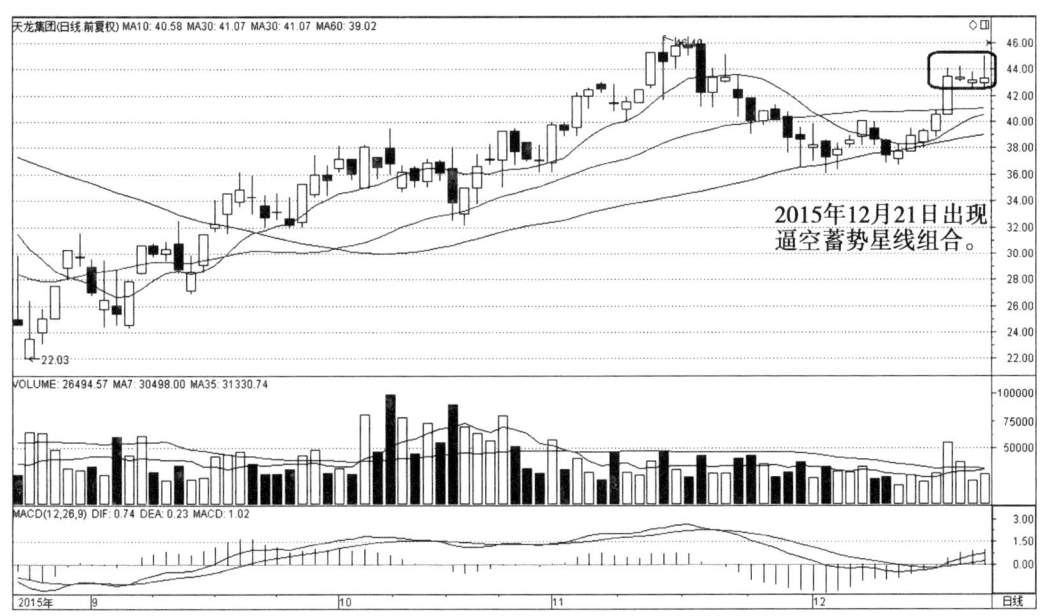

图 7-41

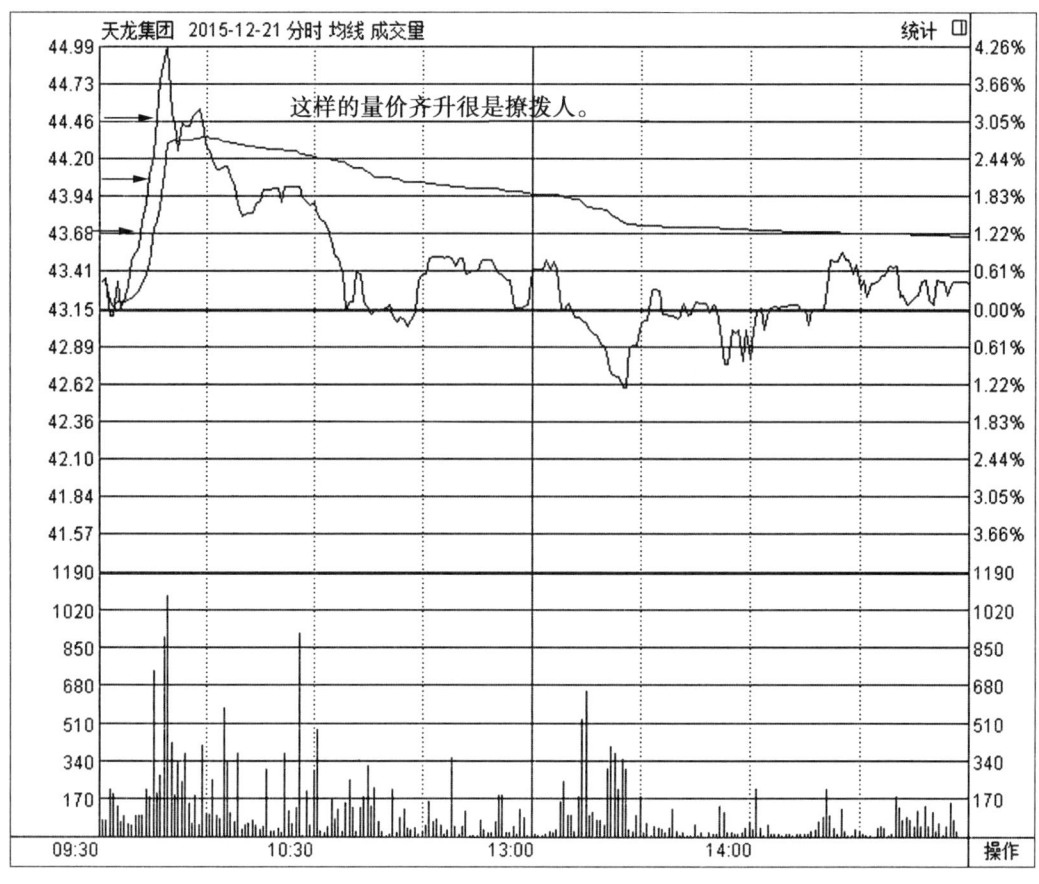

图 7－42

天龙集团（300063）股价回调到 60 日均线止跌，往上回升了一小段后出现了两天星线小平台。2015 年 12 月 21 日，股价开盘仅几分钟就出现强势角度的直线拉升，股价一口气从"0"硬生生持续性上拉 5 个点，这样的盘中诱惑估计会招惹众多目光引发踊跃参与。局部看形态较好似乎可以参与，MACD 指标零轴上金叉似乎也可以参与，基本面为发行股分购买资产、面临重组，似乎还是可以参与。

股市里要不要听消息，看不看题材？肯定要听！肯定要看！但是听谁的？看什么？听了、看了用什么策略来过滤是否对操作有利？

《股是股非（之一）：猎取暴涨股》里有一段话，关于如何求证有用事实真相，可以再重温一次：

两耳不闻窗外事，做好股票有点难；

两耳全是窗外事，做好股票相当难；

眼里只有形态，做好股票有点难；

眼里全无形态，做好股票非常难。

这段话主要是在表达技术形态与题材之间应有的务实态度，意在强调希望达到更为稳妥的交易，需要在"热点中求证买点；买点里印证热点"。如简单随意取用题材，那么，这些"似乎、也许"的迷糊，轻信"即将"的消息，终将会把资金引向灾难。停牌5个月时间的天龙集团，复牌又就连续跌停，可谓雪上加霜。股价经过暴涨后开始回落，回落途中阴量众多，阳量销声匿迹；几经波折形成趋势大压，趋势大压之下哪来机会。复牌就大跌是因为停牌停在该跌处。见图7-43。

图 7-43

三度操盘教育之风险识别：

在暴涨后股价回落形成的趋势大压中，局部的形态实战意义不大，谨防诱多后的再次下跌，停牌停在该跌处，复牌就会大跌。许多所谓的"黑天鹅"事件多发生在主力资金出逃之后，比如2011年12月的重庆啤酒、2013年11月的昌九生化。避免类似的事件不难，记住两点就行：一是烧红的铁不要碰，尤其是有人不断告诉你发红的铁要变成金块的时候；二是高位突然巨量，尤其是阴量，阴多生恶，是天道，也是人道。

● **结缘三度：披荆斩棘寻正道**

尊敬的老师您好：

能够拜您为师研习操盘股票投资是我人生中最大的幸事之一。我自2007年初

股是股非（之三）
暴涨之星

入市以来，经历过牛市随便买进就赚钱的手舞足蹈，更身陷过熊市中买什么什么亏的手足无措，最终是屡战屡败无处话凄凉，以致后来看到股票就有恐惧感，但对其又割舍不下。在几乎熬不到头的日子里，命运之神把我引到了老师您身边。这缘于朋友"牛市赚钱不算啥，我老师引导我们在熊市依然漂亮赢利"的一句话让我引起了高度重视。几经了解，经过慎重考虑，我决意要拜老师为师。经好友引荐，与老师沟通后，老师答应了我去学习的请求。两天的理论课程排得满满的，这让我这个已如饥似渴的求学者异常兴奋！各种风险识别、各大赢利战法，龙头五步、如何把握有效题材、如何巧借大盘预判个股行情，等等，让我眼花缭乱目不暇接，紧接一周在老师身边的实盘操作，效果也立竿见影，这更让我信心陡增。当时我只有一个念头，终于拿到了"九阳神功"的秘籍了，成为股林高手指日可待！

经过短时间的消化我认为可以出山了！可是想象和现实却存在着太大的差距。出手就被套，还经常被套在上影线的最高点上，几经操作下来，看见账户居然在快速缩水，才意识到自己是多么不自量力，这才意识到老师在我们离开时反反复复叮嘱的两件事情我居然一件都没认真去做，这才意识到自以为是的严重性。于是我静下心来再次从基本功练起，踏踏实实用经典量形态选庄、跟庄；认认真真追逐量价异动使均线归位的强势机会；细细致致体会"好位置、正能量、强势印证"的市场内涵；慢慢地情况好了起来，我常常也能做到当天买进当天涨停，当天大幅赢利了，甚至有些还能持续涨停。但还是有较大问题：操作上有反复，赢利不稳定；见到好机会不敢重仓操作，会发生轻仓成功率高，重仓就会错的情况；懂得似乎越来越多可资金增值缓慢。俗话说得好：要想成为武林高手就要内练一口气外练筋骨皮。这口气到底是什么？把困惑告知老师后，老师给了"提高交易规则"的建议，于是我把自己的操作的条件提高了很多，同时把之前所有的操作再次调出来审视，发现做错的票都是低要求低规则而犯下的错误，赢利的都是高标准高规则得到的褒奖。如此反反复复地看、反反复复地琢磨，终于再一次得到较大启发，原来就是老师挂在嘴边的"五星标准、龙头五步、意随盘面舞"。现在才明白，老师操盘办公室为何独挂一副"舍得"字画。当意识到自己的意识与老师的思想重叠时，那种兴奋无法言表。我迅速重建了自己的高要求交易规则，优化了自己的工作程序，并不断持续地改进。在这里我做一些简单的总结向老师汇报，请您审查。

第一，认知风险、敬畏风险。

毕竟在股市中风险比机会要多得多。图表的风险、盘面的风险、大盘风险、自我认知风险等等所有的交易必须建立在消除了所有风险的基础上，否则，赢利很难。知道还要时时不忘，时时不忘风险自然就是敬畏风险，只要时时敬畏风险，伤害就会来得少一些，赚钱就来得多一些。

第二，认知机会、把握机会。

老师经常讲，做股票一定要专注强势、盯紧龙头，这是符合股市大道的理念。要想做到强势行情，首先要认知强势图表。图表上的强势技术点是认知突破口，找到了突破口就可以以点带面，越走越舒坦，这些突破口就是老师在书里、在课堂上面传给我们的强势经典模式。但认知强势图表依然不够，因为很多相似的强势图表表现却不尽相同，这时就要从"龙头五步"的节奏以及"盘面大纲"中去探寻究竟，这就是老师提出的"从强势中寻找强势"法则。

第三，审视自己。

老师强调："认识自己一定要与认知股市同步。"是这样的，再好的机会不敢出手，再大的风险却自以为是地高估自己，都是没认清自己的表现。认识自己就要不断审视自己，骄兵必败，这个理我懂，因此，每操作一次，不管对错与否、不管赢利多与少，我也会做一个分析，要求下一次做得更好。

老师！基于上述的认识，我一步一个脚印踏实地走着，每一次操作均务实面对，"诚实、稳健、强势"是我对自己的要求，不知不觉间，我悄然踏上了稳定赢利的道路。在这里我要感谢老师的无私传授促成了我的格局放大；感谢在我迷茫的时候，给我引导与鼓励的所有师兄师姐；感谢因为自己的鲁莽与无知做错的那些经历；感谢好友阿传哥把我引荐给老师，才有机会更快看清投资路上的沟沟坎坎，才有机会更快踏上"三度"这条中正大道。

保定：小兵

寄语：认识自己的确不是件容易的事情，在相对较短的时间看清股市里一些重要问题的同时，看清自己很难得，这需要坚毅的品格力量。你做到了，再多给自己一些安静的空间去成长。会走得更快一些。

励精图治

精神携纲要，志向定信念；
励精不怠懈，壮志有大为。

亿帆鑫富（002019）股价在均线系统下排出八九天星线平台，是否为逼空蓄势星线？

暂不确定，因为股价横了可以再跌，很多时候被迫止损出局就是只看见形态差不多就买进而造成的结果。

2015年12月14日，股价上跳上冲，盘中回落，全天收悬空星线，这一跳，前几天的星线平台就有了诱空蓄势的价值体现，悬空星线就是进攻星了。进攻星的次日，股价低开但很快就发起上攻，全天收涨停板，强势行情暴露无遗。见图7-44。

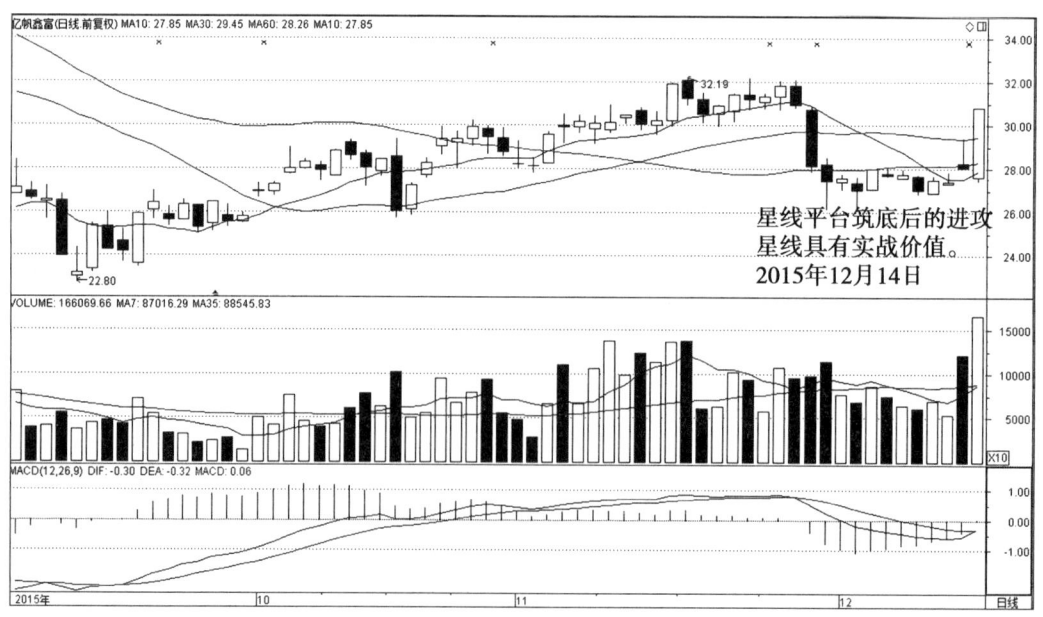

图7-44

亿帆鑫富的主力借大盘，借个股自身位置，借公司利好题材，布局资金，运用经典星线蓄势、经典星试盘后，推动股价长驱直入，制造了一大段上升，然后在高位运行，利用充足时间有耐性进行高位换手，兑现利润，依据就是高位孕线叠加阳奉阴违星线组合。见图 7-45。

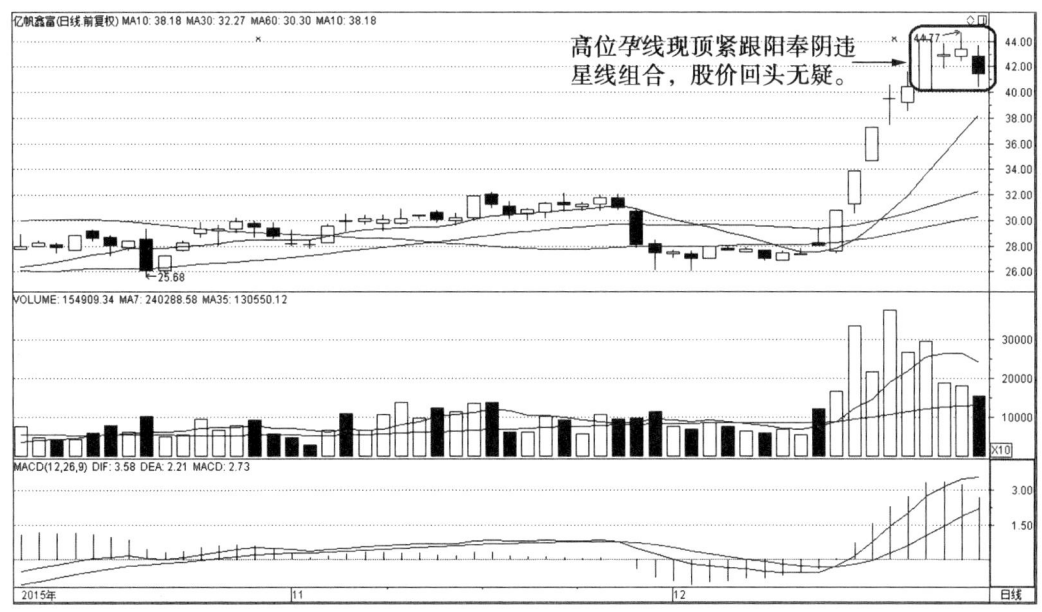

图 7-45

三度操盘教育之交易策略：

星线平台是一种平衡，股市里没有永久的平衡，平衡的打破就是极端行情的始端。当适当的位置出现星线平台时，一定要引起重视，所谓"适当的位置"是针对前期股价运行走势以及能量构架来定位目前的位置是否在一个价格合理的环境。进攻星线的出现，暗示股价打破平衡后意向是向上的，随后股价表现积极向上时就要积极跟进。股价在短期暴涨后出现孕线组合要提高警惕，孕线再低开，股价变向往下，果断出局。

海特高新（002023）在 2016 年 3 月 31 日出现了一高开的悬空星线，近期有资金进场的痕迹，位置也不高，是不是进攻星线？不错，形态就是进攻星线，不过，进攻星出现后能否马上上攻，用什么方式上攻，或者是佯装上攻，目前不能定论，我们的分析还需要随后的走势作印证或在盘中印证。见图 7-46。

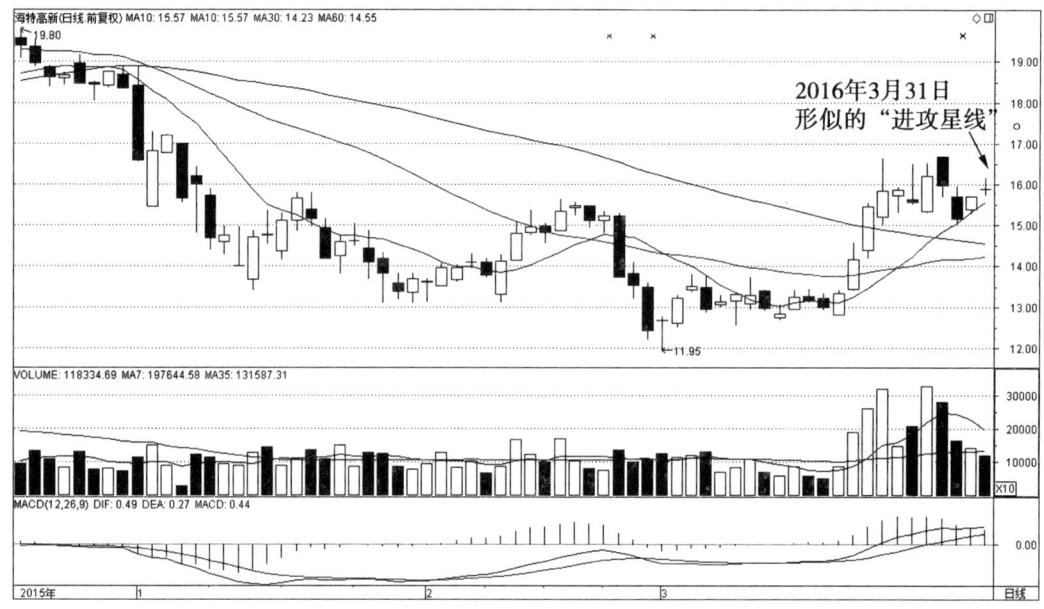

图 7 - 46

接下来的走势是磨叽了两天，始终不敢跨越面前的小山头，更不要说横在前面的大山头了。随后，股价是越走越低，越低阴量越多，很明显，股价在慢慢下滑，危险在一小步一小步逼近。持仓或开仓都没有任何依据。见图 7 - 47。

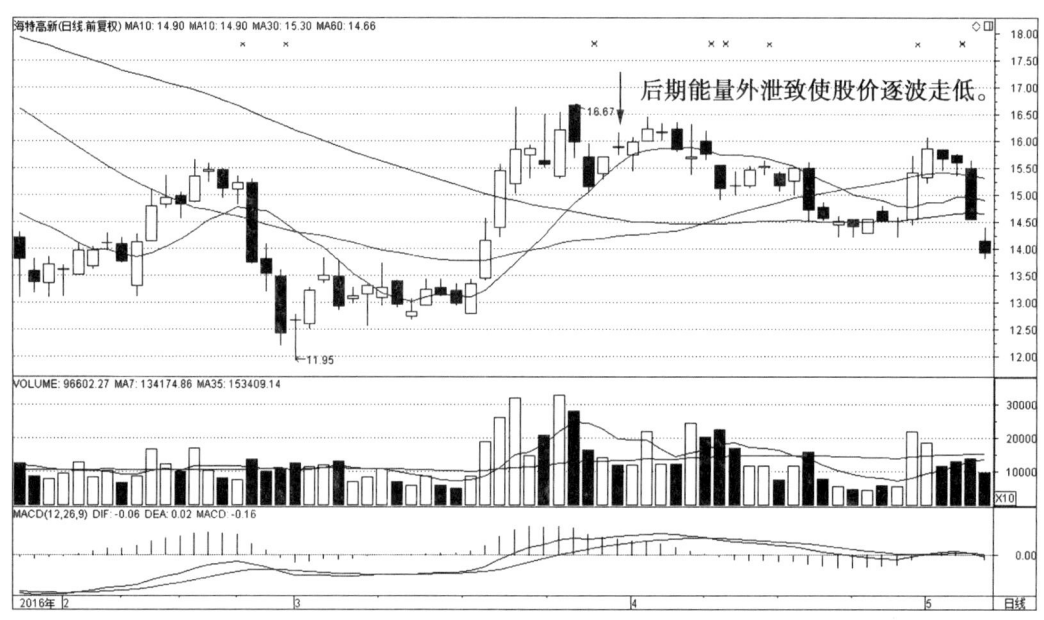

图 7 - 47

三度操盘教育之风险识别：

任何有效的进攻形态均在安全边际中诞生，这是操作要求，更是保护资金免受创伤的规则；任何变盘信号均需要某种方式确认，提前入场就得承担时间风险以及不可预知的风险。而在大大小小的顶部压力面前，只见局部形态就杀进是不明智的表现，也是欠缺常识的表现。

● **结缘三度：致敬三度**

致敬三度！致敬老师！

为您的平凡，您的朴实，您的坦荡！

2015年8月20日，是我一生的转折，我在新华书店股市书籍栏翻找着各类股市书籍，一本《股是股非（之一）：猎取暴涨股》映入眼帘，因为有"猎取暴涨股"，与"股是股非"几个字搭配在一起觉得有些意思。买回家用了两天时间，就全部读完了所有内容，阅完后眼界顿感一亮，后来在书角处看到了老师的电话，直觉告诉我，必须立即与老师取得联系，与老师通话半个多小时，终于听到老师那句话："行，你就下一期过来吧。"11月20日我十分荣幸地坐在座位上听老师对股市高屋建瓴的分析：厚度、力度、速度；异动、强势异动、关键位置；盘面、主流、龙头……一周下来，多年对股市的误解、对股价的误读，一下子幡然醒悟。自己也从教几十年快到退休年纪，完完全全能够感知老师无私地把十数载的研究成果、实战成果，全部传授给我们的坦荡胸怀。几天前还是素不相识，几天后却成了我的恩师。

几天前尚未谋面，为什么您待我们像亲人？慢慢地我明白了，同为老师，我们心中永远坚守着一方净土。

第一次看到老师，我就觉得，老师是一位定力无边的好老师。说话声音低、寡言，语不出不惊人，一出则中的。是啊，能从纷繁的股市中理出一条大道，需要多少个日日夜夜，多少次实验与求证啊。讲课中，老师反复告诫我们的一句话就是：找出问题，找出解决问题的方法！细想一想，人生不也如此，找准问题，找准关键，抓住细节，人生何处不阳光！

老师爱笑，我知道，爱笑的人都善良，老师就善良！老师在书中反复说：走就走大道，大道上阳光好！是的，同学们，你看到了吗？一路奔行的路上那一片片火红的量堆，就是老师在黑夜给我们准备的篝火，无论股道多么起伏坎坷，老师心里早有定数。老师在巅峰等着我们，站在他的肩上，让我们超越！超越！写此文时，我想起了一个字，态度的"态"，上面一个太，下面一颗心。什么是"太"字？就是比"大"还多一点，比"大"还大就是"太"，这样的一颗心就是"态"之心，不像我看到股市中的东西就沾沾自喜，以为知道了、学了一点东西就遮着盖着，那是一颗"小"心。老师的三度，我的理解就是一个"态"度，一个太心之度，一个大的大度！

致敬老师！

为您的爱心、您的真心、您的热心！我能想象您曾经熬夜的艰难，生活的不易；我能看到您的责任与担当。当我拿起《股是股非（之一）：猎取暴涨股》这本书的初期，我还是像看平常的多如牛毛的股市的书一样，很木然，并没有想能得到什么？无非是自己给股市中一次又一次被扎痛的心一点麻醉。然而，大约读了十分钟，我感觉到了书的沉甸，我想起了文以载道。凭我育人几十年的经历，我知道遇到了好人，善良和善良就像信号，是同一频率，是能够接通的。我当即在晚上就与老师通了电话，那一晚我失眠了。不是为了什么发财，也不是为了什么做人上人，做什么富翁，做什么大亨，或者做一个除了有钱什么也没有的人……一个人可以贫穷也可以富有，但不能没有爱！在书中，我一次又一次地读到了老师的良心和爱！爱需要宽阔的胸怀与态度，正如老师所说，大海之所以能纳百川，不仅是因为其大，更重要是因为其低，这种低里面包含了多少爱啊！我是一个慢热型的人，除了平常为苦难的人们无数次的落泪，为自己的人生一次又次的励志，又能做什么呢，还能做什么呢？一颗"小"心空空茫茫。见到了老师，我真的自信感觉到，老师的方舟，肯定能让我渡到更静美彼岸！

致敬三度！

老师关于股市的理论精髓就两个字："三度"。"度"其本意是计算长短的单位，衡量事物所达到的境界，比如程度、高度、风度；事物保持自己质的数量界限，能容受的量等意思。老师用它来指股市并命名为"三度"，实为一大创造性理解与开拓。"度"说明白就是一种"极"的包涵，由一端到另一端的界，老师用三度表达的就是股市的大觉——无所不用其"极"。从超常规短资的强势重磅投入到冰点量和阴极之末，从"落花有意到巅峰超越"，如此等等，在书中，处处都能体味到老师三度的精妙概括。老师说，在二级市场不投机没有出路，这个"机"在哪啊？原来，机在"强势"里，机在"再度"中，在"归位"处，在"印证"时。

于是我一遍又一遍地到书中找。读一遍——知道了厚度就是藏在那一堆又一堆的正能量中，力度就是厚度下蛰伏着庄有规律的异动，速度便是万事俱备的那阵风；读两遍——知道了厚度原来是重磅资金顷刻而来量升价增之后的反复折腾。力度就是拿捏在修复归位的均线上，拿捏在天使之吻处，拿捏在平台上的冰点量里；读三遍——软着陆，强势支撑，强势回调；读四遍——强者恒强，再度无价，有效突破；读五遍——许许多多的问题便浮出水面，啥是大极中极小极？啥是强势领涨、强势盘面？意随盘舞的意又在哪里？形又如何丢掉？我思索着，求证着，问老师，问师兄师弟，生活是那样的充实，股市是那样的充满吸引力。慢慢地，我领会了量态、均线态、K线态，技术指标，该如何层层巧妙叠加并形成共振，共振就在速度中得以体现，一旦共振转瞬就是巅峰，就像守在洞口的猫，早已洞悉了鼠的出洞时间、路线和规律，就等出洞的那一刻，迅雷不及掩耳——拿下。

师说，股市不可怕，可怕的是你心中没底。慢慢地，那颗没底的心，渐渐地有底了。一位于人生、事业、投资均是拔萃的师兄私下里说，三度就是股市的"圣经"，百读百新，每一次阅读都有不同的一面呈现在你面前，都有新收获。老师！这封信就要结束了，我又想起了见面时老师对我们开膛破肚的清理，告别时老师对我们的千般嘱咐和叮咛！千里迢迢，短暂相聚，却能一见而难忘，这是老师的魅力、感召力！老师的朴实、诚实、踏实，老师的爱心、热心、真心，老师的感性、悟性、善性时时刻刻荡涤着我们的灵魂。在这个浮躁写满众生脸颊的当下，还有多少人能有这些？这就是老师内在的三度吧。天生一，地生二，天地生三，三生万物。不必说老师做股道，就是做位诗人、做位哲人，也是能悟道出真的高人，也是我们的老师。川府多才俊，我师是高人！

致敬老师！致敬三度！

亳州：振华

寄语： 心若在，梦就在，致敬！老杜！致敬！老师！

海阔天空

海阔　天空

阔海　空天

自由飞翔

浙江金科（300459）的股价运行过程中，多次呈现经典星线形态传递的交易机会。2015年9月份在同前的低价区出现倒锤头星线，止跌见底并开始强劲反弹，走出了短时间翻倍的行情。2016年2月16日，主力资金重新入驻后，股价于能量低点，又出现一组启明星攻击形态，这是非常经典的"单"字形见底，其又将开辟一段做多行情无疑。见图7-48。

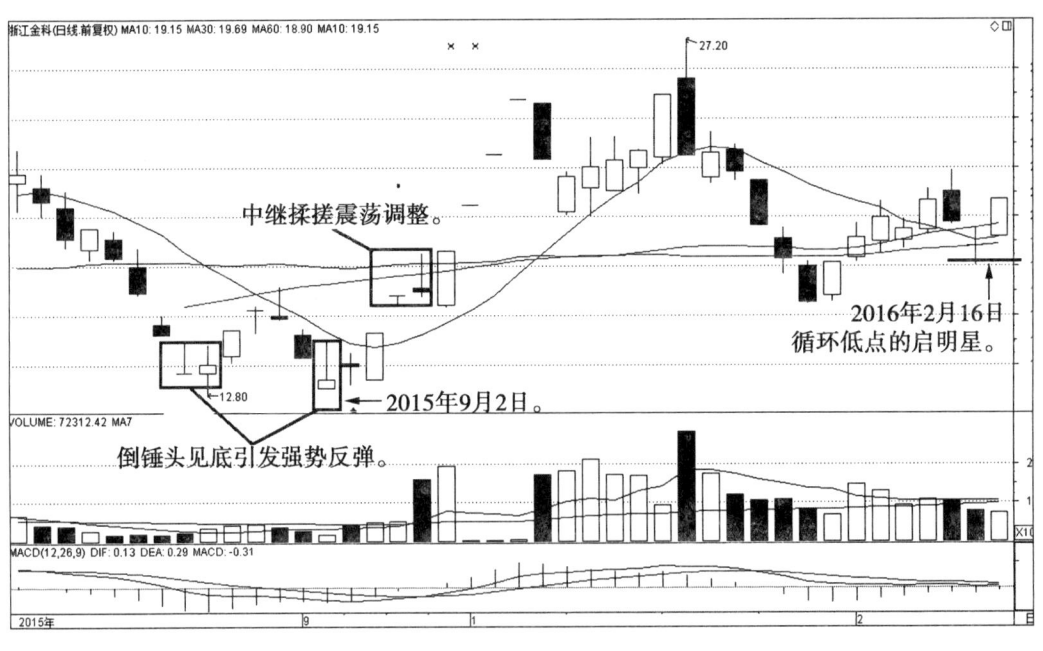

图7-48

在这里怎么就可以说"无疑"？

资金，盘面，意志均得到完美叠加；

能量、形态、位置得到高度统一；

天时地利人和得到集中体现；

市场上的"九九"终将"归一"。

是的,所有的"多"都是为"一"而生!

经书曰"一即是多,多即一。""多"不乱,"一"不薄。多是为一朵开,一啼鸣。随着在股市里待的时间增长,就会发现这个市场越来越不像当初入市时听到、看到的情形,只要时机得当,方法得当,行情反弹的高度也并不比正规的趋势低,赢利也并不比正规的牛市差。

自循环低点的启明星开始,浙江金科的股价连续大涨七八天,如此的走势,一旦出现强势不停歇地推动,一定把心放开,不看其他任何分时周期,不要太过计较"背离",不要总盯即时图,图表会忠实告知股价见顶,这一波行情见顶就是巨量天针及射击之星,见图7-49。

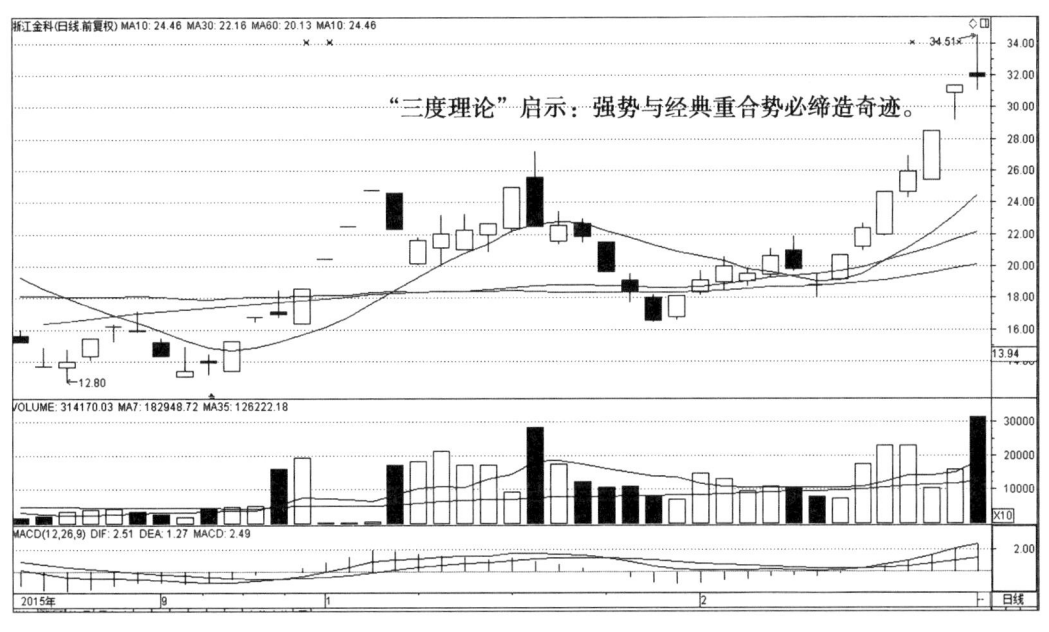

图7-49

三度操盘教育交易策略:

循环低点有没有行情取决于股价在循环低点是否呈现实实在在的表现,取决于对应的低点是什么性质的低点,强者恒强的定律适合所有的地方。循环低点叠加均线归位、叠加经典星线信号,行情的再度起航就会来得快一些、激烈一些。

美欣达(002034)股价在图中方框里是阴阳大K线之间夹着几根星线,这样的走势更多的视为做多的图表走势,这组K线组合又重叠出现在上升趋势线上,期待就有了更多的理由。2016年5月5日前后几天的星线蓄势是否定性为强势横盘?

大阳线上很乖巧的小星线能否点燃激情？5月6日，股价小幅高开，开盘就往下，一波一波把股价推到大阳线底部后出现反弹，收盘为长下影K线。这一根看上去起到支撑的长下影线其实是更为危险的信号，因为受到支撑的位置不结实——无量！见图7-50、图7-51。

图 7-50

图 7-51

后期股价连续下跳走低，短期跌幅较大。这里分析一下开跌前图表透露的真实信息：总体轮廓，股价反弹到前暴跌起始区，无疑面临巨大阻力，是风险高压区；局部形态，大阴线放大量，大阳线无量，属于佯攻；佯攻后的星线不是强势蓄势；没有能量的大阳线之后的长下影线止跌不是有效止跌。见图7-52。

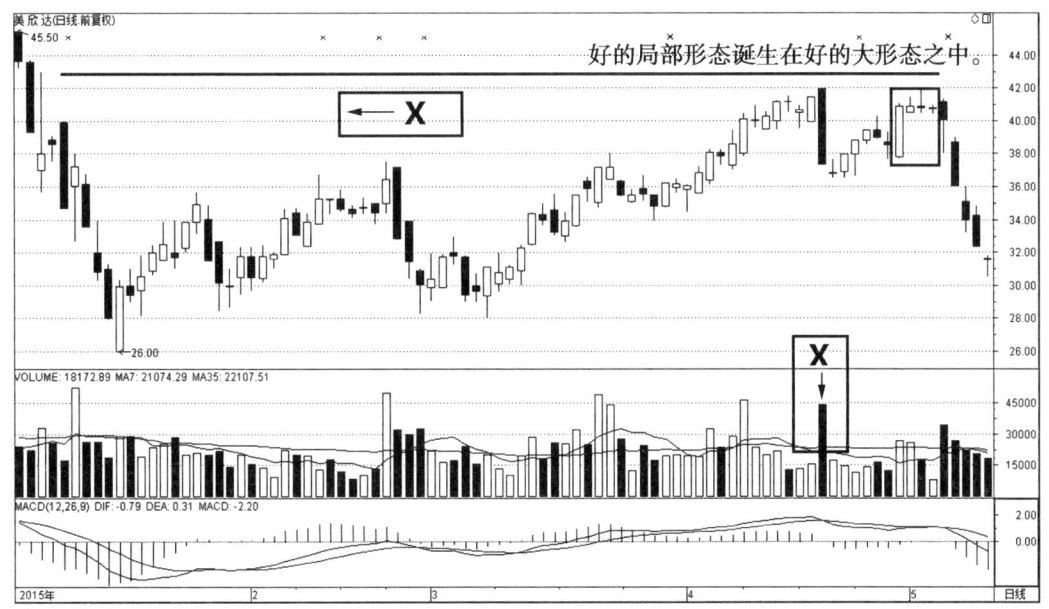

图7-52

三度操盘教育之风险识别：

暴跌起始区是风险聚集区，临近时务必提高警惕。一个小形态是否具有操作价值，需要放在一个大轮廓中来审视，这样就不会被引诱。股市中的情形往往是一边倒，开始对，处处对，开始错，步步错。先判断时空大压，再判断能量时机，如此的路就安然许多。

● **结缘三度：从心开始**

亲爱的老师：

您好！

提笔给您写这封信的时候，大盘又进入了新一轮大跌，投资路上如果没有遇见您，如果没有接触"三度体系"，按照以前的操作惯例，面对如此密集的多次暴跌，有可能现在已经带着满身伤痕躲在股市的某个角落舔着伤。回想起之前在股市摸爬滚打的日子，真是百味杂陈，满满地感叹，满满地唏嘘。

初入股市，什么都不懂，听人说道行情好，这里是可以很快暴富的地方，只知

股是股非（之三）
暴涨之星

道一买一卖间有差价就可以赚钱。带着对股市的零认知和发大财的心态杀进来后就到处打听消息，打听有什么股票是可以买进就坐等赚钱的。当时，在市场如日中天的时候，拿上所有的资金，听从了别人提供的消息，满仓买入一只股票，在随后的时间里，天天抱着专业人士推算能翻5倍以上的白日美梦痴痴地等待两年。终于有一天，梦碎了！股价在长达一年多的高位横盘后，毫不留情地出现断崖式下跌，瞠目结舌地面对这样的下跌，不知如何能有效处理，任由亏损持续加深，十来天时间，股价跌得只剩零头，这是何等惨烈啊！提供消息的人士最后传过一句话"没办法，斩掉吧！"我的人生第一次遭受到如此这般的重击，那一段时间，哪里的空气都是让人窒息的。彷徨、颓废几个月后，我想，我应该结束这种现状，这是我性格决定的。这个世界，不太在意哭泣与吵闹声，在意的是摔倒后能否爬起来，爬起来后能否再站起来，站起来就有可能被太阳照见，站起来也才有自己的一点高度。经过从未有过的深刻反思，确切知道了是什么原因导致自己这次惨痛的失败，失败是因为对一个领域不熟悉却又生出了野心，而这种野心只是拴在一根稻草上。幻想一夜暴富让自己尝到了苦头，这是一个教训，我接受这个教训！

"强者，不是没有眼泪，而是含着热泪依然在奔跑。"接下来，我决定不再听信任何人的消息、情报，我逼着自己重新去认识股市，从头开始学习，一定要弄明白，搞清楚自己输得这么惨，最根本的原因出在哪里？从那时开始，上网找资料，看论坛，进网校，海量买书，报学习班，大众股民熟知的理论技术基本上我都钻研过，我每天没日没夜地坐在电脑旁，这般苦行僧的日子过了3年，在这3年中，慢慢地知道自己当初的行为是多么的愚蠢和不负责任，也深刻认识到这个市场的残酷无情与它的公平处。在股市取得成功，绝不是偶然的，都是真枪实弹靠实力去争取的，无视学习，轻视经验，藐视市场，狂妄自大，最终是输时间，输资金，输精力而一败涂地。

大多数人选择股市的目的近乎相同，初是为了单纯的赚钱，实现财富增长，进而却越发对它感兴趣且一发不可收拾，由最初简单的目的变成一种强烈的热爱，想要把交易投资变成一种理想，一直向前去实现。几年下来，自己也感觉到，虽然学到不少技术，也没有出现大的失误，但是总觉得自己只是能看见门里透出来的光亮，想要推开门尽情享受光亮，却又不知从哪里推开它，总感觉有一道无形的墙挡在面前。被说不清、道不明的一股力量束缚了手脚。

直到有一天，有机会翻开老师您著的书！还没读一半，温暖已经包裹了全身！

束缚了很久的手脚也开始战栗了！问道还要问心、认识风险比认识机会更重要、量形态还原主力身影、能量未外泄、三阳控三阴、均线归位、最佳交易区、时空压力、强势再收集、超短资金超常规投入、股性同人性、烧红的铁不要碰……每一个定义都是这般有见地，雄厚而不玄虚；每一条忠告言辞恳恳，坦坦荡荡！我调出当初给我巨大伤痛的股票，一幅巨大的风险图清晰摆在面前！股价前期大涨特涨已经是烧得通红的一块铁、趋势大压形成、众多阴量触目惊心地站在量区里、暴跌之前股性极度扭曲天天是长影线，面对这幅图，我惊呆了！股市原来真的可以这样直白地呈现出来，我知道，我终于找到我自己想要的东西！我看清了顽固挡住我的这堵无形之墙，我终于看到了希望。合上电脑，驱车凤凰岭，找了个没人的地方，痛痛快快号啕大哭了一场，我知道心底那个梦想可以有机会生根发芽了，这次我再也不是白日做梦了。通过书里面传递的知识信息，我知道，路对了；那个海之上，朝阳下凝眸远眺的影像，我确定，人对了！这样的导师，展现的一定是海阔天空。

过去的经历告诉我，当习惯用责难与抱怨的姿态去面对一些不可逆转的不幸时，这人已经处在极其危险边缘，在股市多次置身在不幸行情当中却无法摆脱，毫无疑问是认识上或观念上存在重大错误，抱怨而不反省也是危险的！还好，当初自己没有像怨妇一样去责难、去抱怨，痛痛地接受了现实，所以，才在后来有机会聆听老师教导的福缘。人在关键的时候，尤其是在自己"见多识广"反而让自己深陷迷糊时，真是需要高人指点的。哪样的人才是"高人"？这时最需要"听君一席话，胜读十年书"这句话里面提到的"君者"给予引导。因为这样的"君者"已经洞悉什么是真"懂得"，可以把我们从泥潭中拉出来。

因为与老师的专著产生了共鸣，进一步学习老师的理念系统的想法非常坚定，与老师联系并经过系统学习后，才知道股市中的"高手"两个字该怎样来写。通过学习三度强势理论，认真领悟三度经典内涵之后，逐步领会到老师所说的"市场之根脉、强势之主流、领涨之盘面"带来的操盘巅峰。三度理论及实战系统是开启巅峰的金钥匙。随着实战的积累，更深体会到三度系统的实用性、严谨性、前瞻性。遵循这样的思维，每每市场行情来时，三度系统就犹如一位即将出征的将军在沙场点兵，总能在第一时间点到士气最强最盛的先锋标兵。再回头去看以前的学习资料，看那些不断收费的所谓晋级课程，只能为之苦涩一笑，然后，按下删除键。

亲爱的老师，感谢有您，感恩三度这个大家庭。是您一步步领着我前行，一点点教会我怎么认清市场，认清自己并渐入佳境。在学习、进步过程中，我哭过、笑过、兴奋过、失意过，三度的陪伴让我坚持下来了。经过几番刺骨寒彻，我更深刻地领悟到，变化莫测的股市对不肯学习、想投机取巧的人是绞肉机，绞碎的不仅仅是财富梦想，还有整个人的信念。对勤奋专研永不放弃的人却是甘甜的井泉，收获的不仅是财富自由，还有自由的梦想。股市是炼丹炉，要么凤凰涅槃，要么化为灰烬。老师的潜移默化，使我更深切地领悟到，历经挫折、穿越忧伤后，心如湖之镜明的奢华。老师您的教导使我清楚明白，"踏实，专注，勤奋"才是人这一生中正之路，"强势、经典、简单"才是股市大道。让我更明白，人这一生，任何值得去的地方都没有捷径！因此，该勤奋的必须要勤奋，该坚守的一定要坚守住，该相信的一定要勇于相信，努力做到"不怀疑、不间断、不夹杂，努力精进"。

有句话说得好，"要想过上美好的生活，先要把自己变得更美好。"努力、反省、务实，一切都向美好集合；路对了，人也对了，世界也就对了！我相信，我的努力最终配得上我的梦想，我的梦想也不会辜负我的努力，不辜负老师您的殷切期望。

北京：惠之

寄语：去过、过去，当内心宽阔时，世界也就海阔天空，这一点，你已经做到了。

乘风破浪

志高远，济沧海，

乘顺风，破万浪。

宝德股份（300023）股价走势轮廓是强势顺上的大形态格局，其走势在当时段是难寻其二的。"能量持续介入，股价止跌、回升极具规律"，这是《股是股非（之二）：暴涨大形态》关于顺上大形态的重点解析，是对强势顺上形态的图表技术要求。从图表上可见，其股价极其活跃，在箭头处显示的是股价缩量落在30均线止跌，止跌就回升，而且多次反复，此走势特性给了很多小波段操作的赢利良机。2016年3月18日，股价强势突破强势平台，突破是在"高送派"释放出巨量之后，显然，酝酿已久的主力接下了众多筹码，结合图表技术，强势大波段确凿无疑。见图7-53。

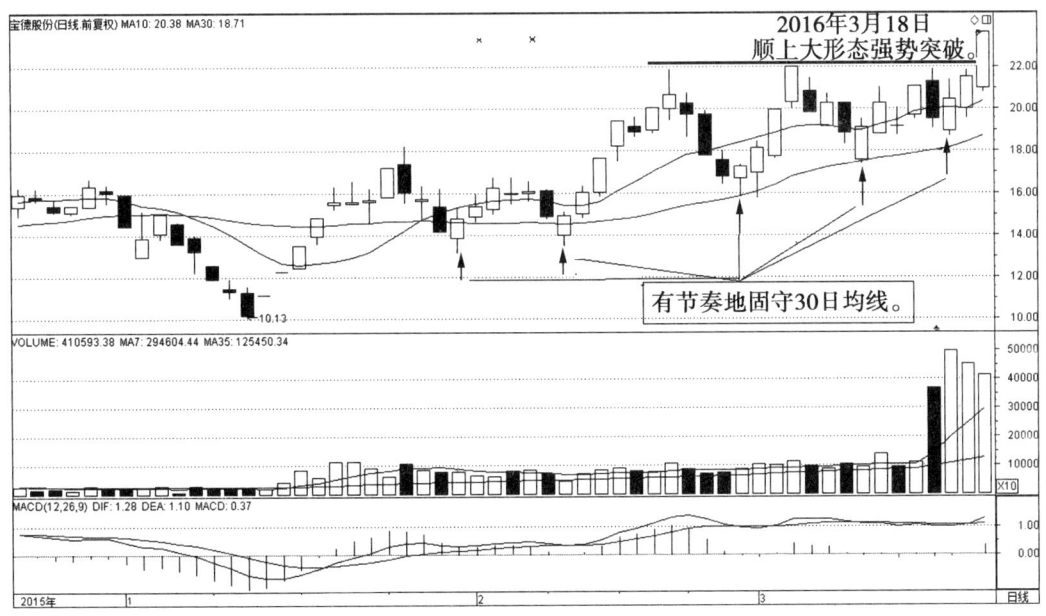

图7-53

宝德股份是强势顺上大形态与强势平顶三角形形态的叠加，股价突破三角平台后就不再回调，长驱直入，其强势飙升带动了市场的人气，尽管上涨期间的大盘是小幅回落的，却也有较多的个股随宝德股份之势走出局部可操作性行情。股市需要龙头，需要标杆，需要适当的"妖股"来激荡人气。见图7-54。

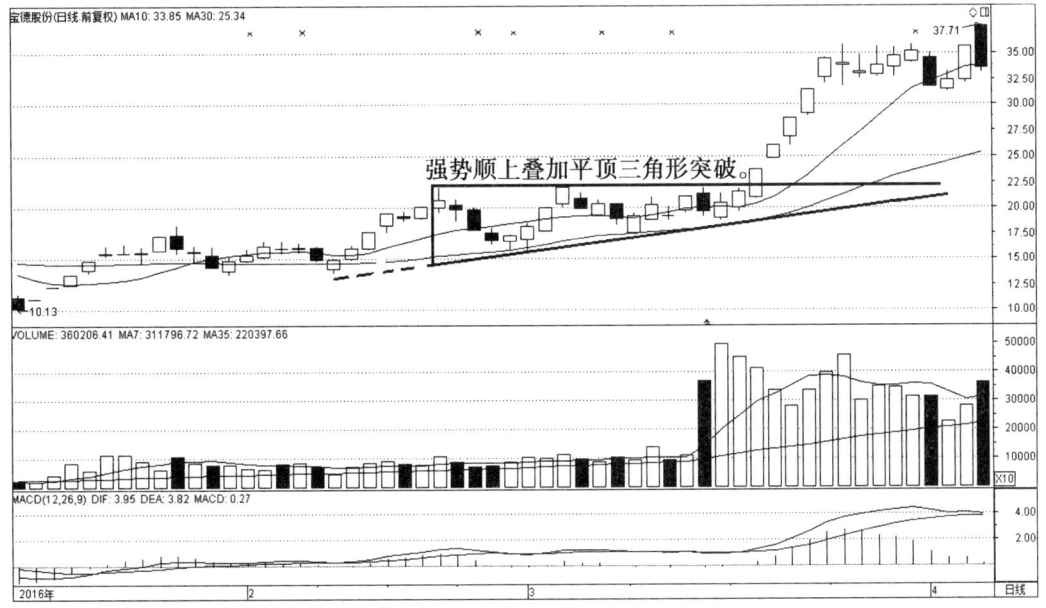

图7-54

三度操盘教育之交易策略：

强势顺上的格局体现的是主力滚动前行，其过程中固守核心成本是其较为重要的任务，那么，前期的行为规律可以启示跟随者在适当的时机、适当的位置进出，直到后期的主升浪完结或在上升轨迹终止时最后出局。

金宇车城（000803）股价自从重新站上 10 日均线后就一步一回头慢悠悠往上行走，在多个箭头处均是止跌于均线并回头的。2016 年 5 月 3 日这几天，图表上出现了震荡星线组合，股价又一次贴近进攻线，后期是否继续延续"顺上"的行情？见图 7-55。

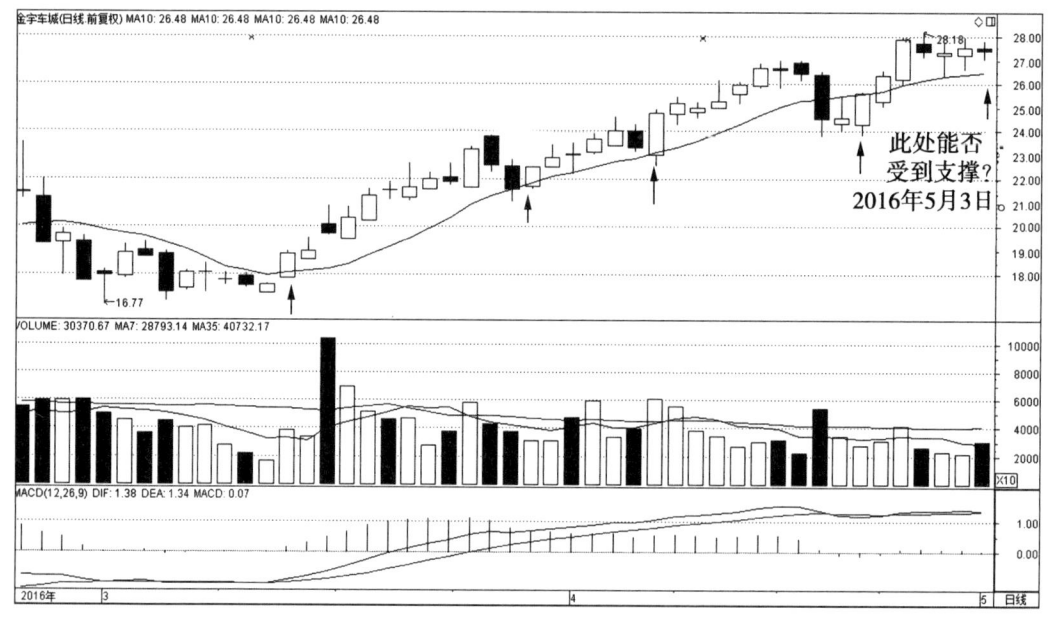

图 7-55

这里来分析这只股票的实际情况。这不是顺上大形态，因为量能不济，属于虚量走高，是很一般的走势。更重要的是，股价面临运行时空中最大的风险区——暴跌起始点。

这里的风险是巨大的！

在这里的震荡星线是股价掉头前的最后磨蹭！

很快，股价纵身跳下护栏，任其往下自由落体。见图 7-56。

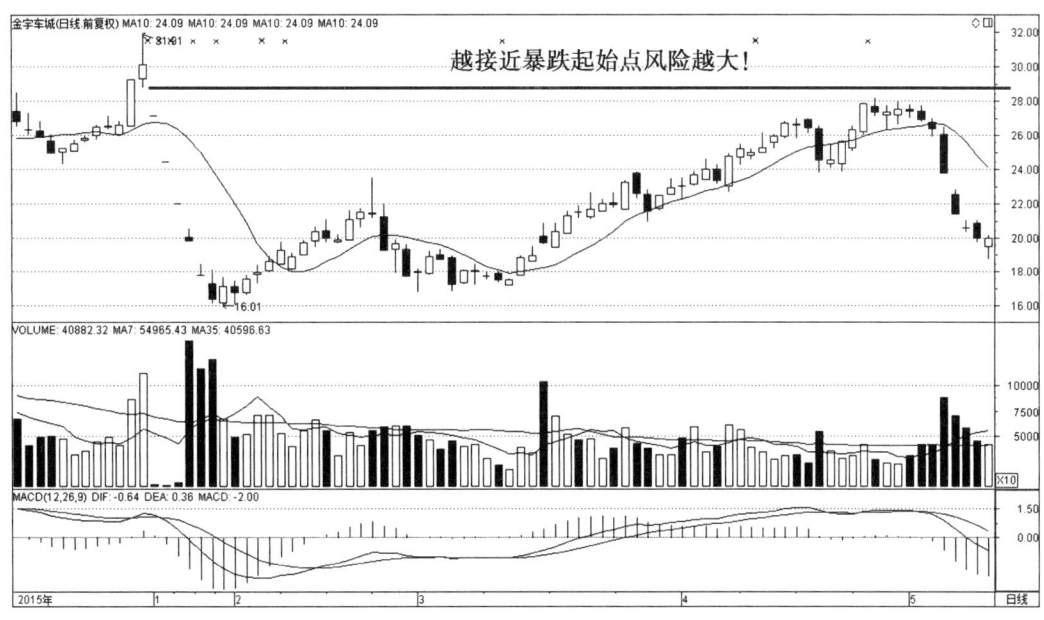

图 7 - 56

三度操盘教育风险识别：

股价运行在前暴跌区，随时会出意外，尤其是无能量介入的情况下，越接近暴跌起始点区风险越大，面对在此区间的所有"形态"都不要对其抱任何幻想，记住：狼是"麻"的！

● **结缘三度：给点阳光我就灿烂**

亲爱的蒋老师：

您好！

我要给您写封信！这是我的真情流露！首先给老师报喜：最近操作自己很满意，收益很好。

在股海游荡的人都知道，股市这个地方水太深了，深不见底也摸不到底。我是一个在股市里徘徊了十几年的人，在痛苦的煎熬中挣扎，找不到方向又不认输。每天看着账户缩水，心情焦虑，不敢面对亲人说赔钱。默默顶着压力，强装笑脸，去买书看，去网上听课，希望通过学习他人的经验可以改善操作状况，但是年年学习，也不得要领，总是迷迷糊糊，也不知到底差什么？这么多年下来也接受了自己天赋太低的事实，辛勤学习也只是学到股市的一些基础知识，顶多就算是个老股民，总是游走在赢利和赔钱之间，彻彻底底一个老油条，我如花一样的大好年华就这么过去了，想到这么多年的付出和收获成反比，心都凉透了，多次曾想过放弃但又总是不甘心。

都说佛度有缘人，度我的佛在哪里？到底有没有佛？我还有没有被度的福缘！可能上天看我学习刻苦、对股市执着，不忍心让股市抛弃我，于是安排我邂逅了蒋老师的《股是股非（之一）：猎取暴涨股》《股是股非（之二）：暴涨大形态》两本书籍。看到题目有"是非"两个字，一下就引起了共鸣，自己不就是一直在股市里似是而非地徘徊不前吗？幸运之神就在我伸手取下这两本书的瞬间降临于我！几乎是一口气看完，尤其是书中提到的"好位置、正能量、量价异动让均线归位"几个大概念让我眼前一亮。我知道我以前操作问题出在哪里了！解决我问题的答案肯定就是在这里！

这就是股票启爆点的地方！

这就是强势股腾飞的地方！

这就是蛇打七寸的地方！

这就是开启股市金钥匙的地方啊！

我蹦起来，心跳个不停，看看时间，晚上11点了，这一份激动使我无法等到明天，一定要即刻表达出来，我按捺不住心情，马上按书面封页上的电话拨了过去，电话居然通了！接电话的居然是蒋老师！未曾见面，但一听到是老师您，眼睛忍不住就潮湿了。

感激老师给我两次马不停蹄的学习机会，两次受训下来，我的理念和操作有了巨大的飞跃，交易模式稳定并开始稳健获利，这让我真正体会到了老师提出的"三从四得"交易规则的强势操盘效果，这几个字真是字字千金！"从量时空稀释风险、从量形态还原主力身影、从量价异动让均线归位"三方面入手，纵观全局并对机会做出分析判断，进而取得"看得清楚、想得明白、做得干脆、赢得漂亮"的效果。"三从"就是在告诉我们坚决不要走在庄家的前面，不要忘记用量时空过滤风险，看到主力强势进场后再次攻击的身影时才介入资金，当价格再次走到均线归位区的关键位置时，我们就在重要点迎接它。在这三大法则下，小技术才能够有所发挥。

老师，目前我已经彻底摆脱了以前旧的思维模式，完全运用三度理论，结合三度技术图表，使用三度系统顺势操作。而三度系统的"顺势"就是顺应"强势"。

以前我总以为顺势就是大盘一定要明显走好，个股一定要多头排列，各种指标一定要金叉顺上。在老师身边的两次理论以及实盘过程中，我才体会到什么是天马行空的操盘。

以前也知道做股票要做龙头，要做强势，但不知道强势从哪里冒出来的，龙头涨起来后才知道谁是龙头，现在完全不一样了，强势、龙头在没飞起来或刚启动基本就能确定了。

以前也知道做股票要看大盘，也像模像样地看大盘做个股，看来看去看得一头雾水罩在头上，而老师教导的看大盘做个股是以前我听也没听说过的，自从知道了用三度的模式看大盘做个股，自己的操作成绩再一次上了一个大大的台阶，这种幸福的感觉是无法用几个词语说出来的！

以前也能选出一些后期能够大涨的股票，但就是找不到合适的买点，高不成低不就，犹豫来犹豫去，行情又没有了，现在，这样的不适应早不见影子了，契合盘面踩准变盘信号是老师的一道盛宴，营养之高只有受用者才品味得到。可以说，瞄准这一点，遍地是机会，赚得盆满钵满一点不夸张。

有缘结识《股是股非》是老天给我的幸运，有幸结识老师并接受系统教育，是我自己创造的幸运，能够运用三度理念与知识重启美好自由生活，是老师给我的幸运！

一位师兄说得好："什么是三度，简单地说，大盘给一点点阳光，我们就灿烂。"老师，谢谢您倾情教导，现在只要盘面给一丝阳光，我也很灿烂了！

感谢三度！我又可以放开嗓子吼了：老娘我大胆地往前走啊！往前走！绝不回头！

唐山：利红

寄语：一切美好、自由都是在遵守"法度"中勇敢而细致获取的，带上你的热爱，深情款款向前走，走出你如花似玉的人生。不要回头。

从容不迫

沉着镇定视等闲,

从容不迫处泰然。

蒙草抗旱（300355）股价呈现趋势向好的走势，在均线结点附近，明显可以见到连续的重磅资金进驻，这是股价意欲大幅启动前的能量储备。随后股价回调，在 2015 年 10 月 22 日出现清晰的孕线止跌组合，此时，要集结资金，因为，"两点印证"的两点均已经显露，股价一旦向上拉升或跳空就不应再有一丝犹豫介入资金。见图 7-57。

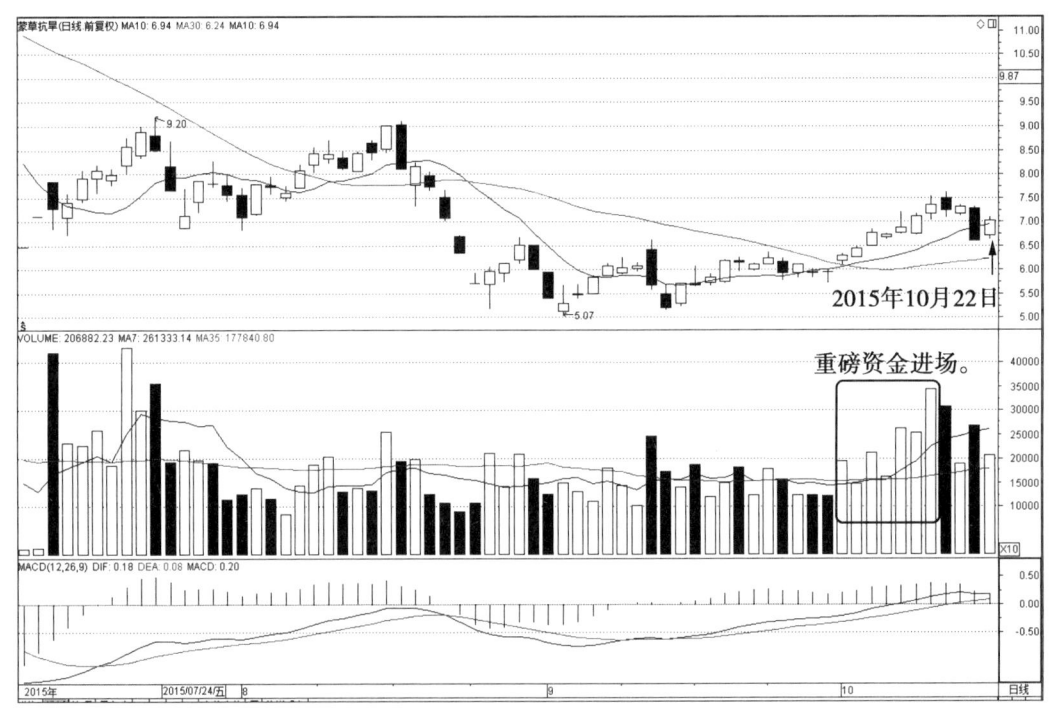

图 7-57

次日，股价平开，开盘价就是当天最低价，主力于早盘再收集部分筹码后，在 10 点半前把股价推上涨停板。这样的能量图，这样的均线结构，这种位置的强势涨停板，后面肯定是一波行情无疑。见图 7-58。

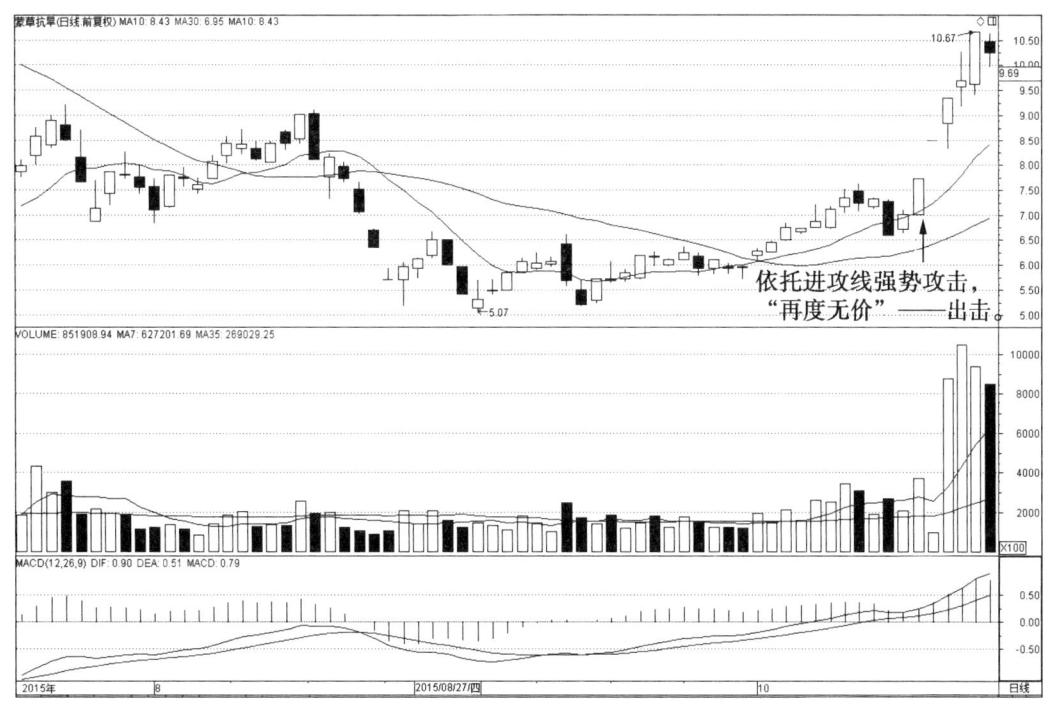

图 7-58

三度操盘教育之交易策略：

在关键位置的异动需要引起关注，均线结点就是一个关键位置，异动后的回调需要紧密跟踪，信号确立即刻布局资金。结合盘面提示，多点求证，择优选取目标股。龙头与非龙头，强势与非强势在同一时间的涨幅相差甚远。股价涨了一大波后，在重要位置停滞不前时，要出局锁定利润，前波股价杀跌之初的位置是重要位置之一。以股是股非去伪求真，以股是股非决断行情；强势不能无根无凭，暴涨不是空穴来风；眼界决定未来，格局奠定高度。"三度"自身很低，但格局不薄。

合纵科技（300477）的股价在相对高位进行了40多天的箱体横盘，均线逐渐靠拢趋于密集收敛状。2015年12月29日与30日，均线上出现了一组明显的孕线组合止跌形态。这样的止跌是否可以给交易者提供好的机会呢？

答案是不能，即使盘中出现往上走的动作，也不能追进，至于低吸的行为更是不能。股价在横盘期间的能量释放很重要，其道理在前两本书里有细致论述。合众科技的股价在横盘期间释放的阴量偏多、偏高，股价向下的可能性就很大。不管是主力大洗盘砸坑还是出货破位，股价后期的走势终是下跌的。见图7-59、图7-60。

图 7-59

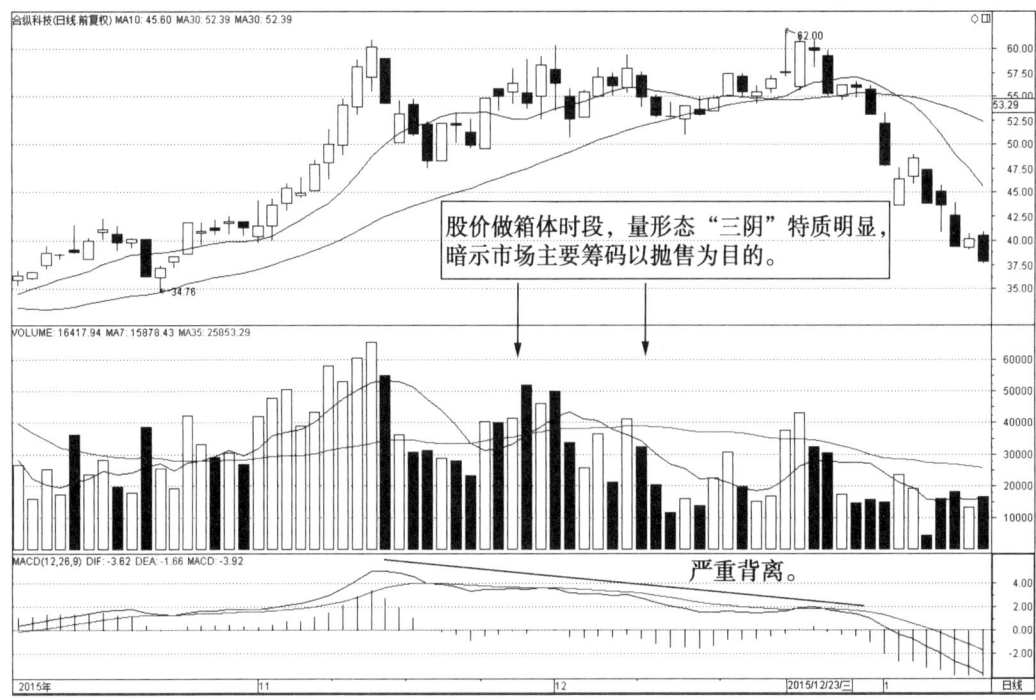

图 7-60

三度操盘教育风险识别：

"三阳"特质的量形态在股价走势中的机会价值显而易见。反之，"三阴"特质的量形态在股价走势中的风险提示更是极具价值。横盘期间阴量偏多、偏大，就不要去找小形态机会，这样的机会往往隐藏大风险，实战中一定要回避。

● **结缘三度：从容不迫**

亲爱的蒋老师，您好！遂宁一别，甚是想念！

3月11日学习结束两个月了，我的操作开始稳定，欣喜之下，向您汇报一下学习前后的感悟。

在面授学习之前，我已经将两本《股是股非》书籍拜读了很多遍，并用书中的理念和分析方法，试着指导投资，投资的绩效得到明显的改观。这更激发了我阅读研习此书的积极性，还在阅读过程中精心整理了26个问题并当面向老师求解。我满怀期盼和信心，参加了2016年的首期学习班。紧张的两天培训下来，学习到的知识比我想象的要多得多，效果也比期望值好得多得多，事先整理的26个问题基本上在听讲过程中迎刃而解，只留下3、4个需要再解惑。在后面的一周实盘操作中，由于整个市况不好，老师在盘中盘后更多的是引导我们如何规避风险，好的交易机会也有适度的把握。同时，课程之外，我和同班同学以及复训的师兄师姐进行了很多沟通交流，受益良多。

带着新学的知识、新学的看盘工具和方法，还有更加膨胀的信心和急于获利的心理，开始了我事先怎么也没有预想到的前1个多月较为痛苦的磨合期。在大盘环境较差的这一个多月，我忘记了师训，频繁操作、重仓操作，而后又频频止损。原来操作还能获利，而这一个多月来，我的印象就是止损，一个接着一个。后来吓怕了，只敢用轻仓参与。回头看这一个月，才发现自己竟然如同上了发条的钟表停不下来，这与生活中的我简直判若两人。这一个月夹杂着狂躁、迷茫、无助、怀疑甚至愤怒。我到底错在什么地方了？！幸好，我果断停下来，进行深刻的自我反省，总结出几个问题。

问题1：浮躁冲动。

看书后、面授前，我的观察手段相对"落后"，一般只在盘后进行分析，操作买卖的时候，会非常谨慎，反复地用书中提到的"量时空过滤风险、量形态还原主力身影、量价异动让均线归位"这三个条件来寻求交易机会，落后的手段在踏踏实实中反而增加了交易胜算。参加学习之后，由于信心膨胀，很荒唐地忽略了最基本的分析技术。现在有新的看盘程序、方法，市场的一举一动、一个小小的拉升，都清清楚楚地显示在眼皮底下，经常令我血脉贲张，想冲进去。而自己又没熟练掌握老师传授的技能，没有能力在盘中及时过滤风险、辨明机会而冲进去，所以，买错的时候很多。

问题2：盲目草率。

老师传授的是一个大格局而又严谨的分析交易体系，或者可以说是一种针对各种市场情况，分析各种机会的多模式、全天候的战法。这些内容，都需要自己进行慢慢地逐个消化才能投入实战。但学习完以后，没经消化，没经锤炼，盲目觉得市场机会很多，加上急于获利的心理，草率频繁操作、无序交易，致使连连失误。

问题3：违背三度系统的基本规则。

三度体系之所以能强势赢利，是因为其严谨的理论以及严格的规则都符合股市强势规律。如违背理念违反规则，就跨出了安全的边际，则事故易发。事后反省自己的操作，一个脉冲，认为是有速度了，但是厚度在什么地方？或者厚度有了，但调整已经超过了经典力度的范畴，有厚度、力度、速度，但时空大压就摆在面前，却又熟视无睹！为什么会去操作这样的股票？客观而冷静地看清了"奇丑无比"的自己以后，遵循老师语重心长的教导"放低心态，迅速做调整！"于是自己立即作了如下的调整：

调整1：做精一个模式。

从一个模式开始，理解透、做精、并用小资金操作，不贪多，以此找到突破口。老师在学习群里建议性格稳健的同学从小颈位开始做起，我就从小颈做起。

调整2：再从基本作起。

将原来信心满满地追求"强势买点"，变成脚踏实地地先把握好三度体系的"经典买点"，由不会走就想跑地追求"五星"股票，变成老老实实先学好走路，先争取选准"二星、三星"的股票，暂时放弃了难度较大的"五星"行情。

调整了思路及模式以后，认真复习课堂的小颈学习笔记，重温教材案例，发现了很多听课的时候没有完全弄明白的地方，实战不明白的地方就在同学群里"厚着脸皮"请教。仔细对照自己选出的案例和老师给的经典案例的区别，争取细微之处都不放过。操作中，为了不遗漏掉三度的任何一环节，对分析操作过程也做了梳理。首先，只紧紧抓住小颈这个形态的实质表现，通过"量能体叠加术"于强中择强,于满意中选最满意。最后,在盘中静待速度的发生,一旦有速度发生或再度反转就介入。

这样调整以后,认知与操作渐渐开始好转,渐渐走向稳定。而让我没有想到的是,仅仅是三度众多经典中一个小小的"小颈形态",即或是在行情惨淡的情况下,也还有很多涨得"疯狂"的交易机会。这些交易机会,都可以从容不迫地进退,安全性极高,又有快速获利机会。看到这些机会和操作成果,我眼眶有些湿润,心中经常涌起一股股对老师的感激之情。因为厚道的自己曾经的求学路太艰难、太坎坷,也遭遇了太多不厚道的人,老师的坦荡无私给予,一切尽在不言中。现在的我操作虽不敢说已经登上三度的大雅之堂,但已经看到了光明,体悟到三度的力量所在。"纸上得来终觉浅,绝知此事要躬行",再翻读老师的书,再翻看课堂笔记,体会就再精进一次。

回想一下过去,我看过的投资理论书籍不少,深入研究的也在10本上下,但是我感觉还是没有拨开投资的迷雾。原因是有些交易方法虽然长期统计效果可以,但是对人的心理承受能力要求很强,操作起来容易动作变形。有些交易方法,书本上分析很好,但实际统计和交易起来,并不理想。而三度的股票交易分析技术,其可操作性、安全性、暴利性、信号均匀性、对人心理承受的要求度,毫不夸张地说,都具有无可比拟的优势!这是一门把"以趋势为友"的理念"精准"地落实到具体分析、具体操作层面的精粹技术!对于身在以赢利为唯一衡量指标的残酷市场的投资人士,如已经翻开了《股是股非》之书却忽视三度,犹如老师说的一句话:"抱着金饭碗去讨饭!"我现在基本上放下了书架上的其他投资类书籍,潜心专心研究《股是股非》的两本书和听课的笔记、教材。我庆幸有缘结识三度,这也让我想起早年拜访大居士元音老人。我问他的第一个问题就是:"如何识别善知识。"老人告诉我说:"只有善知识才能识别善知识!"如今,我能感受得到我与老师在很多方面碰撞于一起。我能真切体会到自己已经走在了一条康庄大道上,"小径通大道,三度立万行",我坚信,只要持续用心落实三度理论大法,必定会走向一个更加海阔天空的世界!

西安:祥明

寄语: 把你生活中优秀的品格移植到股市中即可大成。

自觉、觉自,一片艳阳在转身。

峰回路转

脚踏实地路可转，

胸有沟壑峰能回。

星星科技（300256）的股价继前一日盘中领涨、率先涨停后，于2016年5月30日继续大幅高开下打，盘中迅猛拉升再次涨停，股价至前正能量高点，盘中涨停板打开，全天大幅震荡收巨量星K线。结合前期能量、分析目前股价所在位置，以及涨停板打开后的分时图中"无量回落"，初步判断这根巨量星线属于震荡兼具进攻性抢夺筹码的性质，如果随后股价选择向上，则抓住机会买进，短线赢利相对踏实。见图7-61、图7-62。

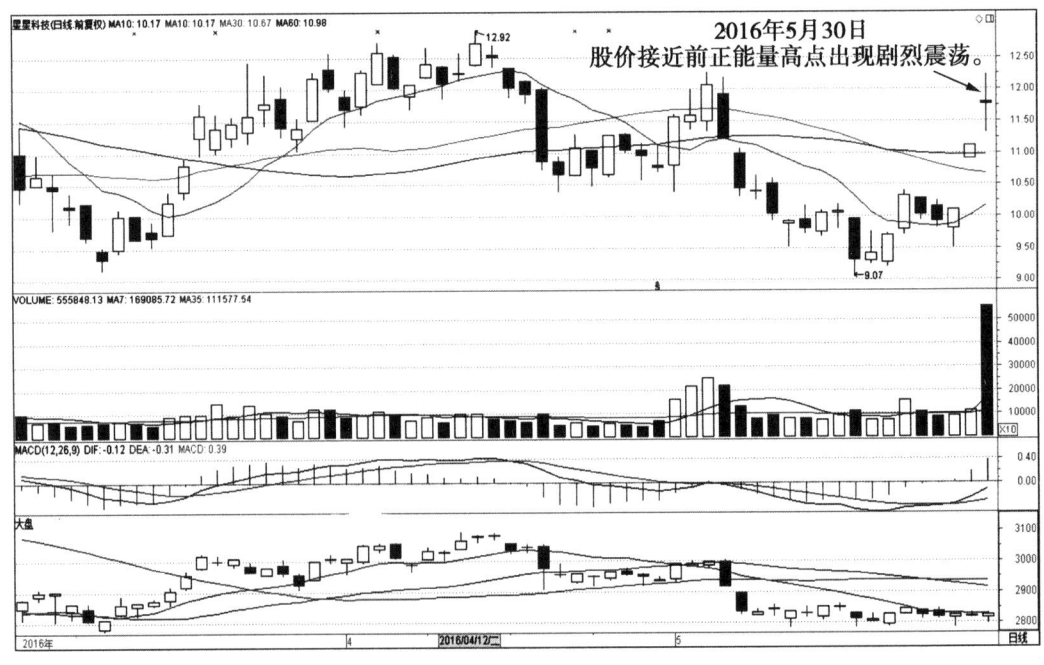

图7-61

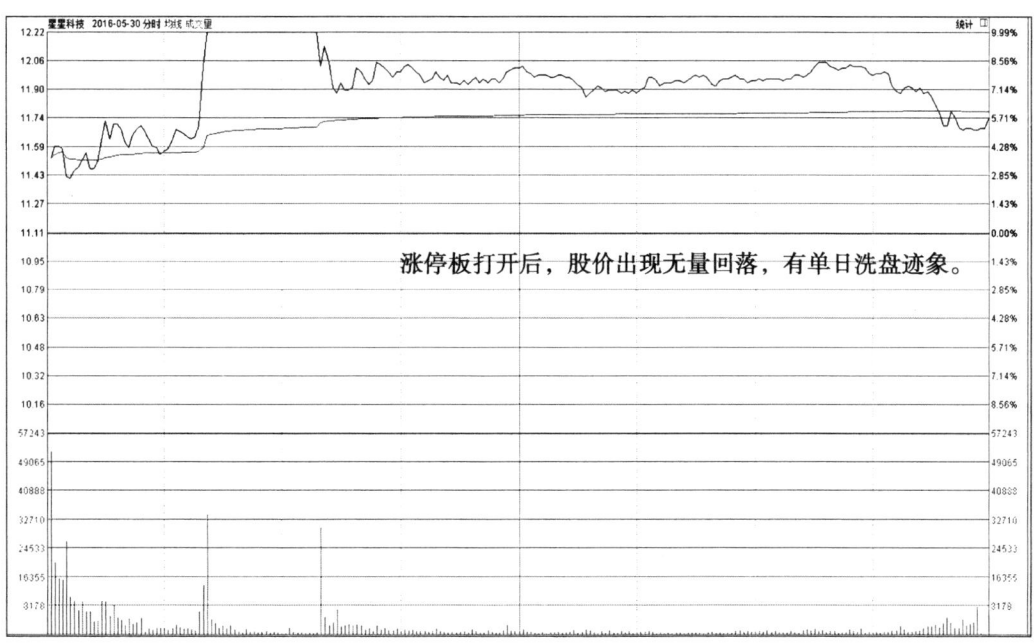

图 7-63

5月31日，股价小幅高开，经单日洗盘后，主力马上要发动行情的意图清晰明了，不要犹豫，不要迟疑。强势股在关键位置的经典异动之后，再次进攻就要强势展开。当天早盘，股价涨停温柔有量；第二天高开，早盘涨停依次缩量；第三天高开，迅速涨停成交量相当；第四天早盘涨停打开，尾盘冲击涨停无果，全天放出天量，股价再次放出巨量滞涨是见顶信号，可以考虑锁定短线利润。见图7-63。

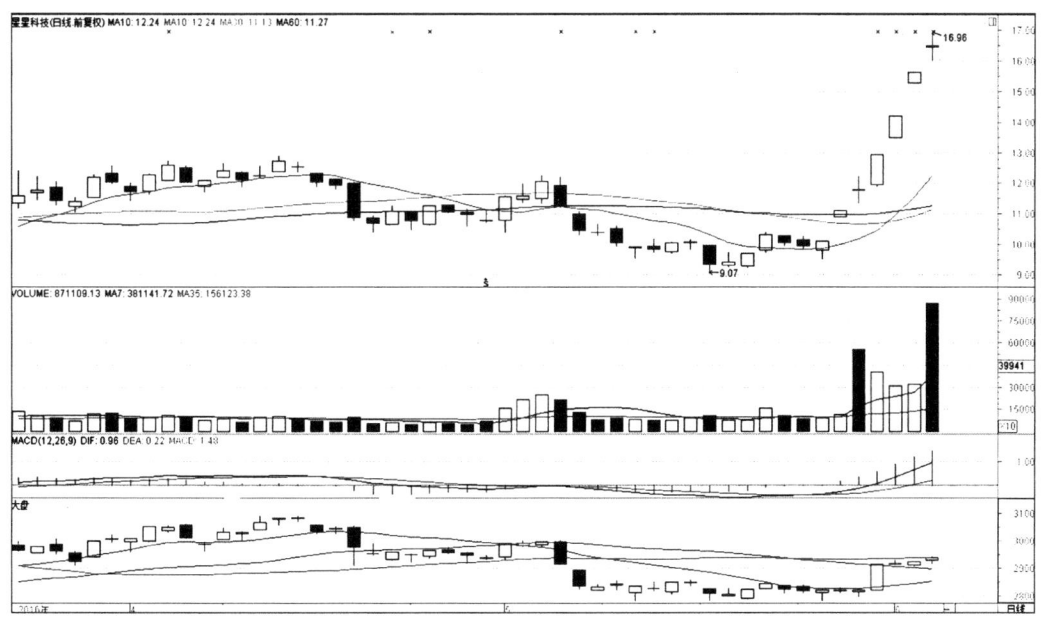

图 7-63

三度操盘教育之交易机会策略：

巨量长上影 K 线在好位置是机会在异动，强势股在好位置的巨量长上影是好机会在异动，异动之后立即拉升就是强势机会。

对三度经典赢利模式通透理解之后，简简单单决断，轻轻松松交易，干干脆脆赢利，快快乐乐投资人生。

华录百纳（300291）股价在 2016 年 5 月 5 日同上一个案例中的星星科技一样，在接近前小平台处跳空高开，盘中有震荡，全天收巨量星 K 线，这是进攻星线机会还是诱多？

同样的形态，同样的举动，结果往往不一样，这是因为内部结构上有很大区别，能避开那些险象环生境况，只是因为你多看了一眼。见图 7－64。

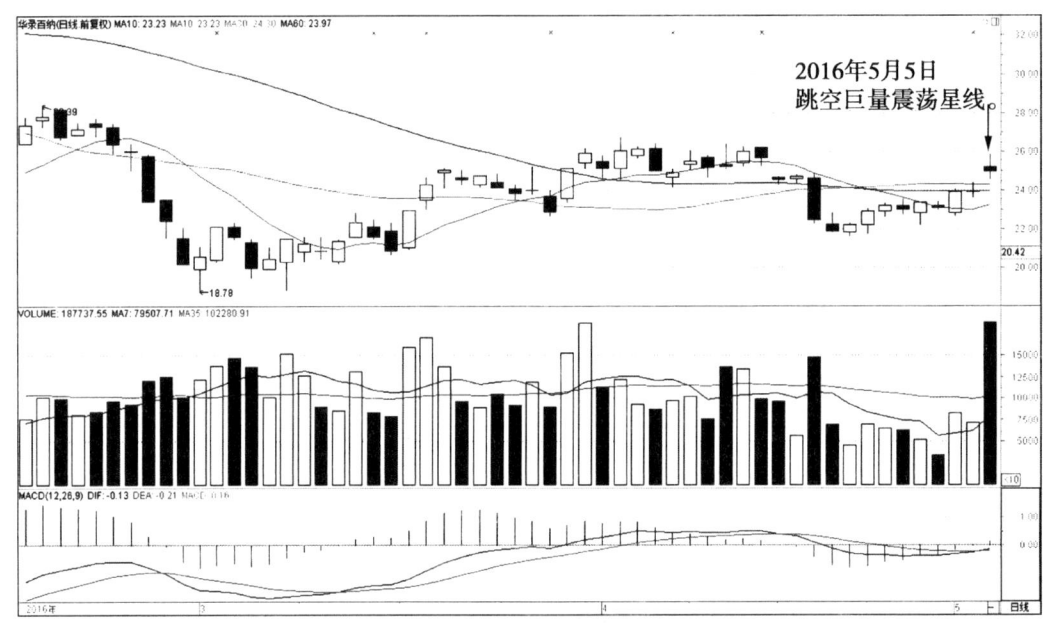

图 7－64

巨量星线后，股价快速下跌。为何会向下？因为是诱多行为。股价滞涨是在前下跳缺口的压力区受阻，股价下跌过程中释放了大阴量是主力筹码出局，释放大阴量后再没有新资金进场的跳空就是诱多。诱多时不买进，诱多完毕后也不买进，没有资金强势进场一直不买进，这是"三度系统"的最低规则，最低规则不遵守，赚钱有可能，但很受罪。见图 7－65。

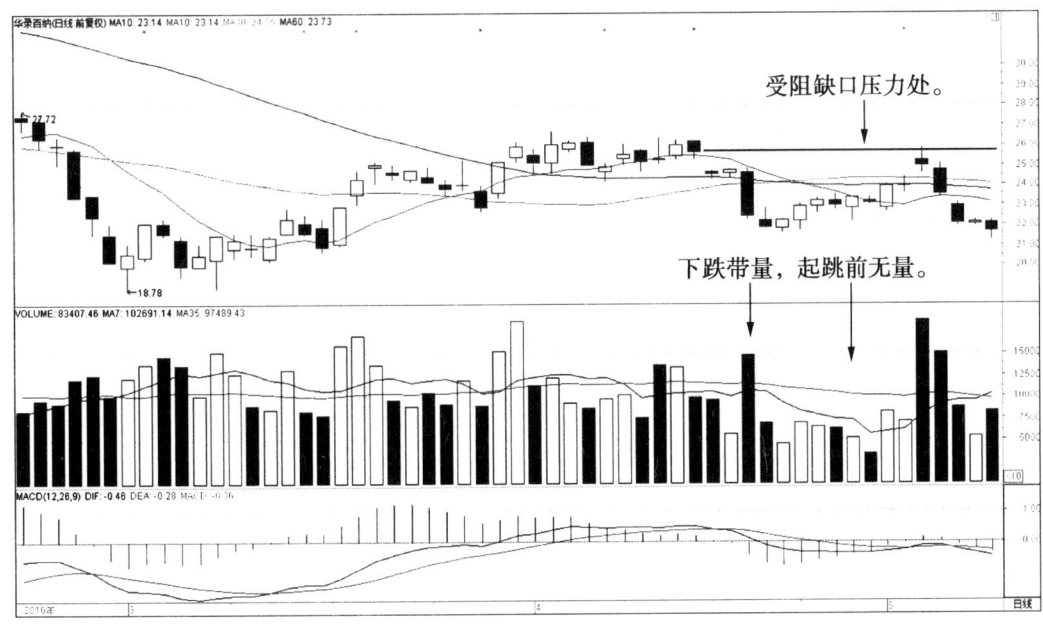

图 7-65

三度操盘教育风险识别：

大压力区不取、无强势资金进场不取、非强势不取，取则自取其辱。

● 结缘三度：峰回路转

股海行舟帆欲断，山穷水尽九重关；

一朝踏上三度道，柳暗花明艳阳天。

敬爱的蒋老师：

您好！请允许我以这样的开头向您表达我的心声，表达能得到名师指点、开悟，能得到好老师的扶持、鼓励的感激之情。在实际操盘中，能够用老师传授的方法，自己寻找到牛股操作，是多么开心、多么幸福的事！

入市有7年了，对自己的操作一直不太满意，就产生了进一步进修有关实战课程的念头，我到川大、西南财经大学问询过，也在网上寻找有没有适合自己的学习班，多种原因没有促成，学习进修这事就搁下了。2015年，A股持续多番暴跌，这当是中国股票市场前所未有的惨烈情形。由于自己未看清楚大趋势而操作不当，突发的暴跌局面也让我一时手足无措，造成账户上的金额迅速亏损，比例步步扩大。我是一个比较上进的人，多年的法律工作形成了相对严谨的做事风格，但这一次猝不及防的下跌还是触动了内心的那份骄傲，我即刻进入思考，萌发了一探究竟的念头，买书再学习是现阶段第一选择，以前也阅览、研究过国内外大量证券书籍，操作上都会有些帮助。这次选购书籍也是希望得到一些启发，尤其是对风险的启发认知。

俗语说"有心栽花花不开，无心插柳柳成荫"，很多事情就这么峰回路转给碰上了，在沪深两市绿莹莹一片情境之下，书店的证券投资书架前人丁清淡，却偏偏有一本封面火红的书倔强地伫立，《猎取暴涨股》！天，这样的市场，还暴涨股？再一看，多出了四个字，《股是股非（之一）：猎取暴涨股》，论是非？正合胃口！遂取下来。一看目录，一二三四五六七章题目清晰，构架合理，逻辑顺畅，好策划！章节取"七"，引言加后记各一，数字总和"九"，有意思！开篇"认识风险比认识机会更重要"，厚道！自序"问道问心"，有来头！这几点的直观判断是基于我的工作性质，一本好书无疑！当我揣回这本书时，我不曾想到的是，命运也在悄然转向了。书中的智慧，电话交流中掩藏不住的大格局，不可抵挡！三个月后我坐在老师面前，成了老师的学生。2015年，何其幸也！结缘了三度，结识了恩师，打开了眼界！

老师！犹记得2015年9月19日开始学习那一周，虽然大盘萎靡不振，但在实盘学习期间，老师及时精准提示了市北高新以及海欣食品两只强势牛股，并且重点提到海欣食品后续要重点跟踪。经老师提示，自己也跟进操作了，买入不一会儿就涨停，红红的数字久违地出现在自己账户上，心里瞬间敞亮，感觉希望如此之近了！想想过去自己的操作，这样的大牛股及操作方式是想也不敢想，看到会害怕，根本不敢买入的。但是，这些股票就是一个涨停接一个涨停地显现在面前，太震撼了！

学习回来，我整理大量的学习笔记，记知识点、重温大形态、梳理强势股、龙头股的演变过程及操作方法。当然，刚开始时理解不深，也遇上很多问题，就请教师兄师姐，师兄师姐们都很无私地指出问题出在哪，三度的同学们就像一个友爱的大家庭，互相帮助，互相提携，共同进步，学习氛围极其深厚，这是我在其他地方见不到的，这是受老师人格感染的结果。在学习巩固期间，我也适当地参与了操作，期间也做到了几只龙头，加上一些强势精准短线，收益也在蒸蒸日上。

"强势的才是最安全，经典的才是最好的。"在实战中，我也总结了更适合我操作风格的赢利模式：强庄＋变盘信号＋一路奔行技术提示＝完胜操作。老师！目前我已经能够完全按三度的经典理论来引导实战，炒股赚钱原来是这么的轻松愉快有成就感，也清晰知道自己每天都进步一点点。老师！感谢您的辛勤、无私付出，我会在投资路上走得更好、更远。我会用三度最高要求来要求自己，争取做一个您的五星级标准学生。

成都：学波

寄语：过去的成功不代表以后也能成功。但以前的成功经验可以指导以后的成功，现在的处境不代表也是以后的处境，但现在处境教训可以给以后以启示。始终保持一份热爱之心，加上你的严谨作风，巾帼也可不让须眉，蜀中巾帼不输谁！

高瞻远瞩

欲远观，自登高；

低处不胜寒，高台摘星辰，高低一念间。

棒杰股份（002634）股价从底部起来了一段触及前高、较为强势的小波段行情，回调的股价落向均线归位良好的 A 区，2016 年 3 月 29 日在强势 A 区上出现了双星止跌，双星同步止跌是健康回调即将完毕的积极信号，实战中不可不察，如果功夫老道，经验足，亦可考虑适当低吸。见图 7-66。

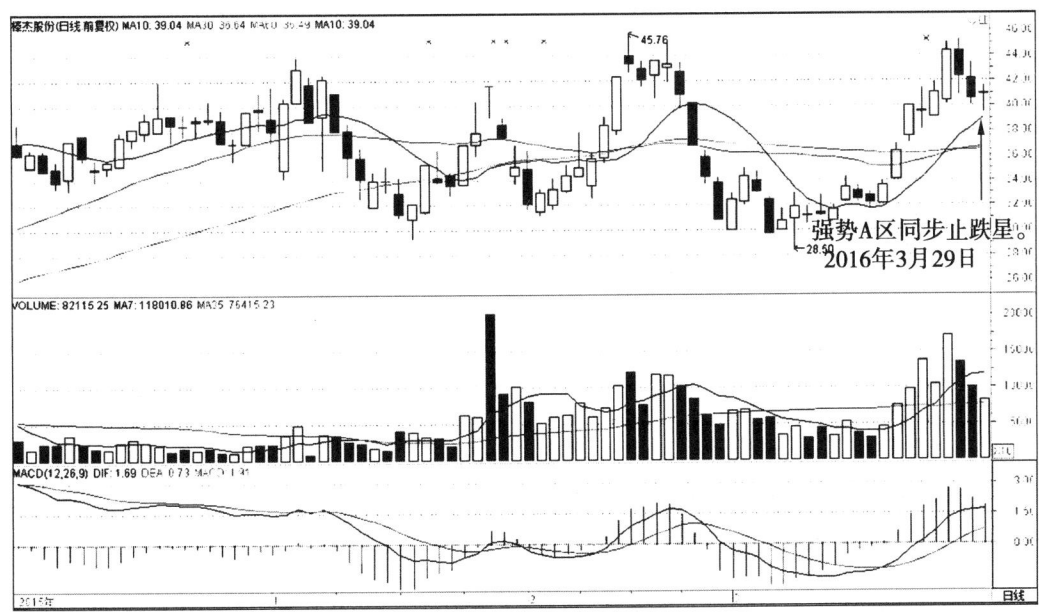

图 7-66

棒杰股份双星止跌的次日，股价小高开并且强势涨停，再次回到平台高点。第三天，股价跳过数月构成的平台并实施震荡，意在抖落前期买进该股的获利盘。有效突破后，股价是即刻就犀利拉升，还是稍作停顿抖落筹码再拉升，这由主力决定，主力感到拉升有些吃力就会采取震仓行为。震荡后，股价相对轻松往上走出了较高行情。见图7-67。

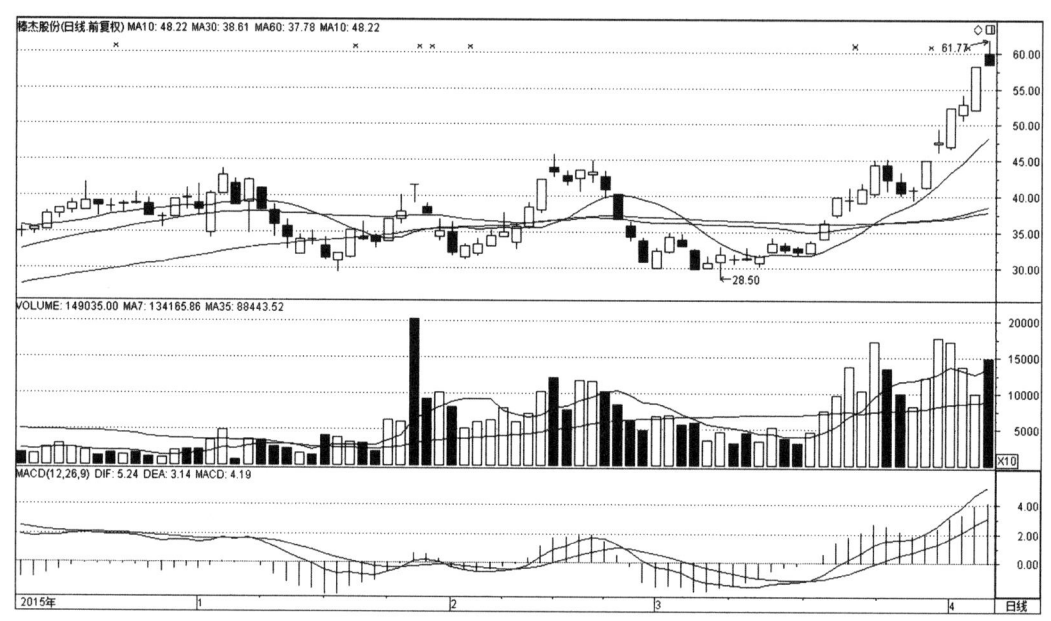

图7-67

三度操盘教育之交易策略：

强势再收集促使均线归位的A区，是主力成本趋于一致的最佳图表体现，也是市场阻力最小的时候。主力要正式发动行情前，会给自己，也给市场营造一个地利人和的环境。对大肆介入资金后的洗盘应密切观察，双星止跌后的行情要敢于挺进。

茂化实华（000637）的股价走势在2014年4月24日之前两三天依次缩量并呈现小星线止跌状，位置看上去也是均线密集的A区，局部来看，这是比较有诱惑力的模式。面对它，是跃跃欲试还是冷眼观？决定下手前还是要结合"量时空"的条件甄别一番。见图7-68。

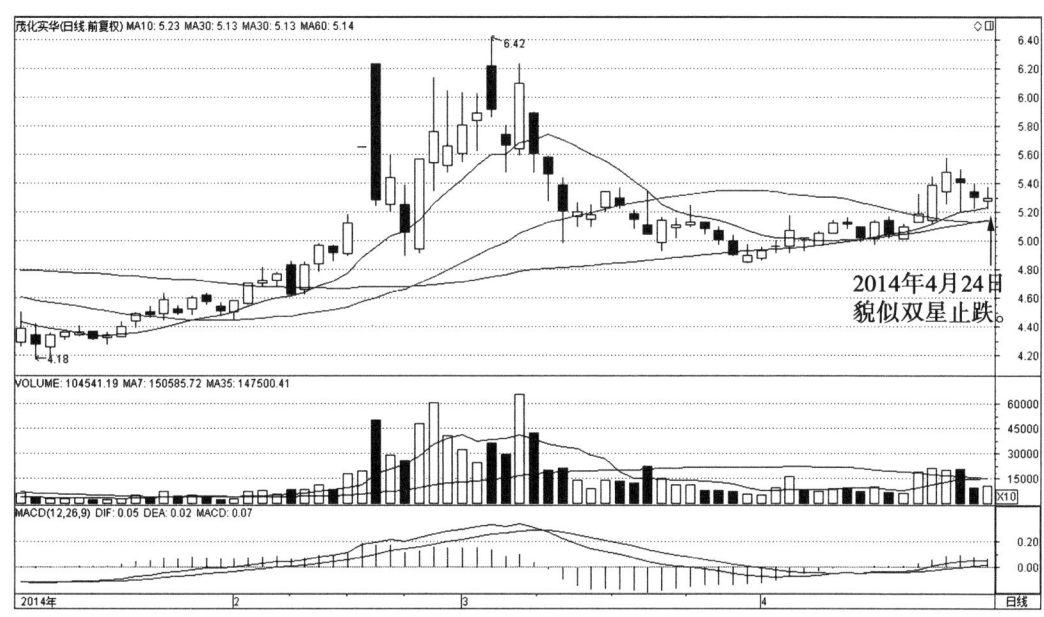

图 7-68

其实，对这种走势的甄别不需要"一番"功夫，瞄一眼就足够了，上有暴跌区大压，下无能量注入，貌似这样的 A 区，这样的缩量止跌，股价落在哪条均线上也是"路过"而已。股价要回头，时空过滤风险、量形态还原主力身影，这两样于图表上没有呈现出来，除了望眼欲穿还是望眼欲穿。随后股价破位急跌，然后长时间低位横盘，再然后有资金进场，再然后均线归位，再然后有了行情。见图 7-69。

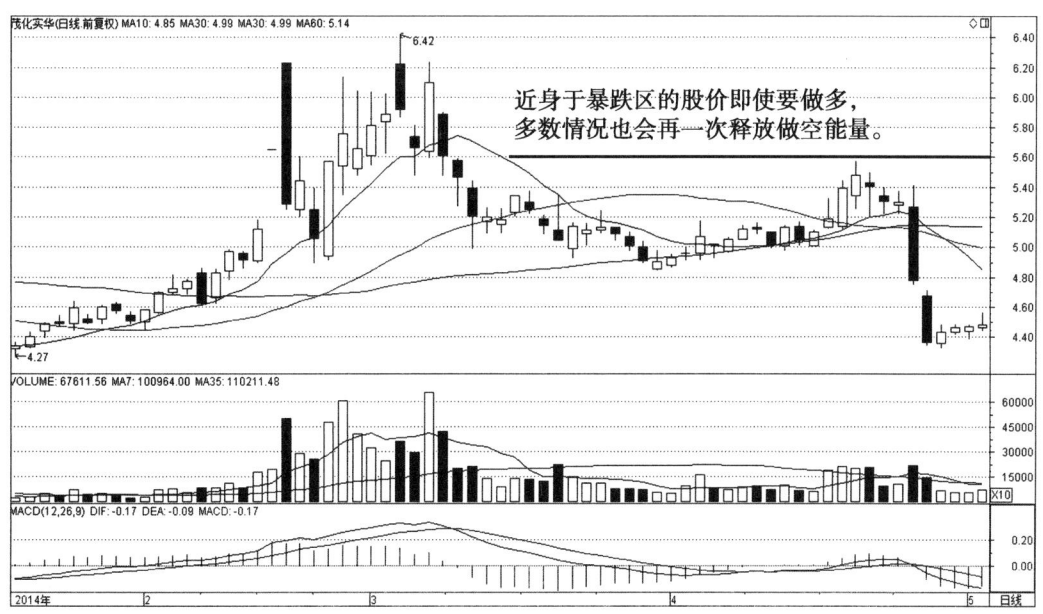

图 7-69

三度操盘教育之风险识别：

股价的暴跌起始区是一个重要的位置，重要之处在于它是风险堡垒区，而没有全新能量介入的任何形态，更是立在枪眼之下的目标，即使缩量到尘埃它也不是缩量止跌！面对这样的图表——避开。

● 结缘三度：方向对了　路就不远了

曾经也研读过股市著作很多的我，第一次在2015年10月7日的新华书店书架上被一本标有"股是股非"这四个醒目而独特名字的书吸引了，拿下来一看就再也放不下去了。在家多次细读此书时，总有暖流侵入体内。在2015年11月20日，这是我终生难忘的日子，因为我做了一个正确的决定，参加了蒋老师的三度交易体系学习训练课程。因为我只有周末两天时间，蒋老师为了照顾我，调整了课程，尽管只有两天，我还是满满学习了大部分的内容，师恩如海，这是我深深感受到的。

我是农家子弟，很小就要帮大人干农活。夏季酷热，晚霞如火，我从田里回家，整个人像是从水里捞起来的，嗓子眼里冒烟。一进家门，妈妈递上一碗冷开水，碗是特大号粗瓷碗，水是甜凉甜凉的，咕咚咕咚倒进嘴里，舒适到心头。那时候过的是穷日子，靠工分糊口的公社社员，节俭到每一根柴禾，哪里舍得奢侈到烧开水喝的地步！解渴都是冷水，用个瓢，在水缸里舀一大瓢，喝了一抹嘴，大人小孩、男的女的，全这样。可是妈妈怜我体质差，给我格外的优惠，每天专为我烧一锅水，装在瓦罐里凉着，别人都不给享用，是我的专供。普普通通一碗水，渗入了无尽的母爱，永远储藏在我的记忆里。长大了，走出了我苏北的家乡，我以为从此再也不会有那碗冷开水式的亲情重版，却在不期然间，从我的老师蒋文辉先生那儿，我又一次次重温了亲情的温馨。谢谢您，老师！

老师开课的第一句话就是："方向对了，路就不远了。"回来后的一百天我深深体会到了这句话的内涵和分量，努力的方向与方法对于后期成长进步的作用太大太大了。由于自己管企业、做企业、投资交易这么多年下来，所做的，所看到的，所听到的也有些经历，在别人眼中也算小有成就。在经过系统学习三度模式后，我越来越体会到这就是"股市的圣经"。为何？其理由是它具备了"经"之"贯、摄、常、法"四大法则：

贯：这本书有层次、有条理，思维逻辑清晰，从头到尾贯穿一致。这是一套符合股道的强势交易系统论著。书中很多叙述极其经典，经典到不能加一个字，也不能减少一个字。

摄：摄受人心，让你接触之后欲罢不能，就像磁石吸铁一样，它让你看一辈子不厌，愈看愈欢喜。这是因为其返璞归真同时又极具穿透能量所致。

常：书中所讲的强势三度系统的原理、方法永远不会变，穿越时空。无论在何时何处，它就是股市强健的"根"，根稳固，生命力就旺盛。

法：是法则，无论是熊市、震荡市还是牛市，无论是有基础的股市老兵，还是初入股市的新人，只要遵循三度理论以及操作规则的要求进行操作，你都可以复制老师的成功，只是多少快慢的区别，因为它是用实战赢利证明的经典投资专著。

接下来，我把自己近二百天的成长历程向老师做个汇报。从开始的一个无知无畏、眼高手低的我，从一个全仓套牢、体无完肤的我，从一个昔日成功自以为是的我，从一个地狱里走了一趟的我，再从一个放低、放下、不放弃的我，到万丈高楼平地起，足踏实地百天没日没夜奋战的我，严格按照老师的教诲，一根K线一根K线、一张图一张图踏实地做作业；一个强势股一个强势股、一个经典案例一个经典案例进行反复学习、揣摩、领悟。正是有了这种扎实的学习态度与行为，不知不觉间，成长效果得到明显提升，赢利逐步趋于稳健。这个学习成长的过程，我归纳为三度强势交易系统学习的五大步骤，五大步骤体现的是"老实、听话、真干"。

第一步：初步了解。

从老师在书本和课堂中的基本定义开始：

知道什么是三阳控三阴以及它的市场意义、什么是均线使用的五大定律，什么是量价异动，什么是均线归位，什么是量价异动让均线归位，什么是量时空大压风险。

知道何为强势，何为强势资金，何为强势再收集，何为超常规短资投入，何为强势整理，何为强势止跌。

要认知筹码完美对接，认知成本反弹、筹码再换，认知逢凶化吉、风雨同舟、春去春又回等洗盘大形态，认知精准变盘信号，认知主力资金与意志叠加爆发提示……如此一个定义、一个案例、一个经典图形开始了解、一张图一张图的做"文件夹"。这是第一关"经典图谱"识别关。

第二步：重复巩固。

"记不住，实战中铁定不会用！"这是成功者、是老师对我们的告诫。这个过程非常重要，也是从枯燥到兴趣、从死搬硬套、从模糊逐步到清晰的必经过程。如何短时间内做到，这就是我"倍增时间"的学习要领：别人一天学一遍、我一天学三遍；别人看一遍、我抄写三遍。老师的书我已经全面摘录、抄写了一遍，正在进行第二遍。因为，正如前面有杰出成就的师兄师姐所说"老师这两本书，容纳了市面上几十本书的精华"，抄写过程一定会增加对老师经典陈述的精确解读。我由于工作上的特殊性，学习巩固都是晚上下班后进行的。路上、车上、床上、零星时间全部用上。整个人就像是"疯子"，这就是，要成功先发疯，头脑简单往前冲。这是第二关"强化大脑意识关"。

第三步：谨慎运用。

老师对于我们的关爱无处不在，对于初学习的学生更是千叮咛万嘱咐并给出要求，要求是：要么先模拟再小资金实盘，要么边学习边小资金实盘。总之，要求小资金没有在规定时间内翻倍，绝不增加资金。由于开始高估了自己，自以为理解到了老师的精髓，就没有按照老师的要求去做，仓位较重，结果是全仓套牢、体无完肤，几招下来原形毕露，惊觉问题很严重！必须马上静下心来审视自己，再从老师的要求开始，每天自选三个股模拟操作。刚开始基本是失败的，拥抱"长上影"是常事。检讨是成功之母，面对失败不要马虎了事，要深刻检讨，看问题出在哪里、违背了三度的哪些要求。当然，这个过程时常要请教老师和师兄师姐们，这样得到启发更快，学习效果更真实。"苦心人天不负；有心人，世界会给你让路；勤力还要勤心。"这是老师对学习进步方面在电话里给我的启示。经过扎实务实的细致工作，成果显现，在2016年三月份市场极度恶劣的情况下，小资金实现月收益60%以上，咬牙憋住的一口气终于长长吐了出来。这是第三关"实战检讨纠偏关"。

第四步：融会贯通。

第一次与老师南京见面，老师问了我一个问题："涨停板最容易发生在哪里？"

三度的交易系统是一个稳健而又强势赢利的系统工程，而涨停板本身就是强势的化身，连续涨停板更是强势的写照。老师用了5个字就对这个问题给予了精妙的解答，精妙处穿越时空又能落地生根！我的进步就是从研究涨停板及其延续性开始的，赢利也是从这里启程的。由于工作性质决定了我只能是下班研究，而恰恰这样，逼迫我对涨停板及延续性进行深度思考。当市场低迷的时候，涨停板也不多，连板的更少，这就极大地增加了抓板的难度。而要在未涨停之前做进去，就要做足很多功课。为了功课的有效性、精准性，我把老师的博客全数打印出来，一篇一篇地啃其中的强势理念、经典知识点。从老师的课件中学习揣摩、从老师的"龙头五步"查找龙常出没的细节，搞清楚龙头的前世与今生。眼看千遍不如手做一遍，手做千遍其意自见，这需要花费大量的时间进行学习研究，同时，失败了要找出原因，下次有效避免；成功了要找出理由，加重下次选择的底气，尤其是符合三度强势交易系统的核心理由。天道酬勤，三月份恶劣市场中的几个小龙头股一一收入囊中。这些个股的连板都是在慢慢体会到了三度的威力而尝到的甜头。得到这样的结果，借用老师的话来说，就是在强势中寻找强势，从标杆中看透市场，这才是股市的中正大道，也是可以知道涨停板有很好延续性的成功之路。这就是第四关"融合渗透"关。

第五步：超越自己。

小时候，看到人家打井，我都会饶有兴趣地蹲在旁边观看。看多了，就喜欢对打井人评头论足。我发现打井人大体可分为四种。

第一种人，"随心所欲"。他们盲目蛮干到处乱挖，结果十有八九白费力气。

第二种人，"顺其自然"。他们比较专注，在一个地方深挖下去，有时很快就挖出了水，有时挖多深也白搭，成功与否完全是碰运气。

第三种人，"应付了差"。他们有专业知识，有一双能看到地下水脉的眼睛，看准了一个基准点才动工，几乎没有打不成的井，水汩汩地冒出来了，他们便认为大功告成。

第四种人，"追求完美"。他们比第三种人更进一步，见了水，仍不歇手，还往下掘三到五米，因为他们清楚，水脉下两米的水最清冽。所以，第四种打井人在我们家乡最吃香，得的报酬也最高。第一种人干了一两回，就不再有人雇他们了，遂在打井这个营生里被淘汰出局了。

学习三度、走进三度的有缘人，要能够真正地学好、用好三度，也是需要要求自己成为第四种打井人——主动追求完美。这就是要过第五关，"超越自己"关。其核心就是要——"和"为上。老师提出"超越终在一心一念之间"，超越不在技术，在于心的念头。这是三度的最高境界，是大道。因为它符合自然界的规律，像太阳每天从东方升起一样。它是我们一切的源头，是"爱"。"爱"这个字的古文本意就是恭敬地用心感受，需要我们懂得世间万物本是一体，资本市场、股市、主力、各类投资者也是一体的，这样我们就可能尽体会到交易的真谛。三度理念引导"选择强势、关注强势"是一种"和"，这样的理念吻合股市长存的生命法则，是投资最大的"和顺"。其次，主动选择慢主力"半步"进行跟随与操作也是"和"的内涵所在，是谦和、共荣的出发点，这个意境只有我们在"诚敬"到极处才能体会到。具备了这两种理念思维，超越就有达成的希望。继而把所有的身心全部聚焦到一点，用五星标准来迎接五星的行情出现，知行合一，人股合一，巅峰超越，水到渠成。这就是"超越自己"关。对于现在停滞不前的同学，以及后来的同学，我有四句总结：一不学习问题多，二不总结走下坡，三不听话永亏钱，四不服气输更多。这算是我这样走过弯路而重回匝道之人的忠告吧！

老师！三度理念不仅教导我们如何用"同和"的态度面对市场，实施交易投资，三度的理念也在指导我们的生活、工作、待人接物。三度思想开悟我们面对世界的态度，已经超出了股市本身，超越了交易本身。三度是一根标杆，是一条道，更是一个方向，方向对了，路就不远了。

苏州：有玺

寄语：从"穷人的出路"到"牛人的出路"；从泥塘到学堂再到殿堂，这一路跋涉一路征程只有一个路标，那就是"方向"。要到哪里去是方向，要干什么是方向；信念是方向，信仰是方向。有信仰，有信念，明白自己要到哪里去、干什么，这样确定的方向，还有什么可以阻挡你的脚步呢？！

凤凰涅槃

集香木呈祥，执万物合一。

拥火飞度，凤凰涅槃。

合肥城建（002208）前期能量超强，股价也未大幅上涨。在2016年5月4日至11日之间，股价于30日均线上蓄势横盘走星线，成交量很好收敛，10日均线靠近30日均线有B区姿势。这样的描述可以，但是，切莫忘记，关于机会的B区与风险C区的演变生成中有一个决定性的因素——再次还原主力身影！没见到，唯有诚实等待。图中这样几天的收敛星线如果不是发生在C区，很有价值。C区是风险聚集区，它的形成是主力高位轻缓出货所致。C区与B区前半部分均线架构相似，但内部结构截然相反。C区是该有的没有，不该有的却有。见图7-70。

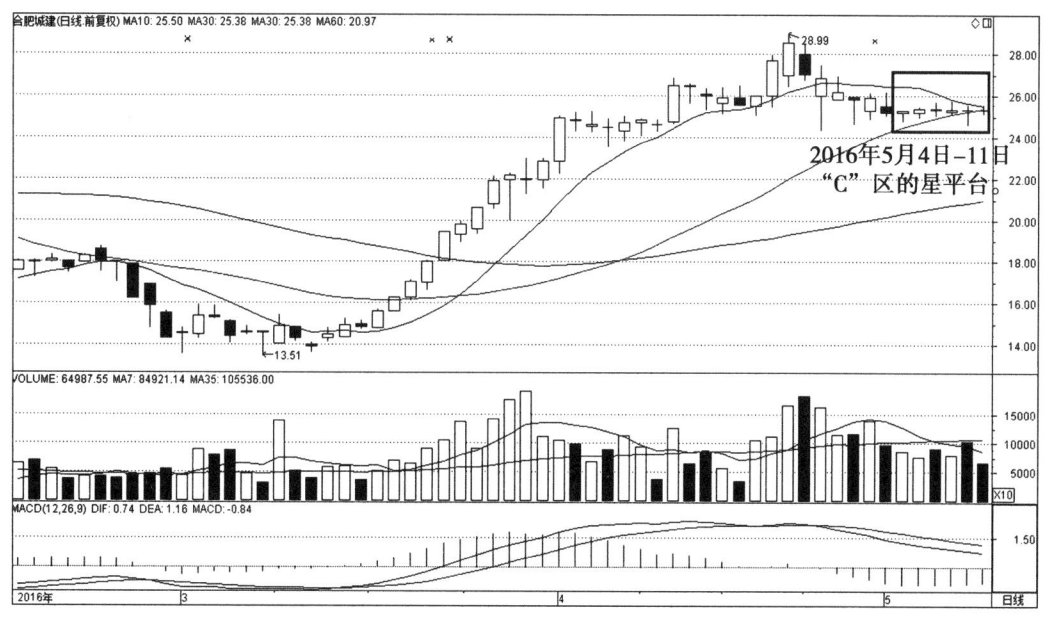

图 7-70

低吸是一种操作策略，低吸得当收获也多，低吸除了看止跌位置也要看能量是否外泄。后期缩量到均线处出现止跌 K 线就采取行动，这样的低吸依据不够厚实。相对高位故意拖长时间横盘不是好事，一旦筹码松散，股价下跳的速度也是相当快的。合肥城建在前顶部盘旋期间，双头已悄然形成，此双头还是在趋势大压之下，更是凶多吉少。图中可以看到，后期股价连续大跌，如果不及时处理，后面的短期损失难以避免。见图 7-71、图 7-72。

图 7-71

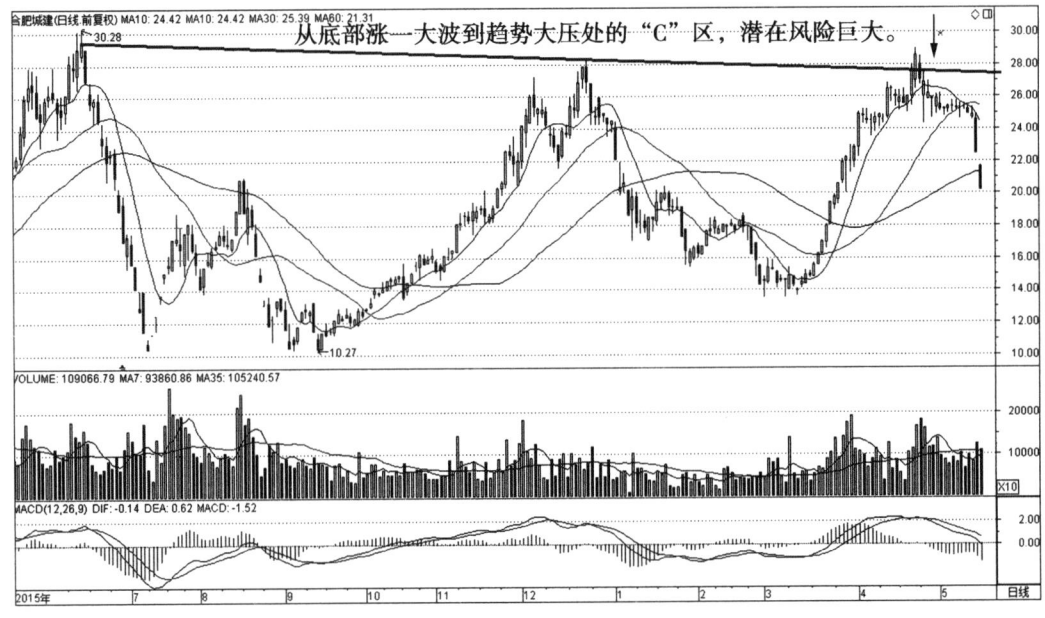

图 7-72

三度操盘教育之风险识别：

趋势大压，明显顶压、重要压力区是事故多发区，单一的形态在这里均是外强中干的行为，追涨与低吸均不要在此区间展开。这些区间，上涨的空间有限，下跌的空间很大。这个账要算清楚，马虎不得。

爱迪尔（002740）股价在一大批强势资金入注后进行回调，于 2016 年 3 月 29 日出现一组孕线止跌形态。见图 7-73。

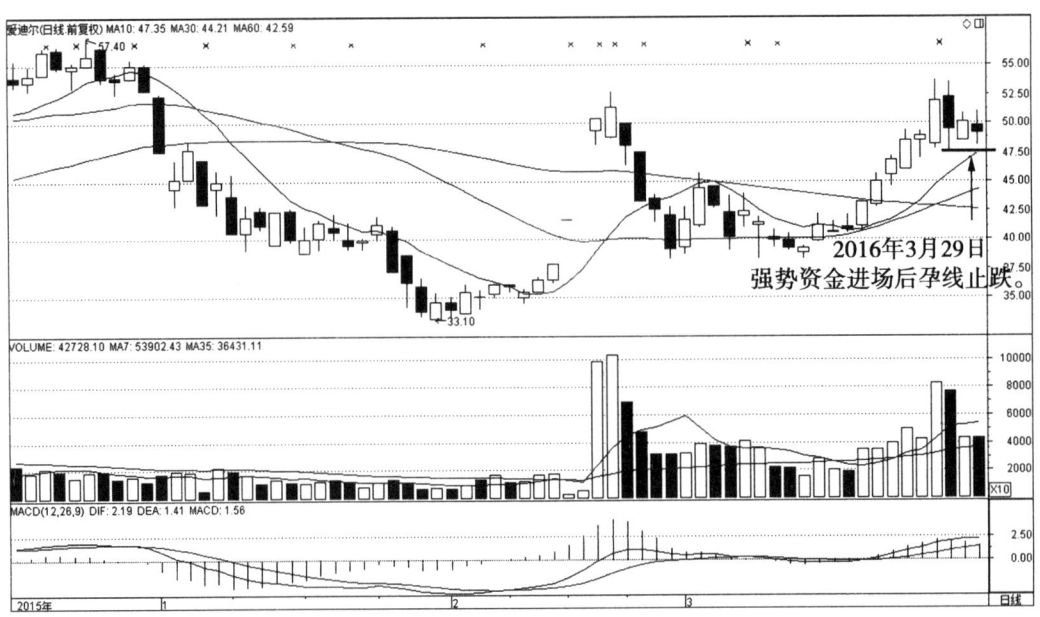

图 7-73

这组孕线是出现在底部抬高的底部大形态之中，当主力挖坑后，行情即呈现春去春又回的征兆，强势资金再次进场的回撤洗盘意图较为清晰，这样的走势，若在盘后稍微用点功夫是可以找到的，若是盘中发现也应把它留下来做一些具体分析，进行必要的跟踪，千万不要跟丢了，一旦机会显现，赢利就水到渠成。

股市里有一种习惯真的要不得，是马虎。马虎这东西在股市里是分量很重的恶因，它不知羁绊了多少没日没夜辛劳的人们，马虎也不知耽误了多少极具才华的人士。勤奋加上才华在哪个地方，哪个行业都会有较好的报答，在股市却偏偏可能让人失意，致人沮丧。股价，一直在无声地倾诉即将的辉煌征程，也只有以无声展示即将的没落黯然。专注创造机会，专一缔造卓越，发现异动，看见强势，即刻做分析工作、即刻做，好好做，做精致，做到位，这样的辛勤与才华就能并驾齐驱，去开启股市里"强势经典"的大好前程。2016年3月30日，爱迪尔股价如期高开，稍事停顿就开始一波波走向涨停，涨停过程很有层次，主力资金于好位置的进场意志坚定从容，后期股价高度可以期待。而当天涨停的股价刚好摸到前期长时间的整理平台，股价拉升的障碍已经不存在，同时爱迪尔此时的周线图也是处在攻击的A区位置，多周期的能量、位置均形成共振，预期的行情启动就在当下，前期的辛勤即将得到回报。见图7-74、图7-75、图7-76。

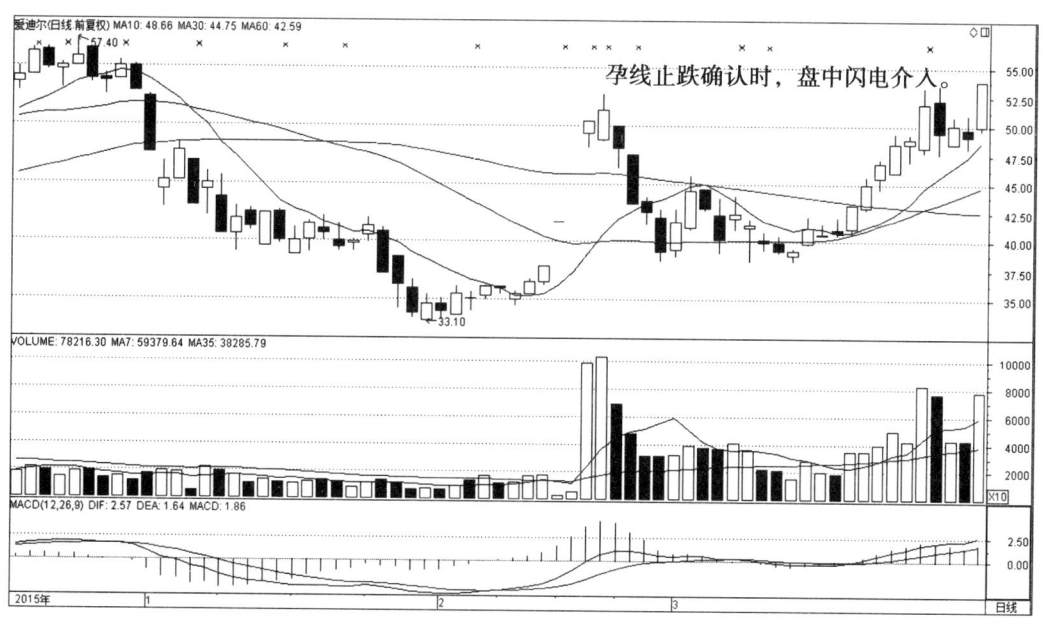

图7-74

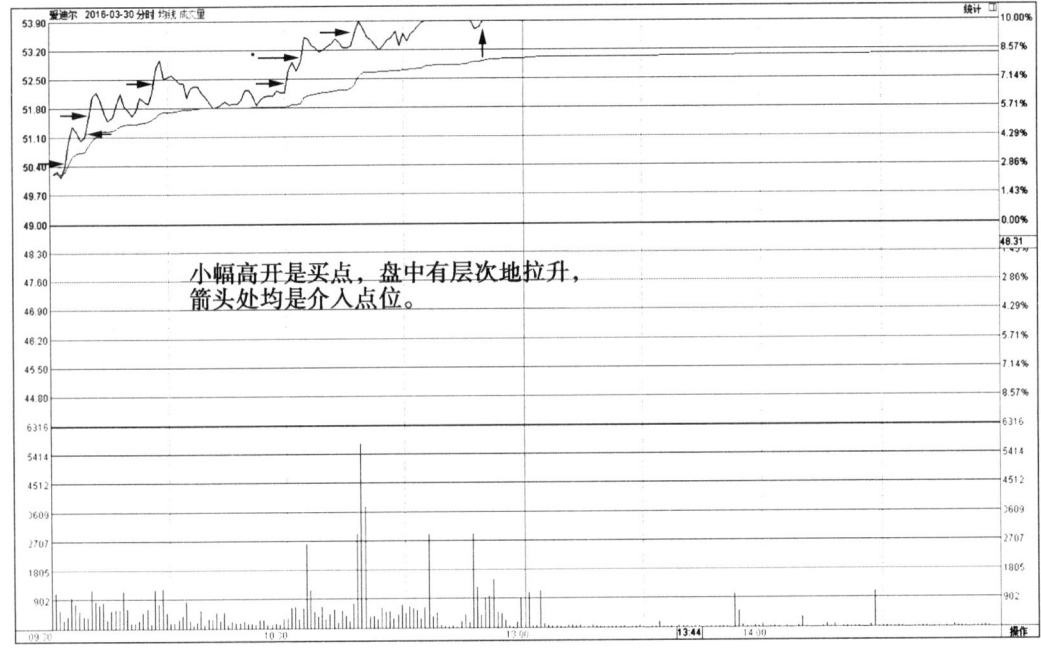

图 7-75

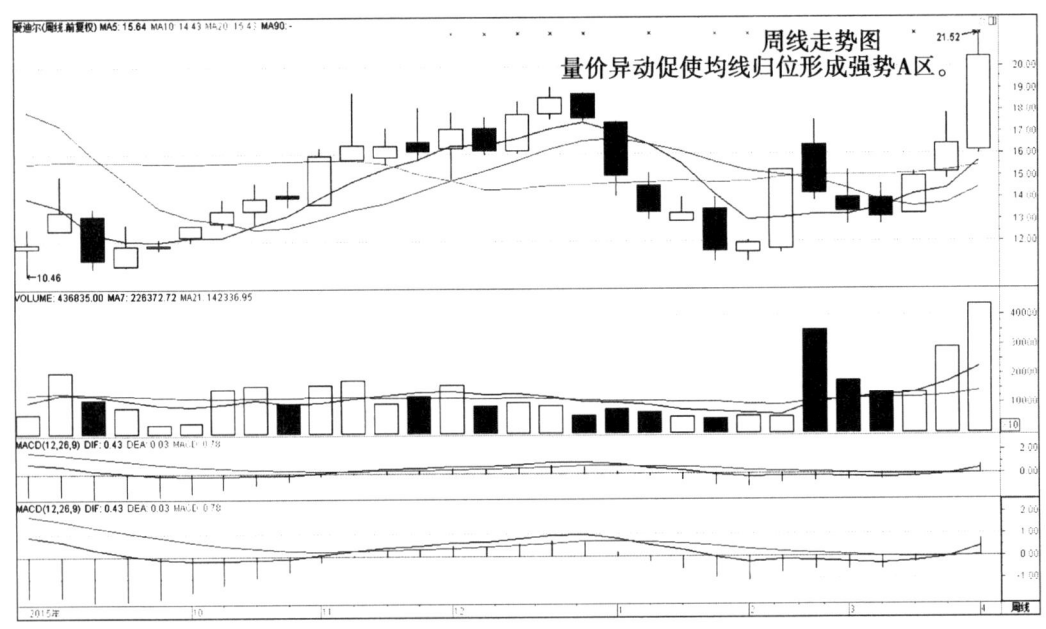

图 7-76

爱迪尔的股价两天涨停、蓄势两天、再接两个涨停，走出了疲弱市场中较为显眼的行情。疲弱市场中的耀眼，是来源于前期资金的强势介入，然后恰到好处地经典止跌，再然后于该动的时候果敢启动，这就是"三度理论"的图表技术本质，是厚度、力度、速度的完美叠加。最后一个涨停板没封住，但还是收了一根八点多的大阳线，不过，要考虑第二天及时出局或当天出局。为什么面对这根大阳线要做出这样的决定？答案在股价对应的位置上去找。见图7-77。

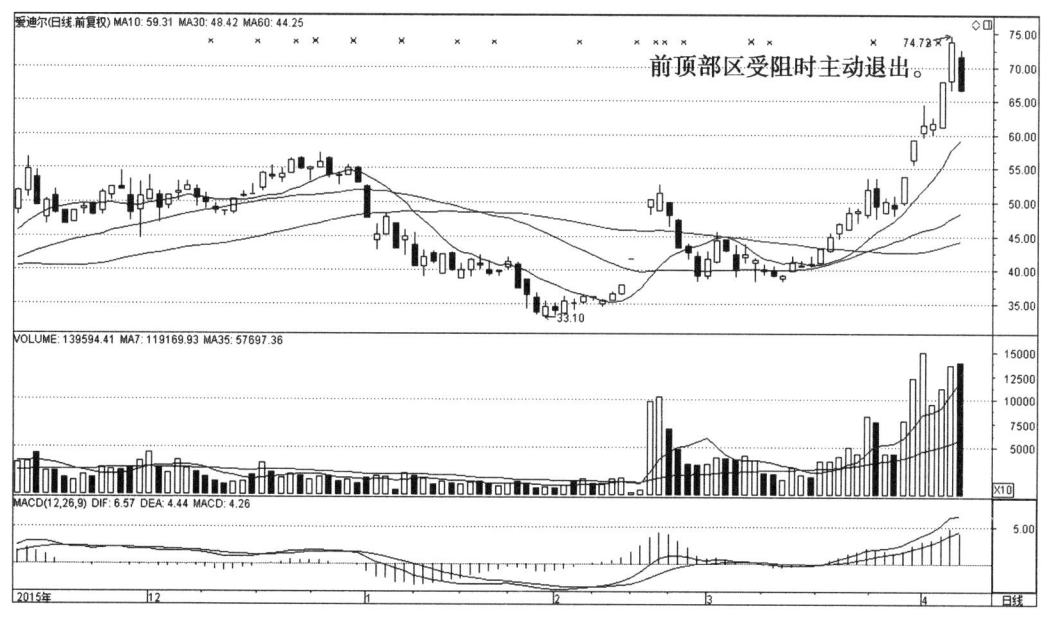

图7-77

三度操盘教育之交易策略：

1. 股价强硬拉升的核心动力是前期有强势资金进场，这一点，任何国度、任何品种、任何时间永远不会改变。

2. 强势资金在关键位置进场或强势资金进场形成关键位置是最踏实的交易机会区间，这是一张永久的"王牌"。

3. 重点搜寻、关注正能量丰厚的股票走势，是二级市场投资者最应该下功夫深入做的事情，这份努力，无论何时、无论何地，都可以载着梦想穿越时空；股价经典调整后的转向就是最佳的进场点，是与主力同步的行为，是最佳的交易行为；最后，契合盘面，领涨印证，让梦想一路奔行。

● **结缘三度：凤凰涅槃**

时光荏苒，距离2015年7月在美丽的遂宁聆听授课已经10个月了。

老师，在此请允许我表达深深的感恩：您所传授的道法，如牢固的船只，载着我度过风浪、驶向彼岸。在年轻时就得以系统地学习三度理论，是我的幸运和幸福。如果在未来的征程途中，自己可以矗立于世，我会骄傲地说：我师出名门！

2015年6月以来，是中国证券市场的一段特殊时光，市场经历了3次"股灾"和15次的千股跌停，系统性风险彰显无疑。在"三度交易系统"的指引下，我躲过了这些大跌，并且以较小的回撤获得了稳定的赢利。西方投资理论中，以夏普比率来衡量机构投资的水平，以计算业绩曲线中单位风险所获得的赢利。能够提高夏普比率的答案，就蕴含在博大的三度理论中。实践证明，强势的就是安全的，强势行情兼具风险小和赢利大的属性。古人说，君子务本，本立而道生。学生认为，三度理论阐明了股市的本质属性。

当初上课居住的凤凰酒店是一个有趣的巧合，或是老师刻意而为之。您简洁而深刻的理论传授，如春风一般，为我打开一扇凤凰涅槃的大门。凭借"强势三度交易系统"在股市熔炉中历练，褪去的是人性中固有的贪嗔痴慢疑，诞生的求道、悟道、行道的品格。您说"超越终在一心一念间"，细品这样饱满而精练的话，能窥见儒释道的精髓和人生阅历的提炼。博学、审问、慎思、明辨、笃行——三度内涵丰富、立意深刻、简洁实效，值得我们以此态度进阶深入钻研。多少次在夜晚默默复盘时，看着股票走势让我想起老师的某句话，从而去翻看笔记、书本，那种理论和实践契合带来的喜悦感，颇有"世事静方见，性定菜根香"的味道。

对于"强势三度交易系统"的学习和实践，学生有如下四个方面的体会。

一是科学精神。

股市是客观世界的一部分，有其客观规律，而规律能被认知和把握。三度理论基于实证，提出厚度、力度、速度的量能体叠加，提出量时空寻求安全边际、量形态还原主力身影、量价异动让均线归位三大法则，提出体现主力资金调度与方向的技术支撑，提出领涨的盘面特征和市场的大位置，从而深刻地反映了股市运行的本质规律，提供了客观的操盘依据和参照。初有领会者，操盘渐有法度；深有领会者，意随盘面舞。以上每个要素，都经过了大量的统计、提炼、实战、总结，想要融会贯通，离不开日积月累的死工夫：做文件夹（即历史经典图表的截图分析）、每日复盘笔记和表格填写、盘面特征的分析和总结。日积月累地用功，才能达到由浅入深、由表及里的认知水平。您说"诚实是最高的品格力量"，诚实地面对自己和市场，是认知和把握规律的先决条件。您说"一个股票同一个国家一样，它的奇迹不是靠碰到，它孕育于强势，传承于经典"，符合天道的必然性就是奇迹。三度理论处处闪耀着客观、理性、实证的科学精神，为我们把握强势短线和强势波段机会提供了坚实的基础。

由于三度理论揭示了证券市场价格运动的本质规律，也因此具有一定的普适性。根据您在课堂所陈述的战法，我在港股、期货、外汇市场也观察到了类似的赢利模式。多个市场的经验表明，强势行情是普遍存在的。要把握强势行情，就要求我们以务实求真的态度，掌握"强势三度交易系统"的技术要领，作出科学有效的操盘决策。

二是强势文化。

文化是读懂一个民族的密码，大而言决定国家的兴衰，小而言决定个人的进退。中华文化在少年的先秦时代，就已然是强势文化，其光辉灿烂和深厚博大，在人类文化丛林中无出其右。三度理论继承和发扬了中华文化的诸多瑰宝，天然包含强势文化要素。它指出，强势资金的行为与意志体现，是股票市场的根脉。我们需要做的，是以"半步之间"的理念，去跟随和配合强势资金，达到共赢。具体而言，是通过盘面的解读，分析强势领涨的股票群的位置、形态、题材特征，进而解读出市场的大位置和强势资金的进攻方向。三度理论提出的"五星条件""五星人格"，便是强势文化要素的体现。强势与安全是共生的，具备强势文化要素的三度理论，满足了投资事业对收益和安全的双重需求，具有强大的生命力。学生在实践中，千百遍地提醒自己，心、眼、手都要跟紧强势，势在人在，势去人空，账户净值的良好表现便是一个自然的副产品。

三是修炼心性。

您告诉我，"剑在手上，不在船下。"股市征途中，最终的决定力量是自己的心性之刃。任何赢利模式都会老化和瓦解，不变的是股市的财富再分配的属性。因此，在股市中立足的长期竞争力，并不在于技术层面或工具层面，而在于心性的成熟圆满。在这个过程中，岁月的沉淀涵养、自我的雕琢磨砺，皆不可少。生活中处处皆道场，日常的言行举止和待人接物，都是修炼的契机。老师，学生最爱读您日志中《致敬 大海》一文，大海的雄浑、包容、坚韧、谦逊，不正是最可珍重的心性吗？上善若水，水的德行是清澈、无私、灵动。道不离人间烟火，修炼还要落实到日常生活之中。学生明白，修炼之路、无止境路。通往空灵、清澈的远方，是踏实地走好脚下的每一步。老师您给我们讲了一句话："股市人生就是同市场、同庄家大和解的过程。"这句话，顿让暖流袭遍全身！这要具备何等的胸怀，何等的格局才可以道出这句话的啊！同市场、同庄家大和解，映衬的是"心有多大，舞台就有多大"！

四是担当奉献。

您的言语朴实平和，却用行动为我们传递了一种大格局、大胸怀。书中的每一段文字，讲课的每一个细节，都经过千锤百炼和反复雕琢。精妙的思想，散落于全书，初看似"大珠小珠落玉盘"，细看却"于无声处听惊雷"。厚重的精神财富，我们看到的是默默地担当和无私的奉献。在面对若干质疑时，您常常报以微笑说"你不懂我"而不再多言，其实学生明白，这些担当、奉献浸透了多少汗水、血水甚至泪水。在时间的长河中，三度理论的提出，有更深远的意义。自1602年荷兰出现第一家股票交易所开始，证券市场诞生仅有短暂的400余年，至今仍以西方证券投资理论为正统，而中国哲学和文化在其中的身影是缺失的。民族的复兴，其灵魂是文化的复兴。我们国人应当贡献力量，展现智慧，创造有中国文化烙印的投资流派，这是民族复兴大舞台的一个必要环节。"低头见禅、简单是佛、无中生有是道"，那些穿透千年的古老智慧处处闪耀在三度理论中，有缘人能否看出"吾道一以贯之"的深刻内涵呢？写此文字时，得知老师在周末时间仍在辛勤赶稿，学生不由得说一句：老师您辛苦了，为中国投资思想的精神血脉贡献了中流砥柱的力量。先生之风，山高水长！

在四川、云南的两次相聚，您的教诲和点拨，改变了我的投资人生。三度行自在大道，我看到的是一条光明的康庄大道。三度渡人，我相信会有更多的幸运儿在三度寻找到属于自己的灯塔，照亮投资的道路。《易·系辞》有言："精义入神，以致用也。"三度理论中的精义，必将被有识之士领会，创造投资事业的辉煌。再次感恩老师的传道、授业、解惑。

香港：贺电

寄语：谢谢你对三度的认可，对老师的"过高"评价。"低头见禅、简单是佛、无中生有是道"这句话里面也包含了"态度、观念、方法"的启示。能在最高的学府接受教育，能够把所学致用于资本市场，在投资交易中有三度理念相伴，前方，就待你纵马驰骋。

小结：

股市绝大多数的东西是"没理由"在变化着的，这正是它的"无常"魅力；股市绝大多数的事件在没有发生之前是不能肯定的，这是它"不确定性"的本质。

面对如此变化无常的情况，我们可能只能用"性真归空"的心境处之，归空之后就能实事求是，用最真的事实去感知真实的市场。《在你人生最美丽的时刻》说：花开是平常事，花谢是平常事，无常更是平常事。《股是股非》意在引导用无碍心，看无常市，做有心事，如此，面对热闹非凡的市场也能做到：身静而心远；心静而思远；思静则路不远。

回读者的一封信

亲爱的读者朋友你好！

　　感谢你选择《股是股非》系列图书来参阅，如果这几本小书的内容能为你的交易行为、交易理念起到一些帮助、启发或大的改变，笔者倍感荣幸、倍感欣慰。在《股是股非》之一、之二面世后，我陆续收到很多邮件、留言，电话问询。其中有感激、感谢、鼓励的，有质疑、批评、指责的，有期望解惑学习的，也有提出不合理甚至不和法规要求的。由于时间、工作性质、行为规范以及职业道德等方面涉及的因素，不能一一回复细致作答，敬请谅解、海涵。

　　书中提及的三度理论及操盘交易模式，基于图表技法涉及的是厚度、力度、速度，体现主旨是强势与经典并驾齐驱，能量与意志协调爆发；基于心法涉及的是诚实、踏实、务实，体现主旨是求真求实、科学严谨、简单高效。对于三度交易系统的使用，我想做一点敬告：唯把三度技法与心法的相融交织，才能最终成就一个饱满的股市三度人生。

　　《股是股非》的推出，也受到市场的一些好评，被喜欢、认同者誉为"最有智慧最有良心"的证券类辅导书。至于这一点，我的真实想法是："最有智慧"打死我我也不敢当，"最有良心"着实令我感激。尽管几本小书销量目前并非"火爆"状况，不过我深信，它的渗透力、感染力蛮强大的。因此，对于质疑者，我建议在只匆匆看一遍的基础上再慢慢看一两遍，其后的看法定会有改变，对于喜欢及认同者，再细细看两三遍兴许就会有奇迹发生呢。

　　在此，我有必要、有责任特别说一件事情。在某些阴暗的角落，在一些昏暗的房间，出现了贩卖"三度实战课程"面授时的文件图标资料，肢解、颠倒三度纲要顺序去糊弄不知情者，也有冒充、自称一路奔行、一路奔行的关门弟子、得意门生之类的角色进行欺诈的情况。而这种只为牟利的行为者，对于三度系统涉及的核心知识点是只知其形不得其意，接收到的人如同握住一把锋利的多刃剑笨拙起舞，如此舞剑很容易受到市场的严重伤害，更揪心的是，受到伤害的人后面是一个家庭甚至几个家庭！首次打破撒哈拉沙漠死亡之海魔咒的考古队的生命感言是："善良，是为自己留下回家的路标。"有人说过这样一句话："从长远看，不论你伤害了谁，都是在伤害自己，也许现在还没知觉到，但它一定会绕回来。"这句话提示每一个人对"善良"要有所深思，也是对"作恶"者的戒告：你无法预料因果轮回会以哪种方式、哪种速度、什么时候降临到自己头上。

源于自己对"善良、正直"人生观的认同，以及对三度理论的声誉，对自身权益的维护，借此书特做如下声明：

1. 成都三度教育咨询有限公司（公司现有名字）以及笔者本人绝不会以推荐股票、以各种合作为由而收取费用。

2. 三度操盘教育开办的操盘培训，是采用学习资料＋面授开导＋实盘引导＋后期巩固的模式进行交流教学，绝不会仅卖资料，或仅讲述理论课，目的是从静态理论到动态实战、从操盘思维到操盘行为等方面，全方位引导应对投资交易的残酷性、风险性、多变性。

3. 公司及本人目前未授权或委托任何机构、任何个人进行三度理论及实战系统培训。

4. 对于各类侵权、剽窃行为，成都三度教育咨询有限公司及本人保留追究法律责任及采取进一步措施的权利。

5. 成都三度教育咨询公司联系方式：

座机：028－62833402

教育咨询手机：18828079471

教育咨询QQ交流号：1841435947

微信公众号及二维码：

一路奔行

2016年9月

附件：

《三度理论面授学员行为道德守则》

　　三度理论及三度操盘系统，是蒋文辉先生以及成都三度教育咨询有限公司创建的证券投资理论与实战交易技能。其中包含三度证券投资理论、三度操盘实战系统、《股是股非》系列图书著作。随着对三度理论认知的人越来越多，社会影响力增加，为了使三度系统系列教育有序、健康地发展；提倡三度学员遵纪守法、尊师重道，规范学员的言行及证券投资行为，传播正能量；达成三度理论为广大投资者，为资本市场能作出微薄的贡献，特制定本守则。

　　一、遵纪守法：遵守国家法律、法规，遵守证券投资、交易相关法律和行业规范。

　　二、明礼诚信：文明礼貌；诚实守信，言行一致，遵守社会公德。

　　三、尊师重道：尊敬师长、尊敬同行、敬重所有传道授业解惑的同仁志士。

　　四、友爱互助：同学之间友爱互助，相互提携，共同进步。

　　五、谦逊谨慎：慎言慎行，不妄行、不妄语；不诋毁、诽谤他人。

　　六、积极乐观：勇于面对困难，热爱工作，热爱事业、热爱生活。

　　七、务真求实：尊重事实，尊重科学，用严谨态度对待事物。

　　八、博学笃行：努力学习，日益精进；知行合一，学以致用。

　　九、践行简易：怀平常心，简单为人，踏实做事，不急于求成。

　　十、感恩惜福：怀感恩之心、吐感恩之言、做感恩之事。

本守则适用于所有三度理论面授培训的学员以及公司所有工作人员。

本守则的解释权属于成都三度教育咨询有限公司。

后记
剑胆琴心

　　股市投资，有十里锦绣、纵马驰骋的人，有凄风苦雨、四面楚歌的人；股市交易，有的人八面玲珑、得心应手，有的人力不从心、四处碰壁。有如此巨大差别不取决于资金优势，不取决于技术优势，也不取决于消息优势，而取决于理念的强度、取决于观念的格局。"一个人的成长不在于经验和知识，更重要的在于他是否有先进的观念和思维方式。"作为世界顶级学校哈佛的校训之一，足见理念、观念对于一个人成长、成功的重要性。资金小可以慢慢滚大，技术欠缺可以日积月累，庞大资金也时有轰然倒塌的事件，消息灵通人士也有捉襟见肘的光景，而理念、观念与格局才是最终决定功成与否的核心力量。

　　"是非多，诱惑多，风险多"是股市的"三多"特性，这三多造成了最终亏损者多的结果，这样的结果几乎是无法改变的现状。明知道这里是一个不容易讨彩的地方，既然留下，既然有想法，那就必须有一套"说得清过去，看得清现在，想得清未来"的理论及方法。三度理论及三度实战系统在不断学习、不断修正、不断提炼的成长过程中日趋完善，提炼了一些关于投资理念、关于交易思维、关于实战指引的"三清"观点。笔者自认为这些观点是可以帮助部分朋友在股市征程中走得顺一点，起步早一点，赚的多一点。通过这些观点也可以从另一个角度，看见"三度"的本来面目。这些理念及实战的心法，都遵从市场的核心本质、核心规律表达一种事实：欲要出类拔萃，既需要长缨剑胆舒的"剑胆"，也需要细致入微的"琴心"，两者交融，则同手托玉盘接银珠的情景。投资、交易只要具备剑胆琴心，践行三度，达成目标只是早晚的事。

- 强势的是最安全的，经典的才是最好的，最好的一定是简单的。
- 强者恒强是股市第一大定律，趋强弃弱是赢利的第一大法则。
- 资金才有发言权，强势资金才有主导权。撇开强势资金谈技术是子虚乌有。
- 最佳交易一定要同时满足强势与安全两个条件，最佳交易策略就是与强势主力保持于"半步之间"的距离，半步里有玄机，半步是福，半步也非福。
- "量价异动促使均线归位"是股价走势中量价与均线最和谐的关系，这是图表技术中最值得研究的方面。
- 在异动中找厚度，在厚度中选归位，在归位中等速度，速度创造距离，距离产生美。
- 图表技术与题材是构成成功交易的两大重点，对于两者的态度，最佳模式就是两点印证。
- 低吸要有强势垫底，追涨要盯领涨，位置结合盘面，盘面看领涨。
- 大压之下无形态、暴跌之后少战机。技艺用在该用时是才能，否则是狂妄。
- 知道、看到没做到其实还是不知道，不知道就是不知道。
- 盘中只做盘中的事，能动就早动，成就成功交易的功夫99%是在盘后。
- 机会应势成而立，应势去而散，股市中最大的"势"是强势。
- 领涨盘面才是市场的大位置，领涨盘面看强势延续性，强势看经典性。
- 前高与前顶的区别主要在于筹码能量的性质。负能量，低也是顶，正能量，高也不是顶。前高是主力用来突破的，前顶是我们要回避的。
- 底，是资金做出来的；好底，是强势资金做出来的。
- 烧红的铁碰不得，透支了的行情当谨慎。
- 选择，当为量能堆之后的行情；操作，当主动出击并出击主动。
- 涨不惊看顺势，跌不颓察逆势，看清盘面风险与盘面机会，无时不逍遥。
- 舍得之间就是专注之间，专注缔造卓越，股市癫狂，终将在AB之间落幕。
- 股性有风险，选股当谨慎。"涨停板易发生在涨停板之后"，不是让你涨停板之后去追涨，是提醒你眼中要有涨停板。
- 股市里的臭皮匠很难凑成诸葛亮，在股市里学习，最好向强者取经，向能者讨教。
- 市场是最正确的，它超越所有言论；放下、放低、不放弃才是真高度。
- 勇者无惧、勇者当严，面对经典启动当雷霆出动，勇气在，世界在。

● 把每一次买卖行为都当作最后一次改变生机去把握，就能不断创造奇迹。

● 今天不仅是今天，更是明天的今天，不要让今天的托词吞掉明日的前程。

● 善良、正直、诚实、担当，是一个优秀投资者需要拥有并保持的品格力量。

● 强势异动，动在该动处，处处海阔天空。

● 巅峰超越，超越的不仅是正能量构筑的量价平台，更是超越曾经载寒载饥立下的誓言。

……

电影《霸王别姬》中有一句："差一年、一个月、一天、一个时辰，都不算一辈子。"这一辈子哦，用什么样的岁月来把它浸润得饱满明净！时空、位置、能量、形态、时机，皆在昭彰那枚"春风十里不如你"的灿烂指环。假使三度交易理论有一世，那么，她的一世将凝集为14个字等你来读：

    好位置、正能量、强势盘面、领涨印证。

一路奔行 于成都